教育部人文社科重点研究基地项目"区域异质性约束下基础设施影响出口贸易技术含量升级的理论和实证研究"（项目编号：12JJD790024）

浙江省自然基金项目"异质性企业下基础设施、出口品技术含量与产业升级的传导机制：理论与实证"（项目编号：LY12G03013）

浙江省高校人文社科重点研究基地——浙江工商大学应用经济学研究基地项目"环中国圈基础设施共建共享与产业链融合延伸研究"（项目编号：JYTyyjj20140101）

异质性约束下

基础设施、出口贸易与产业升级

YIZHIXINGYUESHUXIAJICHUSHESHI
CHUKOUMAOYI YU CHANYESHENGJI

马淑琴 ● 著

中国社会科学出版社

图书在版编目（CIP）数据

异质性约束下基础设施、出口贸易与产业升级/马淑琴著．—北京：中国社会科学出版社，2015.4

ISBN 978 - 7 - 5161 - 5844 - 9

Ⅰ.①异…　Ⅱ.①马…　Ⅲ.①基础设施—关系—出口贸易—关系—产业结构升级—研究—中国　Ⅳ.①F12

中国版本图书馆 CIP 数据核字（2015）第 065312 号

出 版 人	赵剑英
选题策划	侯苗苗
责任编辑	侯苗苗
责任校对	周晓东
责任印制	戴　宽

出　　版	中国社会科学出版社
社　　址	北京鼓楼西大街甲 158 号
邮　　编	100720
网　　址	http：//www.csspw.cn
发 行 部	010 - 84083685
门 市 部	010 - 84029450
经　　销	新华书店及其他书店

印　　刷	北京君升印刷有限公司
装　　订	廊坊市广阳区广增装订厂
版　　次	2015 年 4 月第 1 版
印　　次	2015 年 4 月第 1 次印刷

开　　本	710×1000　1/16
印　　张	12.75
插　　页	2
字　　数	216 千字
定　　价	39.00 元

目　录

第一章　导论

发展是一个永恒的命题，世界经济发展需要中国，中国经济发展也离不开世界。改革开放 35 年来，中国经济蓬勃发展，年均增速高达 9.8%，远高于同期世界经济的年均增速（2.8%）。特别是国际金融危机爆发以后，中国成为带动世界经济复苏的重要引擎，对世界经济增长的年均贡献率超过 20%。中国经济创造了世界经济增长的"奇迹"，引发国内外学者探究其中之秘密的浓厚兴趣，正如美国经济学家米尔顿·弗里德曼（Milton Friedman）所言，"谁能正确解释中国改革和发展，谁就能获得诺贝尔经济学奖"。尽管受羁于 1997 年的东南亚金融危机和 2008 年的国际金融危机，中国经济增速放缓，但中央政府两次都采取了以基础设施建设为主要内容的积极财政政策，借助基础设施特殊公共物品的外部性来弥补"市场失灵"和"政府失灵"，积极的刺激政策有效推动了中国经济长期发展，1997—2013 年中国经济年均增速 9.6%，继续领跑全球，经济总量跃居世界"榜眼"，对外贸易高居世界榜首，基础设施主要指标世界领先，产业升级逐步推进……本书正是基于中国基础设施"跨越式"发展与对外贸易"成绩斐然"以及产业升级"稳步推进"的现实做出基本理论解释，并将这种理论理性以实践理性来表现，希望能为中国经济发展的奇迹进入提质增效的"第二季"提供理论支撑，更希望能为后面的"故事"更精彩并锦上添花。① 借用经济学家科斯的一句话，为中国奋斗就是为世界奋斗。

---

① 2013 年李克强总理在夏季达沃斯论坛的开幕式上讲道："中国经济发展的奇迹已经进入提质增效的'第二季'，'后面的故事会更精彩'。"

第一节 研究背景和问题提出

一 研究背景

肇始于 2007 年的美国次贷危机，令美国经济经历了 1929 年大萧条以来的"经济大衰退"（Great Recession），由此引发国际金融危机的"蝴蝶效应"，美欧日等主要贸易伙伴国的贸易、金融跌宕起伏，经济增长动力不足，受羁于此，世界经济增长速度减缓。在国外需求减少，人民币不断升值以及劳动力、原材料等生产要素成本上升等环境下，中国经济增长乏力，为此，中央政府再次采取积极财政政策于基础设施①，启动了"4 万亿元"投资计划，经济刺激政策作用逐渐显现，中国经济于 2009 年率先复苏，2009 年、2010 年和 2011 年国民生产总值增长速度依次为 9.21%、10.45% 和 9.30%。然而，伴随着欧美债务危机持续蔓延，世界经济复苏充满着不确定性，经济学家林毅夫（2009）主张以"超越凯恩斯主义"②的刺激政策用来做有效投资。2012 年他又提出"新马歇尔计划"，并且倡导创立"全球复苏基金"（Global Recovery Fund）和"全球基础设施计划"（Global Infrastructure Initiative）。在持续的新常态下，发达国家经济增长将继续乏力，"需要运用全球协调的财政政策投资于基础设施，特别是发展中国家的电力、道路、港口等能为未来增长消除'瓶颈'的高收益项目，才能消化全球闲置的巨大过剩生产能力和创造就业，并为发达国家的结构性改革创造空间，使全球经济尤其是发达国家的经济能够恢复正

---

① 受 1997 年爆发的东南亚金融危机冲击，1998 年中国国内生产总值（Gross Domestic Product，GDP）增速下滑至 7.83%，1999 年跌至 7.62%。1998 年中央政府及时推出了以基础设施建设为主要内容的积极财政政策，基础设施建设的外部效应使得中国经济在 1998—2007 年十年间 GDP 平均增速达到 9.96%。2008 年的国际金融危机，中央政府第二次采取积极财政政策于基础设施，使得中国经济在危机期间保持中高速增长。

② "超越凯恩斯主义"是林毅夫将中国政府从 1998 年东南亚金融危机以后开始实行的宏观调控政策归纳总结后提出的概念，强调政府在实施积极财政政策时，主要是选择能够提高生产率的投资项目，用在解决经济增长"瓶颈"的基础设施建设项目上。一是必须超越凯恩斯主义增加消费的失业救济，同时，投资必须改成提高生产率水平的投资；二是这种投资应该找好的项目，基础设施的"瓶颈"更多存在于发展中国家。金融危机后，如果对发展中国家也包括发达国家处于"瓶颈"状况的基础设施进行大规模的投资，发达国家的需求将会增大，出口也会增加，它们就可能进行结构性改革，度过危机。

常增长和活力"（林毅夫，2012）。林毅夫开出的"新结构经济学" +
"超越凯恩斯主义"的"药方"受到许多质疑，如"新结构经济学的总体
感觉是比较优势原理与历史经验的混杂，是在为政府干预产业寻找依据和
理由"（付晓东，2014）。也有学者认为林毅夫的见解高屋建瓴，博大精
深。其实，基础设施作为一种特殊的公共物品，政府适时恰当地对其进行
有效干预，是可以弥补"市场失灵"和"政府失灵"的，这一点在中国
经济发展中已得到验证。①

　　2013 年 10 月，国家主席习近平和国务院总理李克强在先后出访东南
亚时提出了筹建亚洲基础设施投资银行（Asian Infrastructure Investment
Bank)② 的倡议。2014 年 4 月 10 日，李克强总理在博鳌亚洲论坛 2014 年
年会开幕式上的主旨演讲中讲道，"单丝难成线，独木不成林"，基础设
施互联互通是融合发展的基本条件，地区各国应携起手来，加快推进铁
路、公路、航空、水运等基础设施建设。中方愿与相关国家一起，规划建
设孟中印缅经济走廊、中巴经济走廊，打造中国—东盟自贸区升级版，推
动"丝绸之路经济带"和"21 世纪海上丝绸之路"建设的重要项目；产
业互接互补是融合发展的主要内容，各国应利用相互毗邻的地缘优势，推
动上、中、下游全产业链深度合作，形成优势互补的产业网络和经济体
系。2014 年 7 月 17 日，习近平主席访问拉美时，与巴西和秘鲁发布联合
声明，宣布将开展跨越巴西和秘鲁的"两洋铁路"建设，这一条铁路被
誉为"陆上巴拿马"。如果说"丝绸之路经济带、海上丝绸之路"建设，
加快"环中国圈"基础设施互联互通建设，促进区域产业链融合延伸是
中国对外开放格局的重要内容，那么，"陆上巴拿马"的启动，或成为中
国基础设施"走出去"加码的信号。③

---

　　①　至于基础设施的外部性作用于经济增长是否可持续，笔者将在后文探讨。
　　②　2013 年 10 月 2 日，中国国家主席习近平在雅加达同印度尼西亚总统苏西洛举行会谈时
表示，为促进本地区互联互通建设和经济一体化进程，中方倡议筹建亚洲基础设施投资银行（以
下简称"亚投行"），愿向包括东盟国家在内的本地区发展中国家基础设施建设提供资金支持。
这是继提出建立金砖国家开发银行、上合组织开发银行之后，中国试图主导国际金融体系的又一
举措。"亚投行"不仅将夯实经济增长动力引擎的基础设施建设，还将提高亚洲资本的利用效率
及对区域发展的贡献水平，加快亚洲国家的发展，带动全球经济的复苏。2014 年 8 月 7—8 日，
筹建"亚投行"第四次多边磋商会在北京举行，各方就《筹建亚投行的政府间框架备忘录》草
案终稿达成了原则共识。
　　③　关于跨国跨地区基础设施互联共通与区域产业链融合延伸问题，笔者将在第六章中做重
点阐述。

　　对于一个亲历中国改革开放 35 年的人来说，笔者见证了中国基础设施建设所发生的巨大变化。回到 20 世纪 80 年代初笔者读大学时期，最为头疼的一件事就是寒暑假时往返于家里和学校之间，那时唯一的交通工具是"绿皮"火车，拥挤不堪的车厢里几乎令人窒息的场景至今难忘。如今，蛛网式的高速公路和高速铁路缩短了时空距离，仅交通运输的变化就令人惊诧不已，更不用说信息、能源、教育、医疗等基础设施上的变化给中国人的生活带来的福祉。20 世纪 90 年代之前，薄弱的基础设施建设成为中国经济发展的掣肘，且严重影响中国人的生活质量。之后，中国政府持续加大了基础设施投入的力度，如 1998 年（因东南亚金融危机）为启动内需实施的积极财政政策，2000 年为协调地区发展实施的西部大开发战略，2003 年为振兴东北地区等老工业基地战略，2008 年为应对国际金融危机冲击再次采取的积极财政政策，2009 年为促进中部地区崛起实施的规划……这一系列政策、规划、战略突出了基础设施的投资力度。目前，中国网络（经济性）基础设施多项指标位居世界前茅，社会性基础设施取得了世界瞩目的成就①，尤为突出的是科研基础设施建设成绩骄人，神舟相接彰显了"中国精度"，蛟龙探海镌刻了"中国深度"，"和谐号"风驰提升了"中国速度"……

　　与基础设施跨越式发展相伴的是中国对外贸易成绩斐然以及产业结构不断优化。比照 2013 年中国对外贸易的现实，货物贸易进出口总额 4.16 万亿美元，扣除汇率因素同比增长 7.6%。其中出口 2.21 万亿美元，增长 7.9%；进口 1.95 万亿美元，增长 7.3%；贸易顺差 2597.5 亿美元，增长 12.8%，跃居全球货物贸易第一大国。改革开放使我国的对外贸易驶上"快车道"，成为一百多年来首次坐上世界货物贸易"头把交椅"的发展中国家。在资本技术密集度更高、高增值环节集中的服务贸易方面，服务进出口总额达 5396.4 亿美元，比 2012 年增长 14.7%，稳居世界服务进出口第三位。其中，服务出口总额 2105.9 亿美元，同比增长 10.6%，增速比上年提升 6 个百分点，高附加值服务出口继续稳步增长，成为服务贸易结构调整的重要推动力；服务进口总额 3290.5 亿美元，同比增长 17.5%，增幅与上年基本持平，高附加值服务中的金融服务、计算机和信息服务、电影和音像服务进口增速显著。从三次产业结构来看，2013 年，

---

①　网络（经济性）基础设施与社会性基础设施界定参见本章第二节。

三次产业增加值分别增长 4.0%、7.8% 和 8.3%，第三产业增加值比重（46.1%）首次超过第二产业（43.9%）。2013 年末，第三产业就业人员占全国就业人员比例为 38.5%，分别超过一产（31.4%）和二产（30.1%）就业比例，已经连续 3 年在三次产业中就业占比最高，服务业主导初现雏形。

二 问题提出

基础设施是支撑社会经济发展的基础，决定着国民经济发展方向和运行速度。改革开放以来，中国基础设施建设水平实现了跨越式发展，像交通、运输、通信、能源等这样的经济性基础产业，就占中国国有资产总量的 75%；教育、科研、卫生、环保等社会性基础设施取得新进步。得益于交通、信息、通信等技术及相关基础设施的飞速发展，服务的可贸易性大大增强，服务贸易发展迅速且结构优化趋势初现（程南洋、杨红强、聂影，2006）；货物出口技术含量不断提升，中国的出口结构已经从低技术附加值出口为主转变为以中等技术附加值出口为主（樊纲、关志雄、姚枝仲，2006），出口产品已具有较高的竞争力，而且在不断提高（B Xu，2007）；即或是在某一特定期间出口产品技术含量没有显著提高也只是一个暂时现象（姚洋、张晔，2008），特别是"入世"以来的中国出口产品质量呈现加速升级态势（殷德生，2011）；Rodrick（2006）甚至认为中国出口产品技术含量要比一般研究结论中认为的高得多。与此同时，产业结构调整取得积极成效。那么，中国基础设施"跨越式"发展与对外贸易"成绩斐然"以及产业升级"稳步推进"发生在同一时期，三者之间是否有必然联系呢？这其中的作用机理又是如何？这是本书要回答的第一个问题。

此外，在一个"地球村"里，没有哪一个国家能成为离群索居的"鲁滨逊"，中国概莫能外。1997 年爆发东南亚金融危机后，1999 年中国 GDP 增速跌至 7.62%，中央政府及时推出以基础设施建设为主要内容的积极财政政策，2007 年 GDP 增速创近期新高至 14.16%。受 2008 年的国际金融危机和此后的欧美债务危机冲击，2009 年 GDP 增速回落至 9.21%，中央再次采取积极财政政策于基础设施建设，中国经济率先复苏，2010 年 GDP 增速为 10.45%。由中国经验可知，积极财政政策于基础设施建设，这些投资也为中国未来能继续保持中高速增长奠定基础。消费、投资和贸易作为拉动中国经济增长的"三驾马车"，两次金融危机其对经济增长作用各奔东西。消费对 GDP 增长拉动微小震荡；贸易对 GDP 增长拉动作用反向于投资急剧下降，2009 年跌至谷底；反观投资对 GDP 增长拉动，在中央政府两次启动积极财政政策后外部性明显，尤其是第二次作用效果显著（如图 1 – 1 所示）。同期三次产业对 GDP 增长的拉动表现为第二产业作用最大，第三产业次之但上升趋势明显。那么，政府干预下的基础设施外部性是否能够促进经济长期增长？这种外部性与贸易结构优化和产业结构升级之间的关系又如何呢？这是本书要解答的第二个问题。

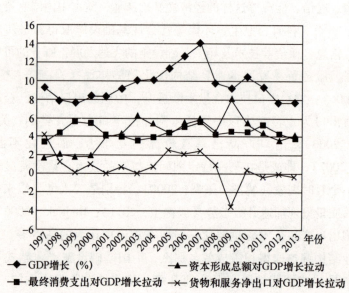

图 1 – 1　1997—2013 年"三驾马车"对 GDP 增长拉动示意图

三　研究价值

对上述问题的考察具有重要的理论价值和极强的现实意义。就理论价值而言，一方面，在异质性框架下构建理论模型，考察基础设施、出口产品技术含量和服务贸易结构优化，以及产业结构升级的微观机制和传导途径，丰富和发展国际贸易理论，为新的研究视角提供基于严密证明的理论分析新框架；另一方面，为中国地区基础设施互联共通与提高商贸流通效率，以及跨国基础设施共建共享与区域产业链升级延伸提供理论支撑。同时也为构建中国主导的 FTAAP（亚太自由贸易协定，Free Trade Agreement of the Asia Pacific, FTAAP) 和 RCEP (区域全面经济伙伴关系, Regional Comprehensive Economic Partnership, RCEP) 可行性研究提供理论依据。

就实际意义而言，笔者首先使用国内省际数据对基础设施、出口贸易与产业升级的现实基础进行统计分析，继而从跨国经验数据和国内省际数据两个层面，采用动态面板系统 GMM 方法进行计量估计，实证验证基础设施、出口贸易与产业升级的影响机制和影响效果，为我们研究中国出口贸易扩张、出口结构改善和产业结构升级提供新的思路，这对于中国和其他发展中国家跨越"中等收入陷阱"，实现经济长期稳态发展具有重要的政策含义。

第二节　几个关键词的理解和研究边界

一　异质性约束的理解和研究边界

不同国家之间的贸易现象是传统贸易理论研究的主要范畴，产业规模与企业规模均未进入传统贸易理论的研究领域。新古典贸易理论的出现，弥补了产业规模的空白，并得出各国应按其资源禀赋从事贸易活动。随着跨国公司业务的大范围扩散，以企业规模为研究中心的新国际贸易理论回答了公司内贸易现象，令人遗憾的是并未将企业生产效率、组织形式、产品质量等异质性企业因素纳入研究范畴。然而，理论经济学与实验经济学已经证明，仅有少数企业能够从事出口业务 (Bernard & Jensen, 1995; Bernard et al. , 2006)，且从事出口业务的企业，其生产组织方式、产品定价方式、应对汇率风险能力等均存在较大差异。是故，学者们开始从异质性企业视角来研究国际贸易，即新—新贸易理论[①] (Baldwin & Robert - Nicoud, 2004)。

异质性企业主要体现在：一是出口企业数量相对稀缺 (Bernard &

---

① 新—新贸易理论是指有关于异质企业模型 (Trade - Models - with - Heterogeneous - Firms, HFTM) 和企业内生边界模型 (Endogenous - Boundary - Model - of - the - Firm) 的理论。企业内生边界模型是由 Antras (2003、2004、2005)、Helpman (2004)、Yeaple (2005) 等结合交易成本理论、产权理论和不完全契约理论提出的，是对 Melitz (2003) 模型的扩展。这两个理论将国际贸易的研究范畴从传统贸易的理论研究的产业间贸易，转变为研究同一产业内部有差异的企业在国际贸易中所作的选择。新—新贸易理论更多的是从企业的层面来解释国际贸易和国际投资现象。

Jensen，1995；Bernard et al.，2006）。二是出口企业相对于非出口企业规模更大（Bernard & Wagner，1996）、生产率更高（Clerides，Lach & Tybout，1998）、使用更熟练的技术工人以及更具备技术密集型和资本密集型特征（Aw 等，2000）。从企业生产效率层面研究的异质性企业理论，如Melitz（2003）在 Krugman（1980）竞争模型和 Hopenhyan（1992）动态均衡产业模型基础上，加入生产效率因素，得出了异质性企业模型，并提出只有生产率较高的企业才能进入出口领域。Bernard 与 Eaton、Jensen 和 Kortum（2003）也建立了一个异质性企业模型，与 Melitz 模型不同的是，他们更关注生产率与出口之间的关系。继而，经济理论界不断地拓展 Melitz 模型，如 Bernard、Redding 和 Schott（2007），Melitz 和 Ottaviano（2008），Manova（2008）及 Chaney（2008）等诸多学者，着重以出口固定成本与边际成本为切入点，探究企业生产率与出口关系；再继而，企业层面的劳动者素质、投入品质量、出口目的市场与研发投入（Harrigan et al.，2011；Grossman，2013；Banri et al.，2013；Bostos et al.，2014），以及宏观层面的双边贸易政策、集聚溢酬、金融市场、劳动力市场、市场规模（Melitz et al.，2008；Egger et al.，2009；Békés et al.，2013；Chaney et al.，2013；Bernard et al.，2014）对出口的影响逐一被纳入分析框架。

　　笔者研究基础设施、出口贸易与产业升级就是置于异质性[①]约束条件下的。由于各个经济体的社会、经济、制度、文化、自然等禀赋差异，本书异质性约束条件包含三层含义。一是企业异质性，对异质性企业出口是置于 Melitz（2003、2008）的框架下进行研究的，主要考察企业出口产品技术含量和出口产品技术结构高度。二是国别异质性，考虑到服务贸易和产业结构微观数据难以获得，笔者将服务贸易结构、服务贸易结构优化置于国别异质性下考察。三是区域异质性，笔者将产业升级置于地区差异下来研究。[②]

二　基础设施的理解和研究边界

　　基础设施是一个统摄性概念，不同时期的学者基于不同的研究视角赋

---

　　① 异质性（Heterogeneity）的反义词为同质性（Homogeneity）。"异质性"一词在社会学、经济学、生态学、遗传学等领域被广泛使用。
　　② 近年来，国外学者对异质性企业贸易理论的研究也越来越重视双边异质性（Two - sided Heterogeneity），无论在理论研究还是实证分析中，双边异质性将逐渐被纳入研究框架。囿于数据难以获得，我们对异质性企业出口未将双边异质性纳入研究范畴。

予基础设施的内涵与范畴不尽相同。保罗·罗森斯坦·罗丹（Paul Rosen-stein–Rodan）在 1943 年的《东欧和东南欧国家工业化的若干问题》一文中第一个使用"社会先行资本"[①]（即基础设施）概念，包括诸如电力、运输、通信之类所有的基础工业，且这些基础设施资本具有供给不可分性。基础工业必须先于收益来得更快的直接生产性投资，它构成了社会经济的基础设施结构和作为一个总体的国民经济的分摊成本。德国经济学家阿尔伯特·赫希曼（Albert Otto Hirschman，1958）在其《经济发展战略》一书中将资本划分为直接生产资本和社会间接资本，其中社会间接资本即基础设施，并指出广义基础设施包括法律、秩序、教育、公共卫生、运输、通信、能源、动力、供水等公共服务，而狭义基础设施包括港口、公路、水力发电等。美国经济学家舒尔茨（Schultz，1961）和贝克（Becker，1964）将基础设施分为核心基础设施和人文基础设施，前者主要指能增加物质资本和土地生产力的交通和电力基础设施，而后者主要指能提高劳动生产力的卫生保健、教育等基础设施。世界银行（World Bank，1994）清晰界定基础设施是指永久的、成套的工程构筑、设备、设施和它们所提供的为所有企业生产和居民生活共同需要的服务，包括经济性基础设施和社会性基础设施两大类。交通运输、邮电通信、能源供给等直接满足经济活动的基础设施称为经济性基础设施；用于改善人们生活质量的基础设施，如学校教育设施、卫生保健设施、社会福利设施等称为社会基础设施。Biehl（1991）将基础设施分为网络（Network）基础设施和中心（Nucleus）基础设施。[②] 网络基础设施包括交通网络、能源网络和信息网络；中心基础设施包括学校、医院和博物馆。不同种类的基础设施在国民经济发展中的作用与程度不同。

在本书的研究中，笔者将基础设施的研究边界框定为，一是网络基础设施，如交通网络、能源网络和信息网络（即经济性基础设施，下同），它们是直接参与生产过程的物质资本，网络基础设施建设有益于降低企业

[①]　经济学学界认为，罗斯托最早使用"Social Overhead Capital"一词，然其内涵边界过于宽泛，与我们今日的基础设施概念相距甚大。故学界普遍认为保罗·罗森斯坦·罗丹（1943）首先提出"社会先行资本"，强调"在一般的产业投资之前，一个社会应具备的在基础设施方面的积累"，强调基础设施在工业化过程中起决定性作用。

[②]　Biehl（1991）定义的网络基础设施基本属于 World Bank（1994）界定的经济性基础设施范畴；中心基础设施基本属于社会性基础设施范畴。

运营成本（Demetriades & Mamuneas，2000；Moreno et al.，2003）、改善企业技术效率（李平、王春晖和于国才，2011），提高企业生产效率和交易效率（Agénor & Neanidis，2006），促进分工演进和经济增长（骆永民，2008）。二是社会性基础设施，它们是向社会提供无形产品或服务的部门，对社会经济的长远发展起间接的推动作用，如科研、教育、卫生、法律和行政管理等基础设施。本书中对网络基础设施的研究边界为交通网络、能源网络和信息网络三大类基础设施；对社会性基础设施的研究边界为教育、科研、医疗和环保四类基础设施。

三 出口贸易的理解和研究边界

出口贸易又称输出贸易（Export Trade），是指本国生产或加工的商品输往国外市场销售。① 出口贸易包括货物出口和服务出口。本书考察的出口贸易仅限于货物出口之出口产品技术含量和技术结构高度，以及服务贸易出口结构优化。

（一）出口产品技术含量和技术结构高度的理解

考察出口产品所含技术可追溯到出口复杂度（Export Sophistication）概念。Michaely（1984）提出的贸易专业化指标（Trade Specialization Indicator，TSI）可谓出口复杂度的雏形。TSI 是基于古典经济学家大卫·李嘉图（David Ricardo，1817）的比较优势理论，假设一种出口产品所含技术与该产品出口国的人均收入水平相关。TSI 是所有出口这种产品国家的人均收入水平的加权平均，权重是各出口国该产品的出口量与世界该产品出口总量之比。TSI 的逻辑思想是，一种产品的技术复杂度可以用生产该种产品的劳动生产率来衡量。由比较优势理论可知，在国际贸易中，一个国家生产什么样的产品是由生产相对成本决定的，不同的国家在生产任何一种产品时具有不同的劳动生产率。也就是说，高生产率的国家有着较高工资水平，凭借着技术优势生产技术复杂度较高的产品；低生产率的国家以低成本生产技术复杂度较低的产品。因此，就出现这样的一种情况，某种产品的技术复杂度与生产这种产品的国家的工资水平相关，技术复杂度较高的产品由高收入国家生产的可能性较大。所以，可以将出口产品的技术复杂度用各个国家出口这种产品的世界份额乘以工资水平的加权平均计

---

① 未在本国消费，又未经本国加工而再次输出国外，称为复出口或再输出（Re - Export Trade），不纳入本书研究范畴。

算得出。Hausmann 等（2005）在 TSI 基础上对权重进行了改进，将 TSI 中的绝对比重改进为相对比重，即设为某种商品在一国出口中的份额与世界总水平的比例，并将其定义为出口复杂度。出口复杂度被认为能够用来衡量出口产品、产业或出口国总出口的技术含量，出口复杂度越高，说明出口技术水平越高。出口复杂度最大的优势在于无须具体的产品和亚产业层面的 R&D（research and development）投入数据，而可以利用产品出口国的收入水平来度量具体到产品层面的出口复杂度。虽然这一指标可以一定程度上反映出口产品的技术水平，然而，出口复杂度的基本假设推理中存在逻辑漏洞，因为某生产活动是否在富裕国家进行不仅仅取决于该生产活动所包含的技术水平，它还受交通成本、自然资源利用、市场需求、基础设施水平以及产业分工程度等因素的制约。因此，出口复杂度受上述诸多因素共同约束，而非单纯的技术度量指标（Lall et al.，2005）。

杜修立、王维国（2007）在 Lall et al.（2005）以及 Hausmann 和 Rodrik（2003、2007）基础上提出了出口产品技术含量（Export Technology Content）概念。高收入国家的劳动力成本较高，如果其产品没有较高的技术含量，产品附加值与边际价值增量很少，就无法弥补高劳动成本，这种产品在高人力成本的国家就没有优势，其生产最终就会被转移至低收入国家，高收入国家会利用其优质的人力资本与技术生产高技术水平的产品。因此，某种产品由高收入的国家生产（而不是出口）较多，其技术含量越高。产品的技术含量不能仅根据由哪个国家出口来判断，而是应看由哪个国家生产。在此条件下，出口产品技术含量指标仍是对各国人均收入求加权平均，而权重由一国某种产品的出口占世界该种产品出口的份额变为一国某种产品的生产份额与世界该种产品生产份额的比重。

产品技术含量是一个动态变化的相对概念，某种产品在某一时期可能是相对高技术含量的产品，但在另一时期可能就是相对中等甚至是低技术含量的产品，随着世界范围的技术进步，有些产品的技术含量得到了提高，有些产品的技术含量可能会出现不变或者提升较小的情况。产品的技术含量是高是低，不仅取决于产品本身，还取决于同时期其他产品的技术含量高低。关志雄（2002）以世界市场中各出口国占该产品的份额作为权数，乘以出口国人均 GDP 得到的值为出口产品技术含量（附加值）来计算一国出口产品技术结构高度（Height of Export Technology Structure）及其偏差值，后经樊纲、关志雄、姚枝仲（2006）进一步完善了这种方法。杜修立、王维国（2007）根据每种产品的出口份额求出某经济体出口篮子技术结构高度，这种计算方法排除了世界共同的技术提升影响，衡量了某经济体相对其他经济体的技术升级。如果随着时间推移，一个国家或地区的技术含量指标出现上升而技术结构高度指标没有明显提升或出现下降，那么这个国家或地区并没有出现有效的产品技术提升，产业没有向高端的方向发展。

综上，本书在考量货物贸易出口技术含量时，借鉴杜修立、王维国（2007）的研究来界定和测算出口产品技术含量和出口产品技术结构高度，力求准确刻画一国或地区出口产品技术含量升级状况。

（二）服务贸易结构优化的理解

"服务贸易"（trade in service）一词最早是由经济合作与发展组织（Organization for Economic Co - operation and Development，OECD）在 1971 年提出的。囿于服务贸易涵盖内容比较宽泛，因此，学界关于服务贸易的概念界定并没有形成统一的认识。目前，最具有代表性的是《服务贸易总协定》（General Agreement on Trade in Service，GATS）的定义，即"服务贸易是指服务提供者通过商业或自然人的商业现场跨越国界跟另一国服务消费者进行服务交易，收取外汇报酬的商业活动"。服务贸易主要有过境交付（cross - border supply）、境外消费（consumption abroad）、商业存在（commercial presence）和自然人流动（movement of personnel）四种模式。

服务贸易结构是指一国的服务贸易出口商品结构，即一国（或地区）一定时期内某类服务出口额占其服务贸易总额的比重或所处地位。一般来说，一国或地区服务贸易结构的状况综合反映了该国或地区的服务经济技术水平、服务业内部结构状况、服务商品国际竞争力和国际分工地位等。为了后续研究中统计口径一致，笔者参照联合国贸发组织（UNCTAD）对服务贸易的分类标准（BOP），将运输服务和旅游服务占服务贸易总额的比重之和作为传统服务贸易结构，其余服务贸易项目占服务贸易总额的比重作为现代服务贸易结构来处理。

一般而言，服务贸易结构优化是指一国的服务贸易结构逐步向合理化和高级化发展的动态演变过程。一国或地区服务贸易结构优化与该国或地区经济发展水平、政府的经济贸易政策、产业结构、贸易结构、资源禀赋等有关。政府应根据本国或地区经济发展水平、产业结构现状、服务贸易结构现状，以及资源禀赋适时调整有关贸易政策或采取其他有效措施，积极影响国内或地区内不同服务贸易部门比较优势变化，推动资源要素在部门间流动，实现优化配置，进而在长期内实现服务贸易结构向合理化和高级化发展。服务贸易结构优化一般表现为，一国或地区服务产品整体质量提高，服务产品的附加值率随之上升。换句话说，就是服务贸易"量"的扩张和"质"的提升。具体到服务部门，运输服务、旅游服务、建筑服务等传统服务部门产品进出口占比逐步下降，而金融服务、保险服务、计算机和信息服务、咨询、文化教育服务等现代服务贸易部门产品进出口快速增长且占比攀升。

由此，笔者对服务贸易结构优化直接表现为运输和旅游等传统服务贸易在总服务贸易额中的占比下降，而现代服务贸易占比上升或是表现为现代服务贸易与传统服务贸易的相对比例上升。

特别强调的是本书对出口贸易的研究边界框定为一国或地区货物出口技术含量提升和服务贸易结构优化。

四　产业升级的理解和研究边界

学界研究产业升级存在"产业结构升级"（产业结构调整，下同）和"产业链升级"两条思路。产业结构是指国民经济各物质生产部门（包括部门内的分部门）之间的组合与构成的情况，以及它们在社会生产总体中所占的比重，反映的是一个国家或地区产业间的比例关系及其变化趋势。我国按照三次产业分类法将产业划分为：第一产业，主要包括农、林、牧、副、渔业等；第二产业，主要包括工业和建筑业，其中工业涵括了制造业、采掘业等；第三产业就是除第一产业和第二产业之外的产业，主要是指服务业。产业结构调整是指第一产业、第二产业和第三产业产值或就业比重发生动态变化的一个过程。学术界普遍认为，产业结构调整过程，首先，第一产业在一国国民经济中占据绝对的优势，农业产值和就业比重都远远大于其他产业；其次，在工业化发展阶段，第二产业开始逐渐超过第一产业而成为主导产业，第三产业比重也开始逐步上升；最后，第三产业占据了主导地位，第二产业次之，第一产业比重最小。

产业结构升级一方面表现为区域产业结构合理性，这种合理性是区域产业结构调整和升级一般原理在一定的宏观环境背景中与具体的区域实际相结合的产物；另一方面表现为产业内部结构高级化，这种高级化就是由低梯度产业向高梯度产业升级，即劳动密集型—资本密集型—技术密集型。本书对产业升级的研究边界限于"产业结构升级"。① 基于地区差异下产值结构比重和就业结构比重作为产业结构升级的表征，即从区域产业结构合理性和产业内部结构高级化方面对产业升级予以考察。

产业链升级思路下的产业升级是一个企业或经济体迈向更具获利能力的资本和技术密集型经济领域的过程，其路径遵循从 OEM 到 ODM 再到OBM② 逐步演进的轨迹（Gerrifi，1999）。Humphrey 和 Schmitz（2002）明确提出了一种以企业为中心，由低级到高级的四层次升级分类方法，即工艺流程升级→产品升级→功能升级→链条升级。从价值角度来讲，产业链升级就是从低附加值的价值链环节向高附加值的价值链环节攀升，也可表述为由现在的非核心价值元向核心价值元升级，即价值链升级与价值元升级。

基于数据难以获得等约束条件，产业链升级思路下的产业升级暂不纳入研究框架，笔者只在第六章中作为待研究内容简要陈述。

第三节 本书的结构安排

产业升级问题涉及的范围相当宽泛，从经济学和管理学角度来界定，存在"产业结构升级"和"产业链升级"两种认识和研究思路。产业结构升级属于经济学研究范畴，产业链升级同时还属于管理学研究范畴。本书的分析主题对框架结构的安排，是绕开属于经济学和管理学分析对象的产业链升级，基于国家异质性、区域异质性和企业异质性框架下，对基础设施、出口贸易与产业结构升级中的理论问题展开一些探讨性研究，并将这种理论理性以实践理性的形式来表现。

本书第一章是导论部分。以中国基础设施投入、出口产品技术含量和服务贸易结构优化以及产业结构升级过程为背景，提出了中国基础设施"跨越式"发展与对外贸易"成绩斐然"以及产业升级"稳步推进"发生在同一时期是否存在的必然联系，政府干预下的基础设施外部性是否能够促进经济长期稳态发展，这种外部性与贸易结构优化和产业结构升级之

---

① 本书中"产业升级"均指"产业结构升级"。

② Original Equipment Manufacturer，OEM，即原始设备制造商；Original Design Manufacturer，ODM，即原始设计制造商；Original Brand Manufacturer，OBM，即原始品牌制造商。

间又有何关联等问题。为准确回答这些问题，本书的研究边界是，在国别异质性、区域异质性和企业异质性约束下，基础设施研究范畴框定为交通网络、能源网络和信息网络三大网络基础设施，以及教育、科研、医疗和环保四类社会性基础设施；出口贸易研究范畴框定为出口产品技术含量提升和服务贸易结构优化；产业升级研究范畴框定为产业结构升级。

第二章是基础设施、出口贸易与产业升级的文献述评。对照传统的"文献综述"行文范式，多数是从某一领域研究的内在不足出发，指出未来研究方向，这种行文范式毋庸置疑。笔者认为，经典的经济学理论，无一不是在某种特定历史背景下诞生，且随着时代变迁历经无数次理论的演进、发展与突破而形成的。文献综述部分就是围绕基础设施、出口产品技术含量提升和服务贸易结构优化以及产业结构升级三个核心主题，梳理其理论思想、理论渊源及理论进展，并赋予经验研究成果，最后评述每个主题文献，给出该领域未来研究趋向。

第三章是基础设施、出口贸易与产业升级的理论建构。对基础设施、出口贸易与产业升级的理论研究，要求我们对西方国际贸易理论做出吻合实际的某些修正或拓展，以丰富国际贸易理论体系。在概要解说古典国际贸易理论、新古典国际贸易理论，新贸易理论以及新—新国际贸易理论的基础上，一是基于 Krugman（1980、1985）的贸易模型和 Hopenhayn（1992）以及 Chaney（2008）理论模型，进一步拓展 Melitz（2003、2008）的异质性企业模型，构建基础设施投入影响异质性企业出口产品技术含量提升的理论模型；在国家异质性约束下，基于国际贸易要素禀赋理论和动态比较优势理论，构建基础设施投入所引致的服务贸易结构动态模型和服务贸易结构优化模型。二是以产业异质性和企业异质性为研究主体，拓展 Melitz（2003）模型，构建出口产品技术含量与产业升级理论模型。

第四章是基础设施、出口贸易与产业升级的现实基础。主要采用跨国组群和中国省际面板数据，统计分析出口产品技术含量和技术结构高度，服务贸易结构优化，以及产业结构合理性与高级化。旨在总体把握基础设施、出口贸易与产业升级三大主题的现实基础，它是对第三章"理论建构"的检验前之基础数据统计分析，也是第五章"理论验证"的数据采集和整理部分。

第五章是基础设施、出口贸易与产业升级的理论验证。本章基于不同的研究切入点，选择不同的时间段，分别采用跨国组群和中国省际面板数据，使用动态面板系统广义矩估计（GMM）方法进行计量估计，验证基础设施与出口产品技术含量提升，基础设施与服务贸易结构优化，以及出口产品技术含量提升与产业升级的关联性。其计量估计结果既是对第三章理论建构的计量检验，又是第六章实践理性对理论理性应用的基础。

第六章是本书总结性提示。本章首先是对基础设施、出口贸易与产业升级的理论和实证结论的总结与启示，可谓本书总结性结语。其次，将"地区基础设施互联通与提高商贸流通效率"和"环中国圈基础设施共建共享与区域产业链融合延伸"两大主题作为未来研究新课题，不揣浅陋地阐述了笔者的研究思想和结构框架，以飨读者。

第二章 基础设施、出口贸易与产业升级的文献述评

　　基础设施、出口贸易与产业升级是经济学领域研究的重要内容。经典的西方经济理论集中于研究基础设施与经济增长之间的关系，研究结论存在"促进"和"抑制"两种分殊。当代经济学者纷纷解读这种促进和抑制的寓意，随之关于基础设施与全要素生产率，基础设施与对外直接投资（Foreign Direct Investment，FDI），基础设施与企业贸易行为，以及基础设施与金融发展等大量文献涌出。其实，基础设施建设能够促进经济增长的主张已成为"主流"，而专门研究基础设施建设与产业升级的文献鲜见。基于发达国家工业化到"去工业化"[①]（Deindustrialization）再到"再工业化"[②]（Reindustrialization）的演进过程，学界聚焦于研究产业升级的路径，其结论莫衷一是。可以肯定的是，在经济全球化背景下，国际贸易推动了产业升级之观点得到多数学者认可。令人遗憾的是，关于基础设施、出口贸易与产业升级的传导机制及其实证检验几乎无人问津。是故，笔者借由梳理基础设施、出口贸易与产业升级理论与经验研究文献，从中汲取养分，以把脉该领域的研究范式和研究方向，廓清"基础设施、出口贸易与产业升级"的逻辑架构，为后续之理论建构和计量估计夯实基础。文献综述的纵向逻辑是沿"理论"和"经验"两条主线铺开的，横向逻

---

　　① "去工业化"是指制造业就业比重持续下降。这种现象始于美国，其制造业劳动力占总劳动者的比例大幅下降，1994 年仅为 16%；与此同时，其服务业就业人数的比重大幅上升，1994 年为 73%。日本、欧盟等其他发达经济体均出现类似现象。

　　② 根据1968 年版《韦伯斯特词典》注解，"再工业化"是一种刺激经济增长的政策，尤其是指在政府的帮助下，实现旧工业部门的复兴和现代化，并支持新兴工业部门的增长。如果说"去工业化"去掉的是低附加值的加工制造环节，那么"再工业化"实际上是对制造业产业链的重构，重点打造高附加值环节，着重发展高端制造业（芮明杰，2013）。2008 年国际金融危机后，为了重振本土工业，美欧等发达国家将"再工业化"作为重塑竞争优势的重要战略，在世界范围内开展了一场全球制造业争夺战。

辑是"基础设施与经济增长的理论机制与经验研究"→"基础设施与出口贸易结构优化的理论与经验研究"→"出口贸易结构优化与产业结构升级的理论与经验研究"。

第一节 基础设施与经济增长的理论机制与经验研究

一 基础设施对国民财富积累的思想溯源

关于物质基础设施（以下简称基础设施）的研究，最早可以追溯到古典学派（the Classical School）创始人亚当·斯密（Adam Smith，1774）所著的《国富论》，斯密开宗明义地指出，政府应"建设并维护某些公共事业及某些公共设施"，道路、桥梁、河道等基础设施建设是政府应尽的职责。在斯密之后，新古典学派（Neo - Classical School，又称为剑桥学派）创始人阿尔弗雷德·马歇尔（Alfred Marshall）于 1890 年出版的《经济学原理》中，在阐述地区专业化的经济性表现时指出，适宜形成交通枢纽的地方，商业、金融业和运输也就会相对发达，可以共享社会生产条件（即基础设施），共享运输服务等辅助行业特供的专门服务。这些思想的核心价值强调了基础设施对于积累国民财富的重要性，对当代经济发展理论的形成和发展产生了极大影响。

二 基础设施对经济增长有多重要？

基础设施对聚集财富的重要作用之核心思想开启了发展经济学对基础设施与经济发展关系的研究。基于不同的时空背景、不同的研究切入点，经济学家对基础设施与经济发展之关系得出了不同的见解。平衡增长理论的先驱保罗·罗森斯坦·罗丹（P. N. Rosenstein - rodan，1943）在《东欧和东南欧国家工业化的若干问题》一文中指出，在基础设施的供给方面"社会先行资本"就具有明显的过程上的不可分性和时序上的不可逆性，比如能源、交通、信息等基础设施建设周期长，且必须先于直接生产性投资，以促进各部门的平均增长，从而推动整个国民经济的高速增长和全面发展。德国经济学家赫希曼（Hirschman，1958）提出了著名的不平衡增长理论（Theory of Unbalanced Development），该理论认为基础设施对经济增长作用的核心是发展基础设施才能保障经济增长，基础设施投资是经济增长的基础条件。美国经济学家华尔特·惠特曼·罗斯托（Walt. Whitman Rostow，1958、1962）认为"社会基础资本的先行建设是经济腾飞的一个必要非充分条件"。美国经济学家库特纳（P. H. Cootner，1988）认为基础设施不是经济增长的必要条件，而是通往经济增长结局的一种手段。日本发展经济学家南亮进（1981）认为核心的基础设施，如交通和通信是经济增长不可缺少的初始条件。不论基础设施建设是经济增长的条件，还是仅为一种手段，基础设施对经济发展有多重要可见一斑。

三　基础设施促进经济增长的理论机制

基础设施作为一种投资既可以直接促进经济增长，又可以通过溢出效应间接地促进经济增长（刘生龙、胡鞍钢，2010）。梳理经济理论文献我们发现，经济理论界关于基础设施投资直接促进经济增长之观点存在着分野，这种分殊源于基础设施投资是或不是经济增长的关键因素。凯恩斯主义经济学主张国家采用扩张性的经济政策①，通过增加需求促进经济增长。凯恩斯（John Maynard Keynes，1929）在《劳埃德·乔治能办到吗?》一文中首次阐述经济学"乘数"思想，至 1936 年出版《就业、利息与货币通论》一书形成了完整的国家干预经济理论体系，从经济理论视域论证了公共工程（基础设施）政策的必要性和可行性。该理论以乘数原理为依据，论证了基础设施投资不仅带来总产出直接增加，还会通过乘数效应影响资本积累，带动数倍于投资额的社会总需求进而提高国民收入，加速社会经济活动。而以罗伯特·索洛（Robert M. Solow，1956）为代表的新古典经济增长理论认为虽然基础设施投资提高了整个社会的资本存量，增加了总产出，但资本扩张对经济增长的影响最终受制于"边际效益递减规律"（the law of diminishing returns）。也就是说，资本扩张对经济增长只有短期效应，不能影响长期经济增长，所以，基础设施投资在短期内拉动经济增长，而经济的长期增长依赖于外生的技术进步。新古典经济增长理论依据以劳动投入量和物质资本投入量为自变量的柯布—道格拉斯生产函数（C－D 生产函数）建立的增长模型，把技术进步等作为外生因素②来解释经济增长，因此就得到了当要素收益出现递减时，所有经济都将汇

---

① 其核心思想是主张借助政府干预消除经济危机，将公共工程支出（基础设施投资）作为政府有效干预经济危机的手段，以弥补"大萧条"时期的有效需求不足。

② 其实，许多经济学家（如熊彼特，1934；舒尔兹，1990；贝克尔，1989）把人力资本和技术进步作为外生因素分析对经济增长的作用。

集于"零增长"（即长期经济增长停止）的结论。

可是，20 世纪 90 年代初期"新经济学"即内生增长理论（The Theory of Endogenous Growth）则认为，经济长期增长是由内生因素解释的，因开发、发明、创新等活动而形成的技术进步，因正规教育、培训、在职学习等而形成的人力资本，以及基础设施投资活动的外部性（Externality）[①] 是经济增长的根本源泉，至此基础设施的外部性逐步成为学界研究重点，例如阿罗和库兹（Arrow & Kurz, 1970）认为通过公共投资形成的资本存量具有很强的生产性，他们最先把公共资本存量纳入宏观经济生产函数，然而，由于其模型仅是对新古典生产函数模型的修改，新古典总量生产函数存在的问题也随之转移到内生增长理论上。此后，保罗·罗默（Paul M. Romer, 1986）、罗伯特·巴罗（Robert J. Barro, 1990）和罗伯特·卢卡斯等（Robert Lucas, 1988）经济学家通过内生增长模型从理论上支持了基础设施存在对经济增长的正外部性。[②] 围绕基础设施的外部性是否存在，经济学界展开了一系列研究，并得出基础设施的外部性体现在，完善的基础设施建设可以提高全要素生产率（Aschauer, 1989；Munnell, 1990；Duggal 等, 1999；Hulten, 2006；Yeaple & Golub, 2007；刘秉镰, 2010），促进经济长期增长，良好的公共基础设施服务有助于健康水平提升和教育质量提高，从而改变社会人力资本结构，有利于经济可持续发展（Agénor, 2008）。

当然，也有一些研究者认为基础设施对经济增长的正外部性并不明显（Hulten & Schwab, 1991；Young, 1995；Hulten & Schwab, 2000），甚至对长期的经济增长率没有贡献（Fu, 2004）。

---

① 外部性又称为溢出效应、外部影响或外差效应。笔者理解基础设施投资活动的外部性实际上就是指基础设施的溢出效应。Young（1928）、Rodan（1943）和 Hirschman（1958）等发展经济学家已证实了基础设施存在外部溢出效应。

② 罗伯特·巴罗（Robert J. Barro）的"一个简单内生增长模型中的政府花费"（载 1990 年《政治经济学杂志》）论文讨论了内生增长模型中政府开支与经济增长的关系，发现政府通过提供基础设施等公共产品可以提高长期增长率；基础设施的公共品属性使其对私人资本就有溢出效应，私人资本的边际报酬将不随人均资本积累而变化，类似获得了外生的技术进步贡献，长期经济增长率将随劳动力的增加而增加。之后，巴罗与沙拉·伊·马丁（Xavier Sala. I. Martin）合作的"趋同"（载 1992 年《政治经济学杂志》）拓展了该模型，强调公共品的拥挤性（Congestible Public Goods）。拥挤性公共产品（也称公共池塘产品）的边际效应递减，如道路、桥梁、博物馆、图书馆等。拥挤性公共产品产生的根源在于其受益范围的空间限制，或者说服务范围的有限性。

在笔者看来，不论是主流经济学还是非主流经济学的主张，也不论他们对基础设施促进经济增长的作用是"短期效应"还是"长期效应"，也只是经济学家们在各自所处的特定历史时期，基于各自的研究范畴设定不同的假设条件所得出的不同主张而已。一个不争的事实是基础设施能够促进经济增长的主张已成为"主流"。这种促进作用主要有两种途径：一方面，基础设施是一种投资，能够直接促进经济增长，例如在支出法国内生产总值账户中；另一方面，基础设施尤其是一些经济性的基础设施具有规模效应和网络效应（World Bank，1994），这种效应既可以通过提高产出效率促进经济增长，又可以通过引导发达地区对落后地区经济增长的溢出效应来促进经济增长（刘生龙、胡鞍钢，2010）。这一点，学界从不同视角基于不同的时空数据做了大量的实证检验。

四　基础设施促进经济增长的经验研究

基础设施投资对经济增长的促进作用早已被国内外学者关注，主流观点均认同基础设施投资与经济增长正相关。例如，Aschauer（1989）利用美国 1949—1989 年的数据，估计出公共资本的产出弹性等于 0.39，认为美国 1971—1985 年全要素生产率下降主要是由公共资本增速降低引起的，政府用于基础设施方面的支出，尤其是对公路、铁路、航空、水运等核心基础设施的投资对生产率有显著提高；Murmell（1990）延续了 Aschauer（1989）的研究，利用美国 1948—1987 年的时间序列和横截面数据，研究生产率和政府支出形成资本的关系，其结果显示基础设施对生产率的提高作用显著，产出弹性在 0.34—0.41 之间；Hudson 和 Haas（1992）通过建立线性回归模型对美国和 98 个发展中国家的结果表明了交通基础设施投资对经济总产出有着较大的贡献；Canning 和 Fay（1993）使用面板数据来考察交通设施对经济增长的贡献，他们发现交通基础设施的产出弹性大约是 0.1；Christodoulakis（1993）研究了交通、通信和电力方面公共资本影响希腊 1964—1990 年大规模制造业产出的程度，发现上述公共资本是产出的显著格兰杰（Granger）原因；继而，Canning 和 Fay（1994）通过对 57 个国家 1960—1990 年的数据，采用变量对数形式，估计交通设施和电力、电信的产出弹性，结果发现交通运输和电信基础设施对增长率均有较大影响；Sturm、Jacobs 和 Groote（1999）运用 VAR 模型对荷兰 1853—1913 年数据进行相似研究，同样发现基础设施是产出增长的格兰杰原因；Yeaple 和 Golub（2007）通过计算 1979—1997 年 18 个国家中 10 个制造业行业的全要素生产率，检验了交通、电力供给和通信等基础设施对不同国家全要素生产率的影响，发现公共基础设施的增加确实提高了很多部门的生产率，国家之间的技术差异，在很大程度上由基础设施来决定。Pravakar Sahoo 和 Ranjan Kumar Dash（2009）在 Aschauer（1989）研究基础上，利用1970—2006 年的数据考察了基础设施在印度经济增长中的作用，结论是基础设施存量、劳动力和总投资在印度经济增长中发挥重要作用，基础设施对印度经济增长具有更明显的正向作用，且存在间接效应。

国内也有不少学者研究得出基础设施对经济增长具有正向作用。例如，杨小凯（2003）认为基础设施首先通过交易成本的降低来提高交易效率，之后通过促进分工来带动经济增长；刘国亮（2002）研究得出公共基础设施在公共投资的细分项目中对人均 GDP 增长作用最大；范九利和白暴力（2004）采用1981—2001 年的数据测算出基础设施对中国经济增长的产出弹性为0.695；张光南和杨子晖（2009）采用面板数据实证检验了制度、基础设施与经济增长的关系，结果表明制度和基础设施都与经济增长存在格兰杰因果关系，基础设施对经济增长贡献显著为正，其产出弹性受制度环境影响；杨飞虎和熊家财（2010）通过建立 VAR 模型，利用格兰杰因果检验及脉冲响应函数实证研究得出，无论是中国的基础设施投资总量水平，还是具体的行业构成都对经济增长有明显的正向推动作用；王学礫等（2011）通过总量与动态生产函数验证得出，公共投资通过直接资本形成和间接对私人资本投资的刺激，对经济增长具有明显促进作用。除此之外，郭庆旺（2006）、张芬（2008）、柴树懋（2009）、刘生龙和胡鞍钢（2010）、陈亮（2011）的研究支持了现阶段基础设施投资促进经济增长的主张。

不过，也有学者认为基础设施与经济增长属于双向互动关系，如郭小冬和武少苓（2007）基于面板数据的向量自回归方法，对中国地方政府1994—2004 年的公路投资建设与经济增长进行了实证分析，研究得出两者存在双向互动关系，相互间的作用机制是复杂、多重和多样的；Peter Perkins、Johann Fedderke 和 John Luiz（2005）构建了铁路、道路、港口、机场、电话线和电力等指标的数据库，对南非经济性基础设施发展的长期趋势做了分析，并用 PSS（Pesaran，Shin & Smith，1996、2001）的 F - tests 方法讨论了基础设施与南非长期经济增长的关系，研究结论是两者存在相互因果关系，政策制定者要在不同阶段选择不同的侧重点投资基础设施。

近些年来，一部分学者细分基础设施构成对经济增长的影响，例如，

Fay（1993）和 Canning（1999）采用变量对数形式的研究发现，与非核心基础设施相比，核心基础设施如高速公路对经济增长的贡献更大，而且同类设施在高收入国家和低收入国家中的产出弹性差异很大；之后，Fe-mald（1999）、Roller 和 Waveman（2001）以及 Duggal（2007）分别检验了公路、电话和互联网等单项基础设施对经济增长的影响，检验结果均发现作用显著且程度不同。Kanwal Zahra、Parvez Azim 和 Afzal Mahmood（2008）运用 1986—2002 年数据研究了世界 29 个地区电信基础设施发展对经济增长的作用，结果显示电信基础设施与经济增长高度相关。另一部分学者从区域层面进行考察，如 Johan Fourie（2006）将基础设施分为本地、国家、跨国三个层次，并对理论上基础设施的溢出效应做了经验分析，并也发现其中一些因素限制；Somik V. Lall（2007）构建了区域非线性经济增长模型去考察印度各州的基础设施对区域经济增长的作用是否重要和基础设施的产出效应中是否有空间变量，主要发现了交通和通信基础设施是区域发展的重要影响因素，并且这些投资产生的正向利益不仅来自单个州，还有来自邻边州的网络投资。高峰（2005）研究发现交通基础设施投资对中国经济增长具有乘数效应，并且中部地区交通基础设施对经济增长的贡献最高，东部次之，西部最低。

当然，也有一些"非主流观点"的存在，主张基础设施与经济增长的因果关系是不确定的（如 Tatom，1991；Holtz - Eakin，1995；Clarida，1993；Pereira，1993），或者是不相关的（如 Evans & Karras，1994；Holtz - Eakin，1994；Moomaw，1995；Boamet，1998），甚至是负相关的（如 Hulten & Schwab，1991；Ghali，1998）。①

第二节 基础设施与出口贸易结构优化的理论与经验研究

一 基础设施提升出口产品技术含量的理论与经验研究

（一）异质性企业技术选择理论机制

在讨论国际贸易增长的源泉时，古典和新古典贸易理论强调比较优

---

① 在浩如烟海的文献中，限于笔者阅读量小，难免遗珠。

势，即现有产品的出口扩张是出口增长的唯一途径。新贸易理论的规模经济与产品多样性偏好假定使得扩展边际成为解释出口扩张的新渠道（Bernard et al.，2007）；新—新贸易理论则是从同一产业内部有差异的企业来解释一国的贸易增长可以沿扩展边际（extensive margin）和集约边际（intensive margin）实现（Melitz，2003；Bernard et al.，2003）。之后的很多研究都是以此模型为基础而设定的，如 Baldwin（2005）以 Melitz（2003）的模型为基础，分析了企业选择成为国内企业、出口企业和不生产企业的生产率差异，证实了高生产率企业选择出口的结论；Chironi 和 Melitz（2005）也是引入了 Melitz（2003）的基本模型假定，建立了一个随机的、宏观动态一般均衡两国贸易模型，并假定企业的生产率存在差异以及垄断竞争的市场结构，模型证明了只有相对高生产率的企业出口，并分析了外生的生产率冲击以及贸易成本变化对于企业出口和退出市场等决策的影响；Yeaple（2005）用一个同质企业的一般均衡框架，设定企业会选择异质的技术，规模更大的出口企业一般会选择高级的技术，支付高的工资，且生产率会更高；Namini 和 Lopez（2006）建立了一个动态一般均衡模型，实证分析 1991—1999 年智利企业数据，发现企业在进入出口市场时会谨慎地采纳人力资本密集的技术。

以上文献都是假定外生的企业异质性，也就是企业生产率和规模的决定是外生的随机的，而不是内生决定的。在此基础上，一些扩展文献引入了企业技术选择机制[①]，将生产率的决定变成由企业内生选定（李春顶、王领，2009），当然企业的选择也是由其外生的生产率和吸收能力等决定的。Bustos（2005）建立了一个垄断贸易模型，并假设企业异质性，由于企业的生产率差异、采纳技术的成本不同，所以它们会选择不同的技术；而贸易自由化通过扩大市场规模、消除技术转移的限制促使企业采纳新技术，故而最有效率的企业进入了出口市场，出口的高利润抵偿了采纳新技术的固定成本。Hansen 和 Nielsen（2007a）改变先前垄断竞争的市场结构，建立了一个双寡头贸易模型，寡头企业可以选择两种不同的技术，一种是高固定成本低边际成本，另一种是低固定成本高边际成本，其研究结论为企业规模、市场一体化程度、贸易成本等因素都会影响企业的技术选

① Yeaple（2005）实际已经引入了技术选择，但其基本假定是企业同质，故不将其归入此类。

择，一般出口导向的企业会选择低边际成本的技术，贸易成本的降低会引致更多的出口。Hansen 和 Nielsen（2007b）与 Hansen 和 Nielsen（2007a）使用了同样的方法和假设，得到了相同的结论，只不过 Hansen 和 Nielsen（2007b）是从规模经济和范围经济角度看企业的技术选择。

（二）异质性企业出口产品技术含量测算

笔者在多年研究中，曾受困于如何测算异质性企业出口产品的技术含量。出口产品技术含量研究发现于 Bender（2001）根据 Balassa（1965）构建的显示比较优势指数（Revealed Comparative Advantage Index，RCA 指数，）计算产品技术附加值及其技术含量。之后，Lall 等（2005）提出了"复杂性指数"的概念来测度不同产品的技术水平，认为收入越高的国家，出口的产品越复杂，即产品的技术含量和技术水平越高。故此，他们将产品的技术水平定义为出口这种产品的所有国家人均收入的加权平均，权重为各国该产品的出口占世界总出口额的比重。并使用产品复杂性指数来测算中国出口篮子的复杂程度，结果显示 2000 年中国出口产品的复杂度指数比 1990 年水平要低，与世界其他国家各个出口产品技术等级的产品份额比较发现，中国在中等偏上技术产品上的世界份额有所减少，其他产品的世界份额都有较大增长，从世界排名来看，中国出口篮子复杂程度没有明显提高。Hausmann 等（2005）和 Rodrik（2006）认为 Lall 等（2005）的计算方法可能会高估大国的作用，而忽略了小国具有比较优势的出口产品，为了避免这样的情形修正了该指数，将权重改为一种商品在一国总出口中的比例相对于世界总水平的份额（即显示比较优势指数），目前文献中使用最多的是 Hausmann 等的这种测度方法。Rodrik（2006）利用跨国横截面数据发现出口技术含量与人均收入存在着显著的正相关性，与人力资本存在较弱的正偏相关性，并指出中国出口商品技术结构与许多 OECD 国家中高收入水平国家的出口商品技术结构十分相似。中国的对外贸易的发展主要取决于高技术产品的出口，而不是仅限于贸易量的扩大。随之 Hausmann 等（2007）以各国出口产品的比较优势为权重，构建测算出口产品技术复杂度指数（Export Sophistication Index），分别得到某种出口产品的技术水平（PRODY）以及一国出口产品篮子的总体技术水平（EXPY），并将中国与世界其他国家比较后发现，中国出口篮子的总体技术水平与比中国人均 GDP 高 3 倍的国家的出口产品技术水平相当。Schott（2008）采用出口相似度指数（Export Similarity Index，ESI 指数）

来反映出口产品技术水平的变化，研究表明一个国家与 OECD 国家的出口相似度取决于人均 GDP 和技术禀赋，国家规模更能解释不同国家间出口相似度的差异，他对中国和 OECD 国家的出口商品结构进行比较，发现中国的出口商品结构已经与世界发达经济体较为相似。其他学者诸如 Gaulier（2007）、Fontagné（2008）、Lemoine 等（2008）以及 Bensidoun 等（2009）也得出了与上述极为相似的结论。这似乎意味着中国出口产品的技术构成已经步入了"发达国家之列"。

伴随着中国对外贸易增长"奇迹"诱发国内学者对出口产品技术含量研究的浓厚兴趣。一种观点认为中国出口产品技术含量有一定幅度的提升。例如，关志雄（2002）以产品的技术附加值测算出口产品的技术含量，使用出口贸易量占总贸易量的比重表示贸易结构，研究发现，在世界经济一体化的贸易环境中，中国的出口产品技术含量比东亚等国提升得更快些，但与欧美新兴工业化国家差距较大，还没有达到世界平均水平。樊纲等（2006）用显示技术附加值赋值原理构造了中国进出口贸易的技术高度指数，将产品分类为不同技术等级比较发现，中国出口产品技术含量正在上升，中上等技术附加值产品出口份额有较大幅度增长，高技术产品出口份额增速缓慢。杨汝岱和姚洋（2007）改进 Zhi Wang 和 Shang - jin-Wei（2008）计算出口技术含量的方法来测度出口重叠度，研究发现，中国出口技术复杂度与发达国家相比，尚存在一定差距，特别是在高技术密集型出口产品领域差距较大，但已由低技术品的出口转变为中等技术品的出口为主，且在中等技术密集型产品领域表现出对发达国家的追赶。

由此，学界开始解读中国出口产品技术含量提升的原因。例如，Xu 和 Lu（2008）的研究发现我国的出口产品复杂度与来自发达国家的外商独资企业数量、外资企业的加工贸易出口比例表现出正相关性，而与国内企业的加工贸易出口比例负相关，以出口产品的相对价格指标所测度的产品内的出口复杂度也得到了相同的结论。Wang 和 Wei（2008）采用中国不同城市产品层面的出口数据，分别以出口非相似性指数（EDI）和出口产品单位价值来测度产品间和产品内的出口技术复杂度，研究发现加工贸易和外资企业都不能解释中国与高收入国家出口结构的趋近，而人力资本和政府在高新产业区的税收政策促进了出口复杂性的提高。祝树金等（2010）对 Hausmann 等的理论进行了扩展，采用跨国面板数据分析决定出口产品技术水平的因素，结果显示 FDI、人力资本、研发投入等对出口产品技术水平有显著影响。

另一种观点则认为中国出口产品技术含量并没有显著提升。例如，杜修立和王维国（2007）基于出口产品复杂性指数指标，纳入贸易依存度，考虑了产品的贸易分布和生产分布的差异，以生产份额为赋值权重建立产品技术含量指数，重新估算了各类出口产品的技术含量，研究结论为中国出口贸易技术结构未能超越发展中国家的平均水平。许斌（2007）修正了 Hausmann 等的方法，研究发现中国出口产品技术复杂度并没有 Rodrik（2006）测算的那么高。姚洋和张晔（2008）提出了产品国内技术含量的概念，使用投入—产出表扣除进口产品对最终产品的技术含量贡献，研究发现全国和江苏的出口产品国内技术含量出现大幅的下降。戴翔和张二震（2011）使用"出口重叠指数"和"相对平均单位价值"，以部分发达国家为考察对象，研究结论显示，中国出口产品技术复杂度与发达国家尚存在较大差距。

（三）基础设施如何提升出口产品技术含量？

基础设施不但可以增加贸易流量，并且对贸易活动的发生与否起决定作用（Roja & Calfat，2005；Francois et al.，2007；Nordås & Piermartini，2004）。关于基础设施如何提升出口产品技术含量的研究多基于运输成本视角，例如 Bougheas 等（1999）以李嘉图模型为基础，将运输成本内生化，研究发现国家之间基础设施数量与质量的差别会对运输成本产生影响，运输成本的不同会影响企业在国际市场上的竞争力，对于那些基础设施投资水平最优的国家而言，贸易数量与基础设施水平呈正相关的关系。Edwards 和 Odendaal（2008）构建了贸易伙伴基础设施质量指标分析国家间基础设施差异是如何通过贸易成本影响贸易流量，通过 117 个国家2005 年的双边贸易数据验证得出贸易伙伴国之间基础设施的最小值对运输成本和贸易有重要影响。

其实，已有文献表明交通网络、能源网络和信息网络是直接参与生产过程的物质资本，这三大类基础设施建设有益于降低企业运营成本（Demetriades & Mamuneas，2000；Moreno et al.，2003），改善企业技术效率（李平、王春晖、于国才，2011），提高企业生产效率和交易效率（Agénor & Neanidis，2006），促进分工演进和经济增长（骆永民，2008）。立体化的交通网络有助于生产资料及产品的空间转移，降低企业库存（李涵、黎志刚，2009），还是出口的先决条件（Yoshino，2008）；能源网络的改善，比如电网、高压输电线的改善有助于提供更加稳定的供电水平，这就会降低生产性企业大型复杂机械的磨损（Lee & Anas，1992）；一体化的先进的信息网络，全球高密度的信息传输系统不仅有助于降低企业运输成本、节约交易费用，而且可以为地区高技术产业、知识产业成长创造条件（Röller & Waverman，2001），它能够减少市场中的信息不对称问题，使得企业能够更有效地利用当前更好的技术进行生产从而提高整个国民经济的运行效率（刘生龙、胡鞍钢，2010）。

影响较大的两篇文章是王永进等（2010）和马淑琴、谢杰（2013）。王永进等（2010）理论模型的逻辑思维是与国内贸易相比，国际贸易涉及更多的风险和不确定性，这就要求企业根据外部市场状况对生产要素进行及时调整；而便捷的公共基础设施则能够为企业节约库存，有利于企业及时有效地调整生产要素，从而降低调整成本；同时，商品属性越是复杂多样和易变，则越容易受到外部风险和不确定性的影响。因此，完善的基础设施对于那些高复杂度产品的出口具有格外显著的促进作用，从而有助于一国总体出口技术复杂度的提高。他们使用1995—2004年HS—6分位的跨国数据，分别采用Hausmann等（2007）和Xu（2007）的方法测算了101个国家的出口技术复杂度，并运用工具变量两阶段最小二乘法和系统GMM方法进行计量估计，证明了基础设施稳健地提高了各国的出口技术复杂度。马淑琴、谢杰（2013）则是在异质性企业分析框架下，通过引入"冰山运输成本"和"固定成本"两个变量，推导出基础设施在出口产品技术含量升级中的作用机制，扩展和完善了理论模型的推理过程。理论模型的拓展佐证了完善的网络基础设施及良好的服务能够稳健地提高一国或地区出口产品技术含量。实证检验结果对交通网络和信息网络基础设施在各国出口产品技术含量升级中的正向作用具有很好的解释力，且收入水平越高的国家其正向作用就越明显。

二　基础设施促进服务贸易结构优化的理论与经验研究

伴随服务贸易规模的快速扩张，服务贸易结构及其优化问题日益受到关注。王煜（2007）通过把我国服务贸易与世界服务贸易发展趋势进行对比，认识到我国服务贸易发展迅速，但服务贸易结构优化速度却一直落后于世界水平。余道先、刘海云（2008）对服务贸易分部门的贸易竞争力指数和Michaely竞争优势指数进行测算的结果表明，我国服务贸易结构不平衡，现代服务业发展滞后，总体竞争力差。程南洋等（2006）、殷凤

(2010) 分别对我国的服务贸易结构变动幅度和稳定性进行测度，结果表明服务贸易出口结构变动缓慢，优化幅度小且服务贸易专业化模式不稳定。这意味着我国服务贸易经过多年的发展，总量增长快速，但结构优化方面不明显，因此，如何优化服务贸易结构就成为迫切要完成的研究课题。那么，如何优化服务贸易结构？基础设施投入与服务贸易结构优化间的关系如何？多数学者集中于对我国服务贸易竞争力影响因素的分析（如郑吉昌、夏晴，2004；贺卫等，2005；史自力、谢婧怡，2007；李秉强，2008），也有少数学者从人力资本视角对我国服务贸易比较优势进行研究（如舒燕，2011）。而关于广义基础设施投入与服务贸易结构优化关系的研究鲜见。

笔者曾与郑荷芬和徐英侠（2013）基于国际贸易的要素禀赋理论和动态比较优势理论，构建了某一经济体基础设施投入所引致的资本要素禀赋层面的动态变化，及其影响服务贸易结构优化的要素积累与服务贸易结构动态模型，将固定资本、人力资本和知识资本要素归结为资本要素，纳入 H. Oniki 和 H. Uzawa（1965）的分析框架，并将这种理论作用机制分为固定资本要素扩张效应、人力资本要素提升效应和知识技术要素进步效应，严密的数理推演得出，广义的各项基础设施投入将在一定时期内显著影响服务贸易结构优化；某一经济体经济发展水平越高，人均收入水平越高，基础设施网络建设越完善，相应地各项基础设施投入对服务贸易结构优化的影响作用越明显。并通过 80 个不同收入水平国家 1996—2010 年的跨国面板数据，采用系统 GMM 两步法进行实证分析。结果发现，服务贸易结构的优化是个长期连续性的工程，对一国保持服务贸易政策的一致性和连贯性有很好的启示。一国现代服务贸易部门的发展跟经济性基础设施的发展水平和完善程度关系紧密，而服务贸易结构的优化取决于现代服务贸易部门的发展与壮大，故多数人均 GNI 较低的国家因工业化水平限制不能很好发挥经济性基础设施对服务贸易结构优化的作用。在社会性基础设施方面，医疗、教育基础设施对服务贸易结构优化总体呈正向促进作用，但投入回报周期长、见效慢的特点也很明显；科研基础设施对服务贸易结构优化总体呈负向作用，滞后效应显著；环保基础设施的系数在整体样本估计结果中显著为负，而在低收入国家呈正相关，说明低收入国家环保基础设施投入在增加旅游服务出口的同时，对当地经济的带动作用及旅游服务对现代服务贸易部门发展的拉动作用更明显。

第三节　出口贸易与产业升级的理论与经验研究

一　产业结构的理论渊源的一般解说

基于笔者对产业升级的研究范畴侧重于产业结构合理性和高级化（详见第一章），溯本清源、化繁为简地梳理产业结构理论的思想渊源可以追溯到 17 世纪。英国古典政治经济学创始人威廉·配第（William Petty）第一次发现了世界各国国民收入水平的差异，以及经济发展不同阶段的关键原因是产业结构的不同，从事农业、工业和商业活动所获得的收入不同，"商业比制造业获得更多的收入，制造业又比农业能够获得更多的收入，进而影响劳动力在这三个产业之间的流动"（威廉·配第：《政治算术》，1672）。配第的朴素思想是商业的附加值最高，工业次之，农业最低。因此，随着经济的不断发展，产业中心将逐渐由有形财物的生产转向无形的服务性生产。法国重农学派的创始人弗朗斯瓦·魁奈（Francois Quesnay）创造了"纯产品"理论，他认为只有农业才能够生产"纯产品"，"主权者和人民绝不能忘记土地是财富的唯一源泉，只有农业能够增加财富"（魁奈：《农业国经济统治的一般准则》，1767），并以此为标准把国民划分为三个阶级，即耕种土地而能生产出"纯产品"的人，归为生产阶级，也就是租地农场主阶级；出租土地而以地租的形式把"纯产品"作为自己收入的人，归为土地所有者阶级；从事工商业的人，归为不生产阶级。之所以将从事工商业的人归为不生产阶级，源于"在工业制品的生产中，并没有财富的增加，因为在工业制品中价值的增加，不过是劳动者所消费掉的生活资料价格的增加"（魁奈：《谷物论》，1757）。在配第之后，虽然亚当·斯密在 1774 年所著的《国富论》中没有明确提出产业结构（Industrial Structure）概念，但他论述了产业部门（Branch of Industry）、产业发展及资本投入应遵循农工批零商业的顺序。就此而论，经济学界普遍认为配第、魁奈及斯密的发现和研究是产业结构理论的重要思想来源。

产业结构理论思想渊源于 17 世纪，理论雏形发端于 20 世纪三四十年代①，理论发展发轫于 20 世纪五六十年代②，理论成熟于 20 世纪 70 年代。③ 基于我们的研究贯穿于基础设施→出口贸易（货物贸易和服务贸易）→产业升级（产业结构合理性和高级化）之主线，因此，梳理产业产值结构和就业结构的一般规律文献，有助于我们把握基础设施、出口贸易与产业升级的理论研究方向和拓宽对产业升级的分析视域。下面重点梳理经典的影响产业结构优化的一般规律。

二　影响产业结构优化的一般规律诠释

（一）配第—克拉克定理

威廉·配第（1672）认为，不同产业间劳动者收入差异，驱使劳动力流向收入高的产业，而制造业相较于农业附加值更高，劳动者收入较之农业也会更高，这就会使得农业劳动者流向制造业。费希尔（1935）根据社会生产活动历史发展的顺序和对劳动对象进行加工的顺序将国民经济部门划分为三次产业，产品直接取自自然界的部门称为第一产业，初级产品进行再加工的部门称为第二产业，为生产和消费提供各种服务的部门称为第三产业。克林·克拉克（1940）在吸收并继承了配第、费希尔等的观点的基础上，提出了揭示经济发展过程中产业结构变化的经验性学说"配第—克拉克定理"。该定理首次使用劳动力在三次产业中的就业比重来表示产业结构④，他分析了 59 个国家在 1958 年的人均 GNP 与三次产

① 这时期对产业结构理论的形成做出突出贡献的主要有，英国经济学家、新西兰奥塔哥大学教授费希尔（R. A. Fisher, 1935）首次提出了关于三次产业的划分方法；英国经济学家克林·克拉克（M. A. Colin Clack, 1940）认为劳动力在产业之间变化移动的原因是由经济发展中各产业间的收入出现了相对差异所造成的；日本经济学家赤松要提出的"雁行"产业发展形态；美国经济学家库兹涅茨（Simon Kuznets, 1941）提出的产业结构和劳动力的部门结构将趋于下降，政府消费在国民生产总值中的比重趋于上升，个人消费比重趋于下降的产业结构论。

② 此时期对产业结构理论研究作出突出贡献的人物很多，代表人物有，一是沿主流经济学经济增长理论的研究思路，分析了经济增长中的产业结构问题的列昂惕夫（Wassily Leontief）、库兹涅茨（Simon Kuznets）、霍夫曼（W. G. Hoffman）和丁伯根（Jan Tinbergen）；二是对发展经济学研究进一步延伸的刘易斯（William Arthur Lewis）、赫希曼（Albert Otto Hirschman）、罗斯托（W. W. Rostow）、钱纳里（Hollis B. Chenery）和希金斯（Higgins Benjamin Howard）之产业结构理论。

③ 宫泽健一（1975）出版的《产业经济学》一书中，明确提出了由产业组织理论、产业联系理论、产业结构理论组合而成的，标志着产业结构研究走向成熟。

④ 配第—克拉克定理为笔者后续研究中国产业结构升级的相关问题提供了设计产业就业结构的思想启迪。

业就业比重的关系，证实了囿于第一、二、三次产业收入弹性差异和投资报酬（技术进步）差异的存在，不同产业间相对收入的差异，会促使劳动力向能够获得更高收入的部门移动。随着人均国民收入水平的提高，劳动力首先由第一次产业向第二次产业移动；当人均国民收入水平进一步提高时，劳动力便向第三次产业移动。结果，劳动力在产业间的分布呈现出第一次产业人数减少、第二次和第三次产业人数增加的格局。因而可以说，配第—克拉克定理勾画了一条反映产业结构变动的经济规律。

（二）库兹涅茨产业结构论

库兹涅茨（Simon Kuznets，1941）汲取了配第和克拉克等的研究成果，仔细发掘了 57 个国家的原始资料和经济数据，依据人均国内生产总值份额基准，考察了总产值变动和就业人口结构变动规律，并将产业结构重新划分为"农业部门"、"工业部门"和"服务部门"，采用时间序列进行统计分析，其结论是，农业部门的劳动力国民收入相对比重和劳动力的相对比重呈不断下降之趋势，工业部门的劳动力国民收入相对比重呈上升之趋势，工业部门的劳动力相对比重则大体不变或略有上升之趋势，服务业部门劳动力的国民收入相对比重不变或略有上升之趋势，服务业部门的劳动力相对比重则呈上升之趋势。采用横截面进行比较分析，其结论是，在按人口平均产值的较低组距内（70—300 美元），农业部门的份额显著下降，非农业部门的份额相应地大幅度上升，但其内部（工业与服务之间）的结构变动不大。在按人口平均产值的较高水平组距内（300—1000 美元），农业部门的份额与非农业部门份额之间变动不大，但非农业部门内部的结构变化则比较显著。也就是说，产业结构变动受羁于人均国民收入的变动，学界称之为库兹涅茨人均收入影响论，其逻辑思维是总量的高速增长引起需求结构的高变化率，需求结构的高变化率会推动生产结构向高级化发展。库兹涅茨的产业结构论为本书第五章"理论验证"提供了分析框架。

（三）钱纳里和赛尔昆的发展模式

美国经济学家钱纳里（Hollis B. Chenery）从经济发展的长期过程中考察了制造业内部各产业部门的地位和作用的变动，揭示制造业内部结构转换的原因，即产业间存在着产业关联效应，为了解制造业内部的结构变动趋势奠定了基础。钱纳里（1986）提出了"钱纳里模式"（又称"多国模型"），按照不同的人均收入水平，将一国或地区经济发展的过程划分为6个时期：①初级产品生产阶段（准工业化阶段）；②工业化初级阶段；③工业化中级阶段；④工业化高级阶段（第二、第三、第四阶段统称为工业化阶段）；⑤发达经济初级阶段；⑥发达经济高级阶段。他和赛尔昆（M. Syrquin）在《发展的格局（1950—1970）》一书中，采集了101个国家1950—1970年20年间的统计数据，运用投入产出分析法和一般均衡分析法进行分析，构建了揭示部门产出结构与就业结构之间数量关系的劳动力配置模型，测算出经济发展不同阶段所具有的经济结构的标准数值，依据经济结构的标准数值归纳了衡量一国或地区的经济发展的"标准结构"（包括投资结构、生产结构、贸易结构和劳动力就业结构等）。同时，他还将整个经济由不成熟到成熟的发展历程分为三个主要时期：第一个时期是初级产品生产时期，在这一时期，农业占据了生产活动的统治地位；第二个时期是工业化时期，在这一时期，制造业生产逐渐取代初级产品生产的地位，成为经济重心；第三个时期是发达经济时期，在这一时期，国内对制成品的需求比例开始逐步下降，而制造业在GDP及劳动力就业中的比例也出现下降趋势。任何一个时期向下一个时期的过渡都是产业结构转化在起催化作用。他们发现，随着人均收入水平的提高，初级产业的产值在国内生产总值中的比重和就业份额在劳动力总量中的比重呈不断下降的趋势，与之相对应的是工业和服务业的相关份额呈现不断上升的趋势。例如，以1964年的不变价格计算，当人均GNP达到300美元的时候，第一产业劳动力人数比重下降到50%左右，这个节点被称为刘易斯拐点（Lewis Turning Point）。[①] 此外，钱纳里和赛尔昆还指出，在经济结构调整过程中，发达国家产值结构的调整速度与就业结构的调整速度基本一致，即随着农业产值份额向工业产值份额的调整，农业就业人口也以相同的速度向工业转移。而在发展中国家，产业结构的调整速度普遍领先于劳动力结构的调整速度。发展中国家就业结构与产业结构调整的不一致表现为，传统农业部门的产值比重要低于工业部门的产值比重，而劳动力的比重明显偏高。

---

① 由诺贝尔经济学奖获得者、发展经济学的领军人物、经济学家阿瑟·刘易斯（W. Arthur Lewis, 1968）提出，指在工业化过程中，随着农村富余劳动力向非农产业的逐步转移，农村富余劳动力逐渐减少，最终枯竭。

三　国际贸易影响产业升级的文献梳理

（一）国际贸易对产值结构调整的影响

在第一章中，笔者界定产业升级的研究边界为产业结构升级，并以产值结构比重和就业结构比重作为产业结构升级的表征。关于国际贸易对产值结构的影响，学界借由不同的研究视角，不同的理论框架，不同的验证模型，得出不同的结论。

一种观点认为国际贸易促进产值结构优化。Michaely（1977）和巴拉萨（B. Balassa）[①]主张国际贸易可以促进产值结构的调整。他们采用生产函数模型对出口能否提高全要素生产率进行检验，检验结果支持该主张，这种促进作用的渠道源于资源充分利用和资源优化配置以及技术转移，继而促进产业产值结构优化。Feder（1982）考察了国际贸易影响产值结构调整的传导机制，研究发现，出口部门的投资边际生产回报率和要素边际生产率都要高于非出口部门，出口部门可以通过技术的溢出效应和对上下游产业的拉动等外部性影响非出口部门，最终影响产业结构优化。Worz（2004）将可贸易品分为高技术密集品、中等技术密集品和低技术密集品三类，从生产技术差距层面考察了国际贸易对产值结构调整的作用，研究结果显示，贸易品所包含的技术水平差异的技术溢出是不同的，技术密集程度高的产品的技术外溢效果要比技术密集程度低的产品更为明显，对经济的影响也更持久，技术密集型产品净进口量的增加所带来的技术溢出效应可以使本国的生产函数得以扩张，进而影响产业结构优化。钟昌标（2000）认为国际贸易可以直接和间接地促进区域产值结构优化，进出口贸易可以直接促进区域产业结构的调整；国际贸易所带来的国际间的产业联系（以国际投资为主）能够间接地带动产业结构变动，此外，区域基础设施建设的联动效应也会促进进出口贸易发展和产业结构的优化，其研究结论得到宁波市1985—1999年数据的验证。李勇（2004）分析了在外向型经济条件下，国际贸易对产业结构的影响机制，认为出口结构优化促进产业结构优化和提高产业绩效（即提高产业比较劳动生产率）。张丝思（2008）也主张国际贸易促进产业结构优化，一方面，国际贸易通过影响

[①]　巴拉萨指数也称产业内贸易指数（Index of Intra – industry Trade, IIT）。$A_j = | x_j - M_j | / (x_j + M_j)$，其中，X 为出口，M 为进口；当 X 与 M 为 0 时，该值为 1，为产业间贸易。当 X 或 M 相等时，该值为 0，为完全的产业内贸易。该指数越大，则产业内贸易的程度越小。

经济发展来促进产业结构变动；另一方面，某一经济体的要素丰裕度对三次产业的影响不尽相同，其中对第二产业发展的影响最大，对第三产业的影响次之，对第一产业的影响最小（杨全发，1999；钟昌标，2000；黄先海、郑亚莉，2000；高越，2003 的实证研究结果与此基本相同）。除此之外，持国际贸易促进产业结构优化论者还有刘秉镰（2006）、肖云（1994）、李悦（1998）、王丽萍（2000）、蒋昭侠（2005）、吴进红（2006）、陈虹（2011）、张金太（2011）、李蕊来（2011）、金景仲（2010）、鲁瑜（2009）、张燕（2008）等。

另一种观点认为国际贸易阻碍产值结构优化。持"阻碍论"观点的学者大多是站在发展中国家立场提出的，因此，很多国内学人的研究文献都支持这一观点。中国改革开放 35 年，对外贸易对产业结构升级的作用是有限的，其中出口贸易在一定程度上阻碍了产业结构升级，甚至有使中国产业结构低端锁定的危险。例如，肖云（1994）、谭清文（1997）认为，符合国际比较利益情况下进行国际分工，国际贸易会促进产业结构不断优化。然而在违反比较利益原则的情况下进行国际贸易，虽然也会影响产业结构的变动，但这种变动往往会造成产业结构畸形发展。黄晓玲（2002）基于贸易结构与产业结构关系研究，其结论是贸易结构如果落后于产业结构，即便贸易结构符合比较优势原则也可能对产业结构起到负作用。因为静态比较利益具有强化、凝固现有产业结构的倾向，贸易结构势必追踪由价格差所表现出的比较优势结构来获取贸易利得，那么发展中国家倘若按照静态比较优势进行自由贸易，势必会导致"出口的贫困化增长"（immiserizing growth）[①]，资源的流向更加与产业结构优化背道而驰，由此阻碍产业结构优化。张伟和李勇（2004）则认为，虽然出口结构优化有利于促进产业结构优化，但会受到进口的负面冲击，进口产品会冲击国内产品，阻碍国内同类企业和相应的产业成长，进而对国内产业结构优化带来负面作用。李斌和丁艺（2008）采用 VAR 模型检验了工业结构、进口和出口三者之间的长期协整关系，其结论是出口对中国产业结构升级并没有表现出正向影响，而进口在初期对产业结构升级有一定程度的正向

---

① 贫困化增长最初是由布雷维什和辛格提出的，后来印度经济学家巴格瓦蒂将贸易条件和经济增长联系起来研究发现，大国经济增长引起贸易条件严重恶化，以致社会福利下降程度远远高于人均产量增加对社会福利的改善程度，最终会出现经济越增长，贸易条件越恶化，国民生活越贫困的结果，因此又叫"悲惨的增长"。

影响，但经历一定时间之后这种影响逐渐转为平稳且有所下降。

还有一种观点认为国际贸易与产值结构优化是相辅相成的。持这种观点的逻辑思维是，产业结构决定国际贸易的方向和生产方式，而国际贸易则反映了产业结构是否合理，也就是说本国的产业结构是否有利于本国贸易的发展，而本国贸易结构是否有利于促进本国产业结构优化升级。Baldwin（1992）将比较优势理论与新古典增长理论相结合，力图从资本形成的视域来考察国际贸易对产业结构的影响。在 Baldwin 看来，国际贸易通过静态的比较优势效应和动态的要素积累效应来影响产业结构的调整，比较优势效应会受到资本积累效应的促进作用，资本积累效应会放大比较优势效应，其结果是贸易结构能够对产值结构产生一定程度的影响。Mazumdar（1996）从动态收益的角度扩展了 Baldwin 模型，他在索洛模型的框架下分析了国际贸易影响产业结构的效果，其结论为，资本积累是一国经济增长的主要源泉，而资本品的进出口状态又决定了资本积累的效果。只有当一个国家出口消费品而进口资本品时，贸易才能促进资本积累带来经济增长；反之则不然。这反映了一国产业结构与贸易结构的关系，即贸易结构拉动产业结构的效果受到产业结构自身状态的影响。张亚斌（2000）从耦合的角度将贸易结构与产业结构视为两个不同的系统，认为这两个系统在国民经济结构运行中是相互联系、相互作用的。岳平（2004）把贸易结构作为开放经济条件下影响产业结构升级的内生变量加以分析。结论为一国的产业结构决定了贸易结构，但贸易结构优化又有利于促进产业结构的合理性和高度化。吴进红（2005）认为在开放的经济条件下，产业结构与贸易结构之间的关系是相辅相成、相互促进的，进出口商品结构由区域异质性禀赋决定，而优化进出口商品结构，可以推动产业结构的升级和促进国民经济的发展。蒋昭侠（2004）、原毅军（2005）、吴颖（2005）、赵东（2006）、秉镰和刘勇（2006）、王菲（2010）等也得出了相似结论。

（二）国际贸易对就业结构调整的影响

贸易结构的优化、产业结构的优化升级和劳动力就业结构的合理配置，是社会经济良性循环发展的基础。如果单从劳动力本身的配置和流动来研究就业结构，西方经典理论存在两种主流思想。一种是以克拉克和库兹涅茨为代表的在产业结构演进中涉及的劳动力配置与就业结构研究；另一种是以刘易斯（C. W. A. Lewis）、古斯塔夫·拉尼斯（Gustav Ranis）和美籍华人学者费景汉（John C. H. Fei）为代表的在工业化进程中，一国经济由传统的农业部门和现代工业部门共存的二元结构转换成一元经济结构期间所涉及的劳动力流动与就业结构研究。

如果从国际贸易视域研究劳动力流动与就业结构，其思想形成源自亚当·斯密。斯密认为，大部分制造业都有性质相似性特征，当受到贸易的冲击和产业资本转移的影响时，工人很容易从一种制造业转移至另一种制造业。斯密之后的国际贸易与就业结构理论研究散发在古典国际贸易理论、新古典国际贸易理论、新国际贸易理论和新—新国际贸易理论之中，这其中最具影响力的当属要素禀赋理论。萨缪尔森（Palua A. Samuelson）对要素禀赋一般理论加以扩展，学界称之为 H－O－S 定理。① 萨缪尔森指出就业人口会在不同行业之间转移，特别是流向出口拉动增长和新兴的行业或部门。H－O－S 理论框架对国际贸易的跨部门就业效应做出了清晰的预测，即开放贸易会使一国出口部门的产出得以扩张，并因工资提高而吸引国内生产要素（比如劳动力要素）跨部门流入；而进口部门的产出会呈现收缩态势，并因工资下降而引起生产要素流出。后来的关于国际贸易与就业结构的理论研究，基本上是沿着 H－O－S 定理所规范的理论逻辑范式，在各种不同的假定条件下进行的。

虽然 H－O－S 理论对国际贸易带来的劳动力跨部门配置或就业结构效应指明了方向，但是，由于 H－O－S 理论的基本假定之一是充分就业，也就是假定劳动力市场是瓦尔拉斯均衡（walrasian equilibrium）的②，因此在劳动力市场并非市场出清的情况下对国际贸易就业效应的分析，还需要将其置于一个非瓦尔拉斯的视角下加以解构，即劳动力市场并非市场出清的，相反劳动力市场之中存在失业，其主要因素在于效率工资、基于合同的厂商与劳动力长期关系的存在、企业与劳动力的异质性以及二元劳动力市场的并存。与之相对应，也衍生出了基于不同视角考察劳动力市场理

---

① H－O－S 定理参见第三章第一节。Stolper 和 Samuelson（1941）在两种商品、两种生产要素、非完全专业化的标准 H－O－S 分析框架中，证明了国际贸易必将降低稀缺生产要素以任何一种商品衡量的实际收入。称为斯托尔帕—萨缪尔森定理（Stolper－Samuelson theorem），该定理奠定了国际贸易与工资关系的理论基础。

② 里昂·瓦尔拉斯（Léon Walras，1834—1910 年）法国经济学家，被后人认为是"所有经济学家当中最伟大的一位"。早在 1874 年，法国经济学家里昂·瓦尔拉斯就建立了一套被后人称为瓦尔拉斯一般均衡的理论（Walrasian General Equilibrium Theory）。在经济学说史上，瓦尔拉斯第一个提出了一般均衡的数学模型并试图解决一般均衡的存在性问题。

论模型，如效率工资模型（Solow，1979；Shapiro & Stiglitz，1984；Matusz，1994）、合同模型（Azariadis，1975；Rosen，1985；Lindbeck & Snower，1986）、二元劳动力市场模型（Piore，1970；Harris & Todaro，1970；Perrot & Zylberberg，1989）与搜寻—匹配模型（Pissarides，1985；Davidson、Martin & Matusz，1988、1989）等。

因此，Harris 和 Todaro（1970）建立了一个最低工资模型，研究二元劳动市场结构下的劳动力城乡迁移，后经 Krueger（1983）和 Davis（1998）等将 Harris 和 Todaro（1970）的分析框架运用到了开放经济中，指出城市最低实际工资提高将导致城市部门资本密集度上升，甚至出现城乡部门要素密集度逆转（Factor Intensity Reversal），城市部门雇用的劳动数量将会下降。Davidson、Martin 和 Matusz（1999）的搜寻模型研究了均衡时经济中的就业结构问题，分析了搜寻框架下国际贸易与就业结构之间的关系，指出资本密集型大国和一个劳动密集型小国进行贸易将导致总失业水平上升。Shapiro 和 Stiglitz（1984）建立了一个效率工资基础性模型，探讨了在信息不对称情况下的工资效率，Matusz（1994）以 Shapiro 和 Stiglitz（1984）的模型为基础，建立了一个两部门、两要素的效率工资模型，分析了贸易政策对就业结构和就业量的影响，研究认为对高工资部门的出口补贴将导致劳动由低工资部门向高工资部门转移，并导致总就业水平下降，而对低工资部门进行贸易保护将提高各部门劳动要素的实际工资，同时提高经济中总体就业水平。Gaston 和 Trefler（1995）建立了一个开放条件下的工会模型，研究国际贸易和保护政策对就业结构的影响。这些理论分析框架从劳动力市场制度因素方面丰富了国际贸易对就业结构影响研究的理论基础（周申、李春梅、谢娟娟，2007）。

此外，亦有国内外学者从异质性要素回报（Fieler，2008、2012）、产业与行业全要素生产率（TFP）差异（Helpman et al.，2008、2009、2011）、技术偏向型异质性企业与技术溢酬（Harrigan et al.，2011）、行业与职业流动性（McLaren et al.，2009）、产品质量（Helpman et al.，2009）、收入分配与进口产品质量（Hummels et al.，2009）、收入分配局域间的分殊化（李坤望，2008、2010、2012）等视域对国际贸易和就业结构之间的关系加以阐释。

国际贸易影响就业结构调整的经验研究，我们可以沿着对于发达国家的经验研究和对于发展中国家的经验研究两条主线加以梳理。在对于发达国家的经验研究中，主流研究结论是，如果劳动市场运行的状况良好，尽管预期工资的浮动不大，劳动力也会在各个行业之间进行调整和转移。例如，Driver、Kilpatrick 和 Naisbitt（1986）；Krugma、Freeman 和 Katz（1991）；Revenga（1992）；Gaston 和 Trefler（1993）等。

　　在对于发展中国家的经验研究中，主流研究结论是，贸易结构影响就业结构。Krueger（1983）考察了 15 个发展中国家和地区国际贸易对就业的影响，计量分析了出口导向和进口替代两种贸易发展战略对发展中国家劳动力市场的影响。研究发现，发展中国家出口部门的劳动密集度大于进口部门的劳动密集度，平衡的贸易扩张也会增加劳动力的净输出，出口导向型贸易战略更有利于促进发展中国家的就业结构调整。李春梅（2006）在劳动市场需求方短边均衡的假设下探讨了贸易结构变动影响我国就业的理论机制，并对 1992—2003 年我国工业制成品贸易结构变化对劳动力使用的影响进行了经验研究，结果表明研究期内我国工业制成品贸易结构变化对就业产生了不利的影响。周申、廖伟兵（2006）对我国 1997—2004 年间服务贸易的就业效应进行了经验研究，研究结果显示，研究期内服务贸易结构的变化有利于就业，服务贸易的就业效应大于工业贸易，通过发展服务贸易促进我国就业比工业贸易更为有效。

第四节　文献评述与研究趋向讨论

一　基础设施与经济增长的文献评述

　　凯恩斯主义经济学主张在经济萧条时期，基础设施投资可以作为政府有效干预经济危机的手段，带动数倍于投资额的社会总需求进而提高国民收入，加速社会经济活动。新古典经济增长理论认为基础设施投资在短期内拉动经济增长，而经济的长期增长依赖于外生的技术进步。"新经济学"支持基础设施投资对经济增长存在外部溢出效应。在笔者看来，经济理论界争论的焦点聚焦于基础设施投资促进经济增长的"短期效应"和"长期效应"，政府无为和政府有为。众多的学者针对基础设施投资促进经济增长的理论机制和经验研究获得了一些共识。首先，基础设施投资是政府有效干预经济危机的主要政策手段，更重要的是基础设施投资对微观企业生产效率和人力资本积累的外部溢出效应影响着经济长期增长；其次，基础设施投资促进了经济增长，经济持续增长有利于完善基础设施；最后，在有限的公共资源约束下，基础设施投资需要多元化融资，规模要适度，结构要合理，区域间要平衡。

二　基础设施与出口贸易结构优化的文献评述

笔者将出口贸易区分为"货物贸易"和"服务贸易"，货物贸易中以"出口产品技术含量"为研究对象，服务贸易中以"服务贸易结构优化"为研究对象。这部分的文献综述自然地分为基础设施提升出口产品技术含量和基础设施促进服务贸易结构优化两部分内容。

从现有的文献来看，学界对基础设施与出口产品技术含量之间的关系研究，首先是界定"出口技术复杂度"、"出口产品技术含量"、"出口技术结构高度"的概念，讨论不同概念的测算方法，比较一致的做法是将所测算的指标同国际贸易产品技术分类和产品技术附加值相联系，目前学界采用比较多的是杜修立、王维国（2007）的方法，即根据一国或地区的对外贸易倾向对产品的技术含量进行修正，它的计算分为两个步骤：第一步是确定每一类出口产品的技术含量；第二步是根据各国在不同技术含量产品上的出口份额，计算各国出口产品的整体技术含量。其次是利用经验数据实证检验二者之间的关系，对基础设施如何提升出口产品技术含量的研究多基于运输成本视角，运用工具变量两阶段最小二乘法和系统GMM方法进行了计量估计，研究结论是，基础设施建设有助于一国或地区整体出口产品技术含量的提升。学界对基础设施与服务贸易结构优化之间的研究不多，国内外学者研究的注意力聚焦于如何评价服务贸易结构优化或提升服务贸易竞争优势，而从广义基础设施投入视角探讨的文献更为鲜见。

三　出口贸易与产业升级的文献评述

产业结构理论思想渊源于17世纪，理论雏形发端于20世纪三四十年代，理论发展发轫于20世纪五六十年代，理论成熟于20世纪70年代。产业结构调整理论主要包括产值结构调整理论和就业结构调整理论两个方面。产值结构调整理论主要有配第—克拉克定理、库兹涅茨产业结构论、钱纳里和赛尔昆的发展模式等。关于国际贸易对产值结构的影响，学界借由不同的研究视角，不同的理论框架，不同的验证模型，得出了国际贸易促进产值结构优化、国际贸易阻碍产值结构优化以及国际贸易与产值结构优化是相辅相成的三种不同的结论。在笔者看来，国际贸易与产值结构是

相辅相成的关系，产值结构决定国际贸易的方向和生产方式，而国际贸易
则反映了产值结构是否合理，二者相互影响相互促进，这种相辅相成的关
系表现在产业的产品结构和出口产品结构（出口产品技术含量和服务贸
易质量）上。

　　关于国际贸易对就业结构的影响，H－O－S理论对国际贸易带来的
劳动力跨部门配置或就业结构效应指明了方向，后来的关于国际贸易与就
业结构的理论研究，基本上是沿着H－O－S定理所规范的理论逻辑范式，
在各种不同的假定条件下进行的。由于H－O－S理论的基本假定之一是
劳动力市场是瓦尔拉斯均衡，现实中劳动力市场并非市场出清的，也衍生
出了基于不同视角考察劳动力市场理论模型，如效率工资模型、合同模
型、二元劳动力市场模型与搜寻—匹配模型等。这些理论分析框架从劳动
力市场制度因素方面丰富了国际贸易对就业结构影响研究的理论基础，作
为对相关理论的检验，国际贸易影响就业结构调整的经验研究普遍的结论
是，贸易结构影响就业结构，这一结论尤其适合发展中国家。

　　四　研究趋向的讨论

　　综合上述文献，以往的研究为我们提供了有价值的借鉴。对照传统的
"文献综述"行文范式，多数是从某一领域研究的内在不足出发，指出未
来研究方向，这种行文范式无可厚非。但笔者认为，经典的经济学理论，
无一不是在某种特定历史背景下诞生，且随着时代变迁历经无数次理论的
演进、发展与突破而形成的。笔者希望对"基础设施、出口贸易与产业
升级"的理论研究关联于中国实际，这对于全面深化经济体制改革，实
现贸易与经济长期增长的理论价值和现实意义是不言而喻的。因此，未来
该领域的研究趋向应有以下几点突破。

　　从基础设施角度来看，基础设施的外部性通过乘数效应影响资本积
累，资本扩张影响效应最终又羁束于"边际效益递减规律"。政府对基础
设施投入的干预时机和干预程度取决于产业升级目标和工业化进程。中国
经验表明了基础设施建设拉动内需刺激了消费，促进了对外贸易发展和贸
易结构优化，推动了产业升级，借此拉动了经济增长，且给人民生活带来
了福祉。因此，将基础设施与经济增长、基础设施与贸易投资、贸易投资
与产业升级等这种二维研究范式拓展到基础设施、出口贸易与产业升级三
维研究范式，从理论上推衍出其中的传导机制，并结合真实数据集匹配以
科学的实证方法进行检验是未来该领域研究中的重要方向。

　　从国际贸易角度来看，在今后对出口产品技术含量与服务贸易质量的研究中，应将企业进出出口市场选择机制（Selection of Exist and Entry into the Export Markets）纳入研究范畴。企业进出出口市场选择机制是企业异质性理论研究的重要内容，进入出口市场的企业也会被迫退出出口市场，而未进入出口市场的企业也能够在后续选择中进入出口市场，即扩展边际存在着动态性、多重选择性。未来该领域应摒弃当前静态的研究范式，以一个更为动态的视角予以揭示，将双边异质性纳入贸易结构优化（货物贸易技术含量提升和服务贸易质量提高）是未来该领域的研究趋向。

　　从产业升级角度来看，中国产业升级应该分两步走，一是区域产业结构合理性和产业内部结构高级化的产业结构升级；二是从低附加值的价值链环节向高附加值的价值链环节攀升的产业链升级。基础设施、出口贸易与产业结构升级是本书的研究范畴，而基础设施、商贸流通与产业链升级问题是未来该领域研究的新课题。是故，跨国跨地区基础设施共建共享与产业链升级延伸，以及地区基础设施互联共通与提高商贸流通效率是笔者下一步要攻克的科研课题。

第三章 基础设施、出口贸易与产业升级的理论建构

经济学关于基础设施与出口贸易的研究滞后于其理论发展。古典国际贸易理论、新古典国际贸易理论、新贸易理论以及新一新国际贸易理论借由不同的假设条件，对国际贸易的起因逐一地分析、解构。分析和研究基础设施、出口贸易与产业升级，并由此建构其理论框架，一方面，可以通过西方国际贸易理论来解释异质性约束下，基础设施对出口产品技术含量提升和服务出口附加值增加，出口产品技术含量提升和服务出口附加值增加对产业升级的作用机理，从而为建构基础设施、出口贸易与产业升级传导机制提供理论支持；另一方面，对基础设施、出口贸易与产业升级的研究，要求我们对西方国际贸易理论做出吻合实际的某些修正或拓展，以丰富国际贸易理论体系。

第一节 国际贸易起因的理论解说

一 国际贸易形成的理论概说

国际贸易起因、模式和利益分配问题一直是经济学界关注的焦点。不同的经济学人基于不同的时代背景、不同的研究视角和方法对国际贸易起因、模式和利益分配问题进行了分析解构，形成了古典贸易理论、新古典贸易理论、新贸易理论以及新一新国际贸易理论，这些理论给我们研究基础设施、出口贸易与产业升级的相关问题提供了有助于拓宽国际贸易理论之分析视域的思想启迪。

古典贸易理论（Classical Trade Theory）产生于 18 世纪中叶，它是在批判重商主义（Mercantilism）的基础上发展起来的，主要包括亚当·斯密（Adam Smith）的绝对优势理论（Theory of Absolute Advantage）和大

卫·李嘉图（David Ricardo）的比较优势理论（Comparative advantage）。[1]古典贸易理论是从劳动生产率的角度解析了国际贸易产生的原因、结构和利益分配，所不同的是绝对优势理论是以国与国之间生产同一产品绝对劳动生产率优势来解释国际贸易的原因，比较优势理论是以国与国之间生产同一产品相对劳动生产率优势来解释国际贸易的原因。古典贸易理论关于各国之间生产要素的生产率是相同的假定存在一些不符合国际贸易实际的情况。是故，西方经济学家们开始进一步研究国际贸易的起因、模式和利益分配问题，至 19 世纪末 20 世纪初，在逐渐形成的新古典经济学[2]框架下对国际贸易进行分析的新古典贸易理论随之产生。最具代表性的是埃利·赫克歇尔（E. F. Heckscher）和伯尔蒂尔·俄林（Beltil G. Ohlin）提出的要素禀赋理论（Factor Endowment Theory），强调各个国家和地区不同要素禀赋和不同商品的不同生产函数对贸易产生的决定性作用。20 世纪 40 年代，保罗·萨缪尔森（Palua A. Samuelson）用数学方式演绎了 H－O 模型，指出国际贸易对各国收入差距的影响，将必然使不同国家间生产要素相对价格和绝对价格均等化，这也称为生产要素价格均等化定理或赫克谢尔—俄林—萨缪尔森模型（H－O－S 定理）。[3] 这一定理潜在地认为，在没有要素跨国流动的条件下，仅通过商品的自由贸易也能实现世界范围内生产和资源的有效配置。20 世纪 50 年代初，美籍苏联经济学家里昂惕

[1] 英国古典学派经济学家亚当·斯密在劳动价值学说基础上，将生产过程的研究作为贸易理论的起点，以地域分工为基础提出绝对优势论（absolute advantage）。在《国民财富的性质及原因的研究》（《国富论》）中，斯密指出国际贸易的基础，在于各国商品之间存在劳动生产率和生产成本的绝对差异，而这种差异来源于自然禀赋和后天的生产条件。鉴于绝对优势理论的局限性，英国古典经济学家大卫·李嘉图在其 1817 年出版的著作《政治经济学及赋税原理》中提出了比较优势理论（comparative advantage）。李嘉图认为国际贸易分工的基础不限于绝对成本差异，即使一国在所有产品的生产中劳动生产率都处于全面优势或全面劣势的地位，只要有利或不利的程度有所不同，该国就可以通过生产劳动生产率差异较小的产品参加国际贸易，从而获得比较利益。两个学说被人们称为古典贸易理论。

[2] 古典经济学（Classical Economics）源自亚当·斯密，中经大卫·李嘉图、西斯蒙第、穆勒、萨伊等所组成的经典的经济学理论体系。20 世纪后，现代西方经济学历经了"张伯伦革命"、"凯恩斯革命"和"预期革命"三次大的革命，形成了微观经济学和宏观经济学的基本理论框架，这个框架被称为新古典经济学（Neoclassical Economics）。

[3] 与这一理论相关的并对 H－O 理论进行了重要拓展的两个基本定理是斯托尔珀—萨缪尔森定理（The Stolper－Samuelson Theorem）和罗勃津斯基定理（Rybczynski Theorem）。前者的核心结论是一种产品的相对价格上升，将导致该产品密集使用的生产要素实际报酬或实际价格提高，而另一种生产要素的实际报酬或实际价格下降。后者的核心结论是要素禀赋的变化决定着资源配置的变化。

夫（Leontief）根据 H－O 理论，用美国 1947 年 200 个行业的统计数据对其进出口贸易结构进行验证时，结果却得出了与 H－O 理论完全相反的结论，即里昂惕夫悖论。里昂惕夫悖论引发了经济学家对国际贸易主流思想的反思，推动了"二战"后新的国际贸易理论的诞生。

第二次世界大战后，国际贸易的产品结构和地理结构出现了一系列新变化。同类产品之间以及发达工业国之间的贸易量大大增加，产业领先地位不断转移，跨国公司内部化和对外直接投资兴起，这与传统比较优势理论认为的贸易只会发生在劳动生产率或资源禀赋不同的国家间的经典理论是相悖的。从 20 世纪 60 年代末开始，越来越多的国际贸易发生在生产率差别不大、要素禀赋相似的国家之间，用传统的贸易理论无法解释这种现象，在这样的国际环境下，以克鲁格曼为代表的新贸易理论（New Trade Theory）① 应运而生，从不完全竞争、规模经济、技术进步等角度解释了新的贸易现象（Krugman，1979、1980；Ethier，1982）。新贸易理论认为规模经济和消费者对商品多样性的偏好是产业内贸易形成的主要原因，将贸易利得的源泉归于贸易带来的商品种类的增加和经济的规模效应。

传统贸易理论以及新贸易理论，通常都假设产业内的企业是同质的，这样的假设虽然能简化一般均衡分析的过程，但是却严重脱离现实：即使在同一个产业内，企业在生产率水平、劳动密集度和资本密集度等方面都存在很大的差异。学界一系列经验研究表明，出口企业的生产率水平高于非出口企业，且出口企业比重较小，这些事实都是传统贸易理论和新贸易理论无法解释的。为了解释这些事实，出现了以企业异质性、不完全竞争和规模经济为特征的新—新贸易理论（New－New Trade Theory）。新—新贸易理论的概念最先是由 Baldwin 提出（Baldwin & Nicoud，2004；Baldwin & Forslid，2004），不过最早研究新—新贸易理论的文献当属 Bernard 等（2003）、Melitz（2003）以及 Antras（2003）。该理论基于微观企业视

---

① 一般认为，新贸易理论由新生产要素理论（包括凡涅克的自然资源理论，以基辛、凯南、舒尔茨为代表的人力资本理论，格鲁伯和维农的研究与开发学说）、偏好相似理论（林德，1961）、动态贸易理论（包括波斯纳和胡弗鲍尔的技术差距理论，雷蒙德·弗农的产品生命周期理论，克鲁格曼和罗默的"技术外溢"与"干中学"学说，以及林毅夫等提出的动态比较优势理论）、产业内贸易理论（包括克鲁格曼创立的新张伯伦模型，兰卡斯特的兰卡斯特模型，弗尔维等的"新要素比例学说"，布兰德和克鲁格曼构造的"相互倾销模型"，以及弗尔维和凯克斯基、费莱姆和赫尔普曼等的垂直差异产业内贸易模型）和国家竞争优势理论（克尔·波特，1990）构成。

角，研究企业的贸易、投资行为和全球生产组织行为。其最显著的特征是（区别于传统贸易理论假设企业同质的）假设企业是异质的，也就是企业是存在差别的，而不只是外在的市场结构差异影响到企业行为（李春顶、王领，2009）。故此，新—新贸易理论又被称为异质性企业贸易（Hetero-geneous - Firms Trade，HFT）理论（Baldwin & Okubo，2005、2006）。

二 异质性企业贸易模型及其扩展

以 Melitz（2003）为代表的新—新贸易理论，主要考察微观层面异质性企业贸易特征的问题逐渐成为一个新兴的研究领域，它强调了企业异质性在推动贸易理论发展和生产率提高的重要性。这些模型对经验事实给予了有力的解释，同时也成为国际贸易研究领域的一个重要的组成部分。在Melitz 提出异质企业贸易模型之前，以 Bernard（1990s）为首的四位经济学家提出了 BEJK 模型，该模型中全球的生产和消费是外生的。Melitz（2003）提出了与 BEJK 模型相反的假设，将生产和消费内生化，建立了异质企业贸易模型（HFTM）。HFTM 模型建立在垄断竞争国际市场中，分析国际贸易与产业资源配置的关系，证明高生产率企业主动进入出口市场，低生产率企业被迫退出市场，即只有生产率达到一定的水平，企业才能进入市场进行生产；达到比该生产率更高的生产率水平，企业才会进行出口贸易。这是异质性企业贸易模型的核心观点，也成为新—新贸易理论的核心观点之一。

Helpman、Melitz 和 Yeaple（2004）拓展了 HFTM 模型，构建了一个多国多部门的一般均衡贸易模型，增加了 FDI 的进入选择。该扩展模型将同一产业内不同企业区分开来，从而决定哪些企业从事出口而哪些企业成为跨国公司或只在国内销售。假设国内和国际市场的固定成本不同，企业的生产率也存在差异，这些差异使得企业选择不同的贸易行为。他们的研究结论是：生产率较低的企业在国内进行生产经营活动，生产率较高的企业进入出口市场，生产率最高的企业才有能力通过建立海外工厂获得高利润。

Yeaple（2005）提出了更深刻的观点，在 HFTM 模型的基础上，构建了一个一般均衡贸易模型，他将企业存在异质性的根源归结为三个要素共同作用的结果，即竞争性的技术、国际贸易成本和不同技术水平的工人。即相同的企业选择不同的技术、承担不同的贸易成本和具有不同技术水平的工人，从而有了异质性的特征，从而发展了 Melitz（2003）只将生产效率的差异作为企业异质性根源的论断，极大丰富了新—新贸易理论的核心内容。在此之后，Namini 和 Lopez（2006）、Bernard（2007）、Melitz 和 Ottaviano（2009）等众多学者进一步拓展 HFTM 模型，放松假定或引入新的解释变量，分析市场规模、贸易自由化、出口门槛、生产率和贸易之间的关系，考虑企业的出口选择行为等。

近年来，经济理论界不断地拓展 Melitz 模型，如 Bernard、Redding 和 Schott（2007），Melitz 和 Ottaviano（2008）及 Chaney（2008）等诸多学者，着重以出口固定成本与边际成本为切入点，探究企业生产率与出口关系；再继而，企业层面的劳动者素质、投入品质量、出口目的市场与研发投入（Harrigan et al.，2011；Grossman，2013；Banri et al.，2013；Bostos et al.，2014），以及宏观层面的双边贸易政策、集聚溢酬、金融市场、劳动力市场、市场规模（Melitz et al.，2008；Egger et al.，2009；Békés et al.，2013；Chaney et al.，2013；Bernard et al.，2014）对出口的影响逐一被纳入分析框架，但这些研究均未考虑资金约束问题。第一个将出口固定成本与边际成本的融资约束问题纳入异质性企业模型中的是 Manova（2008），该文指出，受制于金融市场的不完全性，出口成本的融资约束不仅影响企业生产，还影响企业出口的拓展边际和集约边际。

综上所述，异质性企业出口行为的理论模型表明出口与企业生产率之间存在密切的联系，生产率是企业进行国际化经营的重要决定因素。进一步拓展模型，企业异质性来源之一在于进行贸易的成本，即企业在选择是否进行出口时，还会考虑出口贸易导致的固定成本与可变成本的影响。

三　补充性说明

上文笔者删繁就简地回顾了西方经济学关于国际贸易的理论要义，针对国际贸易发生的原因、模式和利益分配问题，古典派、新古典派、新贸易理论以及新—新国际贸易理论都有自己的理论解说。与西方国际贸易理论并存的另一分支是马克思的国际贸易理论，二者源于不同的研究目的、不同的研究层面和不同的研究方法在各自研究领域取得了重要的理论成果。马克思国际贸易理论是马克思经济学理论体系的一个重要组成部分。马克思认为国际分工是商品经济和国际贸易发展的基础，各国通过贸易分工，能得到使用价值的好处、增加消费者的福利，还能调剂资源余缺、满足生产需要。如果从商品的价值量层面来考察，马克思认为国际贸易活动同样是由价值规律来支配的，国际价值实质上就是世界市场内商品进行交换的市场价值。在国内市场上，商品交换的价值叫国别价值（或国民价值），参与国际贸易的商品进入世界市场进行交换，国内价值就转化为国际价值；在世界市场上，国际价值还要转化成国际生产价格表现为世界货币，以此各国进行商品交换。

此外，马克思认为商品只有在消费中才能最终实现，流通是连接生产和消费的纽带。马克思在《资本论》中，从研究商品交换开始对流通形式、流通费用（Circulation Costs／Circulation Expenses）进行了详细阐述，他在研究有关流通过程中的耗费补偿时提出了流通费用理论。马克思的流通费用和新制度经济学的交易费用[①]（Transaction Costs）的产生都和流通领域有关，都是生产过程外的费用，在所指向的内容上有部分是重合的，或者说并不是互相矛盾的，而是可以相互借鉴融合的。让我们来回顾经典理论，马克思流通费用是指商品流通过程中所支出的各种费用，而交易成本并没有一个统一的概念，其中最广义的交易成本（贸易成本）是指所有不发生在物质生产过程中的费用。一些学者（朱延福，1996；丁冰等，2002）认为流通费用的概念足以涵盖交易费用，甚至认为交易费用是马克思流通费用的现代说法。另有学者认为，流通费用理论与交易费用之间的区别可以表述为"整体的经济理性"与"个体的有限理性"之间的区别（刘向东，2004）。这是因为马克思流通理论假设人是完全理性的，信息也是完全对称的，而实际上人的理性是有限的，信息在绝大多数情况下是不对称的，这就会产生因个人行为而带来的违约成本（Enforcement Cost）等，使得马克思纯粹流通费用仅相当于外生交易费用，而不包含由机会主义产生的内生交易费用。

至此笔者暂不讨论两种费用的包含关系，仅从概念上说这两种费用虽然有所差别，但二者存在相融性和交叉性，具有某些相似的性质，在运用中彼此可以适当地借鉴融合。另外，由于交易成本的外延过于模糊难以量化，因此，我们可以结合流通费用性质来理解交易费用及其性质（张丽帆，2007）。马克思流通费用理论可以借助交易费用概念得到新的发展与拓宽，刘向东（2004）将流通费用分为商流、物流、资金流，并将流通

---

① 交易费用又称交易成本（Transaction Costs），是由诺贝尔经济学奖得主科斯（Coase, R. H.，1937）在他的《企业的性质》一文中提出的，认为交易成本是"通过价格机制组织生产的，最明显的成本，就是所有发现相对价格的成本"、"市场上发生的每一笔交易的谈判和签约的费用"及利用价格机制存在的其他方面的成本。

费用分为准备和实施两个阶段，如果将这些流程背后的信息流划分到各个费用，那么，流通费用与交易成本（贸易成本）概念更为接近。基于对马克思的流通费用与当代西方经济学的交易成本的理解，若将马克思的流通费用纳入异质性企业理论模型，从数理上推衍出基础设施与商贸流通（内贸）效率的理论模型，对今后研究基础设施互联共通与提高商贸流通（内贸）效率有重要理论价值。

第二节　基础设施与出口产品技术含量理论建构

一　基础设施影响出口产品技术含量升级的微观机制

企业进入国际市场是存在一定数量的"沉没成本"（Sunk Cost）的。会计上的沉没成本是指企业在经营活动开始之前已经支付的现金，且一旦付出就不可收回，这部分要在现在或将来经营期间摊入成本费用，因此，沉没成本是一种历史成本，如固定资产、无形资产、递延资产等均属于企业的沉没成本。出口企业的沉没成本不同于一般企业经营的沉没成本。出口企业的沉没成本不仅包括市场调研、建立分销网络、广告宣传等，还包括运输成本。经济学中存在"冰山运输成本"（iceberg cost）[①] 这一与运输成本相近的概念，它包括企业出口时，原材料运输、工厂内运输、从工厂到仓储和配送中心的运输、从配送中心到口岸或边境的运输、海陆空运输等运输成本，还包括出口产品抵达出口目的地的多种环节运输成本。快捷便利、准确及时获得信息是企业生产经营的重要保障，信息的获取与应用存在一定成本，我们称之为通信成本。运输成本和通信成本均包含在出口企业的固定成本中，它与基础设施水平密切相关。快捷便利的交通网络和通信网络基础设施能够降低出口企业的固定成本，能够减少出口企业的可变成本，能够减少出口企业的库存采购成本。比较优势理论认为每个国家出口的产品由其所具有的比较优势也就是资源禀赋决定，能源作为直接参与企业生产的一种要素投入，它甚至是企业能否正常生产并获利的决定

[①]　"冰山运输成本"是国际贸易学模型中表示运输成本的最常用方法。Samuelson（1952）第一次将冰山成本引入经济学模型。假定两国的贸易存在冰山运输成本，要想使1单位的产品运抵外国，在本国装船时需要装入τ单位的产品（$\tau>1$）。在运输过程中被"融化"掉的产品就是运输成本（Krugman，1980）。

因素。一个国家生产的不同水平差异产品的种类和数目与它的资源禀赋之间具有函数关系（Schott，2009），像能源网络基础设施不仅会影响各个国家或地区的资源禀赋，还会进一步影响企业的生产成本，例如能源供给网络基础设施中电力供应的改善可以使供电更加稳定，这会减少企业在生产过程中大型机械的磨损（Lee & Anas，1992）。换句话说，具有能源资源禀赋优势和高生产率的企业比较会生产出高技术含量的产品。

已有文献表明交通网络、能源网络和信息网络三大类基础设施是直接参与生产过程的物质资本，这三大类基础设施建设有益于降低企业运营成本（Demetriades & Mamuneas，2000；Moreno et al.，2003），改善企业技术效率（李平、王春晖、于国才，2011），提高企业生产效率和交易效率（Agénor & Neanidis，2006），促进分工演进和经济增长（骆永民，2008）。而立体化的交通网络有助于生产资料及产品的空间转移，降低企业库存（李涵、黎志刚，2009），还是出口的先决条件（Yoshino，2008）。能源网络的改善，比如说电网、高压输电线的改善有助于提供更加稳定的供电水平，这就会降低生产性企业大型复杂机械的磨损（Lee & Anas，1992）。一体化的先进的通信网络，全球高密度的信息传输系统不仅有助于降低企业运输成本、节约交易费用，而且可以为地区高技术产业、知识产业成长创造条件，Röller 和 Waverman（2001）证实了信息网络对产量的影响在技术普及程度较高的国家更为明显，它能够减少市场中的信息不对称问题，使得企业能够更有效地利用当前更好的技术进行生产从而提高整个国民经济的运行效率（刘生龙、胡鞍钢，2010）。

根据李嘉图的国际贸易理论，生产任何一种产品都有很多潜在生产国，这些国家具有不同的劳动生产率。一般而言，高劳动生产率对应高的工资水平。一国可以生产不同技术水平的产品，存在国际贸易的情况下，该国选择生产何种产品取决于生产该产品的相对成本。在国际贸易现实中，技术含量越高的产品越可能由较高工资水平的国家生产，而且高质量的产品中采用的技术更复杂（郑昭阳、孟猛，2009）。

上文阐释了基础设施投入对企业生产产品技术含量的作用机制。我们知道，降低生产成本，提高全要素生产率，提升产品技术含量，以获取更大利得是每个企业赖以生存的先决条件。一般而言，企业获取利得既可以通过国内市场也可以通过国外市场。在此，我们不讨论企业在国内市场从事生产经营活动等问题，仅考虑出口企业行为。无论是古典和新古典贸易理论还是新贸易理论和新—新贸易理论，均把二元边际分解看作是区分贸易增长机制的必要手段。在讨论国际贸易增长的源泉时，古典和新古典贸易理论强调比较优势，即现有产品的出口扩张（集约边际）是出口增长的唯一途径。新贸易理论的规模经济与和消费者偏好的多样性假定（Krugman，1980）使得扩展边际成为解释出口扩张的新渠道（Bernard et al.，2007）。以企业异质性为研究对象的新—新贸易理论，开拓了贸易增长理论的新前沿（Baldwin，2005）。根据企业异质性贸易理论，国际贸易发展的事实是参与贸易的微观主体行为的集合。一国的贸易增长可以沿扩展边际①和集约边际②实现（Melitz，2003；Bernard et al.，2003）。Melitz在（2003）异质性企业贸易模型中放弃同质企业假设，引入固定出口成本和生产率临界两个概念，从微观企业层面研究企业的贸易行为。为实现利润最大化，高于生产率临界水平的企业将进入出口市场，低于生产率临界水平的企业只能服务国内市场甚至退出国内市场。这意味着，由于固定出口成本和生产率临界的存在，并非所有企业和所有产品均进入出口市场，出口贸易增长可能表现为原有企业产品在单一方向的扩张，也可能表现为新产品的出现。这种对宏观的贸易总量进行微观层面的二元边际结构性分解，为我们深刻把握贸易增长的结构和性质提供了有效的工具和方法（陈勇兵、陈宇媚，2011）。

就国家层面的分析而言，Helpman、Melitz 和 Rubinstein（2008），Felbermayr 和 Kohler（2006）分析国家间贸易流量，将已有的贸易伙伴关系界定为贸易的集约边际，将与其他国家建立新的贸易伙伴关系界定为贸易的扩展边际。Besedes 和 Prus（2007）将出口贸易增长分解为三部分：一是开辟新的贸易伙伴关系；二是稳固与保持已经建立的贸易伙伴关系；三是深化已经存在的贸易伙伴关系。其中，创建新的贸易伙伴关系为贸易的扩展边际，保持与深化已经存在的贸易伙伴关系为贸易的集约边际。

西方学界将二元边际（扩展边际和集约边际）的界定按照不同视角存在产品层面、企业层面和国家层面三类分殊，但是，无论是创建新的贸

---

① "扩展边际"表现为通过新产生的产品种类、厂商数量和贸易关系的扩展。若一国的贸易增长主要源自扩展边际，则有利于减少出口增长波动，形成多元化出口格局。

② "集约边际"表现为现有出口企业和现有出口产品在单一方向上量的扩展。若一国的贸易增长主要源自集约边际，则表明大部分对贸易的贡献来自少数企业，这就导致贸易容易受到外部冲击的影响。

易伙伴关系,还是维持和深化旧的贸易伙伴关系,其载体都是出口企业和出口产品。事实上,出口贸易增长的边际问题就是出口企业和出口产品的增长方式问题。企业出口不论表现为扩展边际还是集约边际,基础设施水平的提高不仅可以提高企业的出口深度(出口数量),而且还能够促使更多的企业进行出口,增加出口的广度。同时,相对于那些低技术含量产品而言,基础设施对高技术含量产品出口广度和出口深度的影响更大。因此,完善的基础设施建设及其良好的服务能够从出口广度和出口深度两个方面提高一国的出口产品技术含量。下面,我们将重点从数理上证明基础设施投入与出口产品技术含量之间的关系,解答出口贸易增长的边际问题。

二 基础设施影响出口产品技术含量升级的理论模型

Melitz (2003) 的异质性企业模型是在 Krugman (1980) 的贸易模型和 Hopenhayn (1992) 的动态产业模型基础上,假设世界经济中只有一种要素和一个部门,所有国家都是对称均衡,垄断竞争和产品差异化形成专业化分工,将专业化分工引入企业生产率差异来解释国际贸易中企业的差异和出口决策行为。Bernard、Redding 和 Schott (2007) 理论沿袭 Helpman 和 Krugman (1985) 思路进一步拓展了 Melitz 模型,考虑了两种要素两个部门两个国家的世界经济,认为自由贸易提高了所有国家所有产业的零利润生产率临界点,但在相对优势的行业中影响程度不同。Chaney (2008) 理论发现,异质性企业改变了产品具有差异性但企业是同质的标准模型。上述理论均认为贸易成本是引发企业生产率异质性的原因之一,也就是说出口贸易导致的固定成本与可变成本是企业决定出口与否的重要因素。一方面,基础设施的完善,减少了出口过程中的运输、通信和能源成本,固定成本的减少降低了企业进入国际市场的门槛,会使更多的企业选择出口;另一方面,快捷便利的交通网络和信息网络使企业能够对库存水平进行及时调整,减少了企业库存采购成本,提高产出效率。对于出口高技术含量产品的企业而言,完善的基础设施建设与良好的服务更加降低了企业进入国际市场的门槛,出口参与度更高。

(一) 基础模型

1. 需求函数

基于异质性企业新—新贸易理论框架,认为企业之间存在生产率的差异,生产多样化的差异产品 ω,产品满足连续分布,不同产品之间可以相互替代，替代弹性由常数 σ 表示，消费者偏好在不同地区间以不变替代弹性函数 CES 表示：

$$U = \left[\int_{\omega \in \Omega} q(\omega)^p d\omega \right]^{1/p} \tag{3-1}$$

其中，ω 代表不同的产品，Ω 代表众多产品的产品集，产品是可替代的，任意两件商品之间的替代弹性 $\sigma = 1/(1-\rho) > 1$，ρ 为替代因子，且有 $0 < \rho < 1$。根据 Dixlt 和 Stiglitz（1977）模型，并在生产和需求总量均衡的条件下，即 $U = Q$，得到消费者行为表达式：

$$P = \left[\int_{\omega \in \Omega} p(\omega)^{1-\sigma} d\omega \right]^{\frac{1}{1-\sigma}} \tag{3-2}$$

其中，产品总价格由 P 表示，存在差异的多样化产品价格为 $p(\omega)$，则差异化产品 ω 在效用最大化条件下的需求函数：

$$q(\omega) = Q \left[\frac{p(\omega)}{p} \right]^{-\sigma}$$

企业生产差异化产品 ω 的总收益为：

$$r(\omega) = R \left[\frac{p(\omega)}{p} \right]^{1-\sigma} \tag{3-3}$$

这里，$R = PQ = \int_{\omega \in \Omega} r(\omega) d\omega$ 表示对差异化产品总的消费支出。

2. 生产函数

每个企业生产一种差异化的产品，假定生产过程只需要一种生产要素——劳动力，劳动者的数量为 l，企业的技术水平用一个成本函数来表示，企业具有相同的固定生产成本 f，随着生产率 x 的提高，可变生产成本也随之降低，生产率相对较高的企业其边际成本也相对较低，那么在单位成本相同的条件下，生产率相对较高的企业能够生产更多数量的产品，即有式（3-4）：

$$l = f + q/x \tag{3-4}$$

其中，劳动力数量由 l 表示，企业生产率由 x 表示，企业的生产量由 q 表示。

尽管不同企业之间存在生产率的差异，但每个企业的需求曲线弹性系数均为 σ，所以在相同的利润最大化均衡时，并且存在 $\sigma/(\sigma-1) = 1/\rho$，产品价格方程为：

$$p(x) = \frac{w}{px} \tag{3-5}$$

一般工资率 w 的标准化值为 l，则企业利润由式（3 - 6）表示：

$$\pi(x) = r(x) - l(x) = \frac{r(x)}{\sigma} - f \qquad (3-6)$$

其中，r（x）表示企业总收入，代入式（3 - 3）则得到以生产率函数表示的企业净利润：

$$\pi(x) = \frac{R}{\sigma}(Ppx)^{\sigma-1} - f \qquad (3-7)$$

企业在生产中使用的厂房、机器设备等固定生产成本，可以通过提高产量来摊薄单位固定成本，从而降低单位生产总成本以实现内部规模经济。另外，生产率越高的企业其产量也就越大，那么企业可以通过差异化产品的垄断价格获得更多利润。消费者在差异化产品上的支出比重由 u 表示，则企业收入可表示为 uL。

参照 Bolton 和 Dewatripont（2005），我们把产品属性的种类数界定为产品的技术含量水平，产品的每一种属性都存在 m 种类型，差异化的产品由不同类型的属性构成。差异化产品的生产可以使用 m 种中间投入的任意一种，记为 a_l，$l \in \{1, \cdots, m\}$，每一种类型的产品属性都有与之对应的一种特定中间投入，例如 k 生产类型的产品需要使用的中间投入。与产品属性的种类数相对应，经济环境也存在 m 种可能的"状态" s_j，$j \in \{1, \cdots, m\}$，而且这 m 种"状态"是与产品属性的 m 种类型相对应的。当经济环境处于"状态"时，s_j 采用中间投入 a_j 来生产是最优的。比如，当下世界经济处于萧条之中，产品除满足基本功能之外需要有节能的功能属性。但是对于从事贸易活动的企业而言，存在这样的风险，即签订合同后，经济环境的变化可能导致契约的无效性，这时候企业需要付出一定的"调整成本"（Adjustment costs）。[①] 假定调整成本为 s（ϕ）q，则 s 为基础设施水平 ϕ 的减函数，即 s'（ϕ）< 0。假设签订前与签订后状态相一致的概率为 θ^m，不相一致的概率是 $1 - \theta^m$。出口贸易中产品的技术含量水平由 m 表示。

（二）模型拓展

有基于上文假设，我们在模型中加入基础设施变量 ϕ。其依据是 ϕ 不仅是影响"冰山运输成本"的重要因素之一，而且基础设施也会影响出

---

① 调整成本一般是指决策变量发生变动时经济个体所发生的成本。包括库存调整成本、重新寻找中间投入的成本等方面。

口企业的调整成本。

假定1：工业制成品与中间产品在进行国际贸易时运输需要分别花费"冰山运输成本" τ_M 和 τ_I，τ_M 和 τ_I 分别表示工业制成品与中间产品的"冰山运输成本"。"冰山运输成本" τ 指每一单位产品在进行国际运输时仅有 $1/\tau$ 单位到了达目的地（$\tau > 1$）。

假定2：每一单位满足契约状态前的产品中经过调整有（$0 < s < 1$）单位满足后一种契约状态下的要求，即为经过调整所付出的单位成本，导致企业的单位产量损失掉（$1-s$）部分，则契约状态前后差异由（$1-s$）q 表示，出口企业的预期利润最大化目标函数为：

$$E(\pi) = \theta^m \left[p_1(x)q_1(x) - \frac{\tau(\phi)q_1(x)}{x} \right] + (1 - \theta^m) \left[p_2(x)q_2(x) - s(\phi) \right.$$

$$\left. \frac{\tau(\phi)q_2(x)}{x} \right] - f(\phi) \qquad (3-8)$$

其中 $p_i(x)$ 和 $q_i(x)$ 分别表示企业在第 i 期出口的价格和数量，$i = 1, 2$。

式（3-8）中借鉴王永进等（2010）的研究思路引入了关于基础设施变量冰山运输成本，$\tau(\phi)$ 与其不同的是我们还引入了固定成本 $f(\phi)$。$\tau(\phi)$ 是基础设施水平的减函数，体现了基础设施水平的完善能够减少企业的运输成本 $f(\phi)$。$\tau(\phi)$ 尽管在求最优产量及价格时，固定成本 $f(\phi)$ 无影响且被消去，仅保留下 $\tau(\phi)$，但是本书认为，由于基础设施影响固定成本，在原始方程中仍应引入 $f(\phi)$。

给定需求函数为：$q(x) = uL \dfrac{p(x)^{-\sigma}}{p^{1-\sigma}}$，可得：$p(x) = q(x)^{-1/\sigma} \dfrac{(uL)\frac{1}{\sigma}}{p\frac{1-\sigma}{\sigma}}$

将其代入利润函数可得：$\pi = pq - \dfrac{\tau(\phi)q}{x} = q^{\frac{\sigma-1}{\sigma}} \dfrac{(uL)\frac{1}{\sigma}}{p\frac{1-\sigma}{\sigma}} - \dfrac{\tau(\phi)q}{x}$

对契约相一致状态下的利润函数关于 q_1 求一阶偏导数得：

$$q_1 = uL \left(\frac{\sigma-1}{\sigma} \frac{x}{\tau(\phi)p\frac{1-\sigma}{\sigma}} \right)^{\sigma}, \quad p_1 = \frac{\sigma}{\sigma-1} \frac{\tau}{x}$$

对契约不一致状态的利润函数关于 q_2 求一阶偏导数得：

$$q_2 = uL\left(\frac{\sigma-1}{\sigma} \frac{x}{\tau(\phi)s(\phi)p\frac{1-\sigma}{\sigma}}\right), \quad p_2 = \frac{\sigma}{\sigma-1}\frac{\tau(\phi)s(\phi)}{x}$$

由此可得到企业的预期出口数量为：

$$E(q_e(x)) = [\theta^m + (1-\theta^m)s(\phi)^{-\sigma}]q(x) \tag{3-9}$$

其中，$q(x) = \tau(\phi)^{-\sigma}uL\left(\frac{\sigma-1}{\sigma}\frac{x}{p\frac{1-\sigma}{\sigma}}\right)^\sigma$，假设国外市场的消费者偏好与国内消费者类似，与国外市场相关的变量用"*"标记，则基础设施完善条件下的出口数量为：$q_e(x) = \tau(\phi)^{-\sigma}uL^*\left(\frac{\sigma-1}{\sigma}\frac{x}{p^*\frac{1-\sigma}{\sigma}}\right)$，国外市场规模由 L^* 表示，国外消费品价格指数由 P^* 表示。

对式(3-9)关于基础设施水平 ϕ 求一阶偏导数，已知 $s'(\phi)<0$，$\tau'(\phi)<0$，则 $\partial E(qe(x))/\partial\phi>0$，在基础设施水平越高的条件下，企业预期出口量就越多。我们继而对 m 求二阶偏导数可得式(3-10)：

$$\partial^2 E(q_e(x))/\partial\phi\partial m = a[s(\phi)'\tau(\phi) + s(\phi)\tau(\phi)' - s(\phi)^{\sigma+1}\tau(\phi)']\beta$$
$$\tag{3-10}$$

令 $\alpha = \sigma\theta^m ln\theta s(\phi)^{-\sigma-1}\tau(\phi)^{-\sigma-1}$，$\beta = uL^*\left(\frac{\sigma-1}{\sigma}\frac{x}{p^*\frac{1-\sigma}{\sigma}}\right)^\sigma$

讨论 $[s(\phi)'\tau(\phi) + s(\phi)\tau(\phi)' - s(\phi)^{\sigma+1}\tau(\phi)']$ 的符号，由于 $s'(\phi)<0$，$\tau'(\phi)<0$，$0<s(\phi)<1$，$\tau(\phi)>1$，$s'(\phi)<0$，$\tau'(\phi)<0$，$0<s(\phi)<1$，$\tau(\phi)>1$，$s'(\phi)<0$，$\tau'(\phi)<0$，则 $s(\phi)\tau(\phi)'<0$，

$\left[\frac{s(\phi)'\tau(\phi)}{s(\phi)\tau(\phi)'} + 1 - s(\phi)^\sigma\right]>0$，那么 $[s(\phi)'\tau(\phi) + s(\phi)\tau(\phi)' - s(\phi)^{\sigma+1}\tau(\phi)']<0$

在 $\alpha<0$，$\beta>0$，$[s(\phi)'\tau(\phi) + s(\phi)\tau(\phi' - s(\phi)^{\sigma+1}\tau(\phi)')]<0$ 时，
$\partial^2 E(q_e(x))/\partial\phi\partial m>0$，即当出口企业生产的产品替代性较小时，基础设施对生产高技术含量产品的企业出口数量具有更大的影响。由此得到核心命题1：

命题1：基础设施水平越高，对于已经从事出口活动的企业而言，其预期出口的数量就越多，当 σ 越小，也就是产品的差异性越大，那么，基础设施对高技术含量产品的出口数量具有更大的影响。

将式（3-9）代入式（3-8）可得预期利润函数：

$$E(\pi_e(x)) = (\lambda\gamma^*\tau(\phi)^{1-\sigma})/\sigma - f_e(\phi) \qquad (3-11)$$

其中，$\gamma^* = uL^*\left(\dfrac{\sigma}{\sigma-1}\dfrac{1}{xp^*}\right) = x^{\sigma-1}\varphi^*$，$\lambda = [\theta^m + (1+\theta^m)s(\phi)^{1-\sigma}]$，由 Melitz(2003)可知，存在劳动生产率的某个临界点，使得 $E(\pi(\overline{x}_e)) = 0$。综合上式整理得到：

$$\xi = \overline{x}_e^{\sigma-1} = \frac{\sigma}{\varphi^*}\frac{f_e(\phi)}{\tau(\phi)^{1-\sigma}}\frac{1}{\lambda} = \frac{\sigma}{\varphi^*}\frac{\varsigma}{v}\frac{1}{\theta^m + (1-\theta^m)v} \qquad (3-12)$$

$\overline{x}_e$ 表示企业进入国际市场的生产率临界值，只有生产效率超过 $\overline{x}_e$ 的企业才可能出口。令 $\varsigma = f_e(\phi)$，$v = s(\phi)^{1-\sigma}$，$u = \tau(\phi)^{1-\sigma}$，则 ς 与基础设施水平 ϕ 负相关，v、u 均与基础设施水平 ϕ 正相关，通过对式（3-12）关于 ϕ 求一阶导数得到：

$$\partial\xi/\partial\phi = \frac{\sigma}{\varphi^*}\frac{1}{v^2\lambda^2}\{\varsigma'v\lambda' - [v'\lambda + v(1-\theta^m)v']\varsigma\} \qquad (3-13)$$

其中，$\varsigma < 0$，$u' > 0$，$v' > 0$，θ^m 是概率值，则 $\partial\xi/\partial\phi < 0$，基础设施能够降低进入国际市场的门槛，提高企业出口参与的积极性。

由于 $\sigma > 1$，$ln\theta < 0$，$s(\phi)^{\sigma-1} < 1$，$s(\phi)^{1-\sigma} > 1$，则：

$\partial\lambda/\partial m = \theta^m ln\theta(1 - s(\phi)^{1-\sigma}) > 0$，进一步对 m 求二阶偏导，可得到式（3-14）：

$$\partial^2\xi/\partial\phi\partial m = \frac{\sigma}{\varphi^*v^2\lambda^4}\{(\varsigma'v\lambda' - \varsigma v'\lambda' + \theta^m ln\theta v'\varsigma)\lambda^2 - 2\lambda\lambda'[\varsigma'v\lambda - v'\lambda\varsigma - v(1-\theta^m)v'\varsigma]\} \qquad (3-14)$$

令 $\gamma = \{(\varsigma'v\lambda' - \varsigma v'\lambda' + \theta^m ln\theta v'\varsigma)\lambda^2 - 2\lambda\lambda'[\varsigma'v\lambda - v'\lambda\varsigma - v(1-\theta^m)v'\varsigma]\}$

$\gamma = \{-\varsigma'v\lambda'\lambda^2 + 2\lambda\lambda'v(1-\theta^m)v'\varsigma + \lambda^2\varsigma(\theta^m ln\theta v' + \lambda'v')\}$

$\quad - \varsigma'v\lambda'\lambda^2 > 0$，$2\lambda\lambda'v(1-\theta^m)v'\varsigma > 0$

（令 $\eta = \theta^m ln\theta v' + \lambda'u'$，则 $\dfrac{\partial\lambda}{\partial m} = \theta^m ln\theta(1 - s(\phi)^{1-\sigma}) > 0$，$v' = (1-\sigma)\tau(\phi)^{-\sigma}\tau(\phi)'$，$v' = (1-\sigma)s(\phi) - \sigma s(\phi)'$）

只有当 $\theta^m ln\theta v' < 0$，当 m 越大（技术含量越高）时，θ 越小（出现的状态越多，其越小，因为 $\sum\theta = 1$）$\theta^m ln\theta v'$ 的影响忽略不计；只有此时二阶偏导数 $(\partial^2\xi)/\partial\phi\partial m > 0$ 成立。即良好的基础设施服务对于那些生产高技术含量产品的企业而言，更能降低其进入国际市场的门槛，其出口参与度更高。由此得到核心命题 2：

命题 2：当基础设施水平的提高对运输成本的影响大于调整成本时，能够通过降低进入国际市场的门槛，提高企业参与出口的积极性；对于生产高技术含量产品的企业而言，基础设施的发展更为降低其进入国际市场的门槛，企业出口参与度更高。

（三）模型进一步扩展

1. 生产技术

假定两个经济体 A 国和 B 国，A 国有丰富的劳动力禀赋，B 国有相对富足的技术要素。两个国家都有生产中间产品与最终产品的生产部门，两个部门有 N 个生产者且处于不完全竞争状态。最终产品的生产需要 M 种中间投入品，每种中间投入品都有着不同的技术层次。由于基础设施，例如铁路、公路、航空、水、电、能源燃料、通信设备等在生产过程中作为投入要素的一种可以直接促进产出增长，生产最终产品企业的生产函数为：

$$Y = AL^{1-\alpha-\beta I\beta} \int_0^m \tilde{x}_k^\alpha dk \qquad\qquad (3-15)$$

其中 L 为劳动投入量，I 是作为生产要素之基础设施使用量，$\tilde{x}_k$ 是企业的第 k 种经过技术升级的中间产品的投入量，$0 < \alpha < 1$，$0 < \beta < 1$。一种中间投入品经过 n_k 次技术升级后的技术等级记为 q^{n_k}（$n_k = 0, 1, \cdots, m$），q^{n_k} 即表示企业使用的第 k 种技术等级为 n 的中间品，高技术等级的中间品意味着有较高的质量。不同技术水平的中间产品在生产过程中具有一定的可替代性，影响着最终产品技术水平的高低。这时，企业使用第 k 种经过技术升级的中间投入品的数目为：

$$\tilde{x}_k = \int_0^{nk} q^n x_{kn} dn \qquad\qquad (3-16)$$

假设企业使用最高技术水平的中间投入品 k 的技术等级为 q^{nk}，设其价格为 p_{kn_k}。在企业利润最大化的情况下求得：

$$x_{kn_k} = L^{\frac{1-\alpha-\beta}{1-\alpha}} \left[A\alpha I^\beta (q^{\alpha n}/p_{kn_k}) \right]^{\frac{1}{1-\alpha}} \qquad\qquad (3-17)$$

2. 中间投入品价格

中间产品在生产过程中需要投入劳动力与实物资本，由于 A 国是劳动力丰裕的国家，将其劳动报酬标准化，B 国的劳动力收入水平为 W*。A 国与 B 国中间投入品的生产成本函数为：

$$c(z) = l(z, \delta) + rk(z) \tag{3-18}$$

$$c^*(z) = w^* l^*(z) + r^* k^*(z) \tag{3-19}$$

其中 $l(z)$、$k(z)$ 分别为 A 国生产中间投入品的劳动与资本投入，$l^*(z)$、$k^*(z)$ 分别为 B 国生产中间投入品的劳动与资本投入，r、r^* 为资本品价格。A 国通过模仿效率 δ 追赶技术先进的 B 国。资本在两国之间是自由流动的，有 $r = r^*$，假设两国的资本生产率相同，$k(z) = k^*(z)$。

两国中间投入品的贸易存在着贸易成本，中间投入品面临的是不完全竞争市场，因此其成本乘以某个倍数是其单位价格，得式（3-20）：

$$p(z) = \frac{1-\tau}{\alpha} c(z) \tag{3-20}$$

$$p^*(z) = \frac{1+\tau}{\alpha} c^* \tag{3-21}$$

贸易成本是生产成本的比重，$0 < \tau < 1$。B 国技术丰裕，在高技术水平的中间投入品有比较优势，A 国在低技术水平的中间产品生产上有比较优势。由式（3-21）可将第 k 种中间投入品的价格表示为：

$$p_{kn_k} = \frac{c_{kn_k}(1+\tau)}{\alpha} \tag{3-22}$$

将式（3-22）代入式（3-17）可得：

$$x_{kn_k} = L^{\frac{1-\alpha-\beta}{1-\alpha}} A^{\frac{1}{1-\alpha}} \alpha^{\frac{2\alpha}{1-\alpha}} \Gamma^{\frac{\beta}{1-\alpha}} (1+\tau)^{\frac{\alpha}{1-\alpha}} c_{knk}^{\frac{1}{1-\alpha}} q^{n_{k1}\frac{\alpha}{1-\alpha}} \tag{3-23}$$

3. 中间品需求和技术提升

最终产品的生产者对不同技术水平中间品的需求是由企业的利润水平决定的，企业之间的异质性体现在利润水平的差异，高于临界利润 φ_d 的企业购买 B 国高技术水平的中间投入品，低于临界利润 φ_d 的企业购买 A 国低技术水平的中间品。技术丰裕的 B 国的中间产品有着最低技术水平，将其记为 $\check{z}$，而 A 国存在最高技术水平的中间产品 z。类似殷德生（2011），结合式（3-15）与式（3-23）可得最终产品企业的利润函数：

$$\pi_y = \frac{1-\alpha}{\alpha} L^{\frac{1-\alpha-\alpha\beta}{1-\alpha}} A^{\frac{1}{1-\alpha}} \alpha^{\frac{2\alpha}{1-\alpha}} \Gamma^{\frac{\alpha\beta}{1-\alpha}} (1+\tau)^{-\frac{\alpha}{1-\alpha}} C_z^{-\frac{\alpha}{1-\alpha}} C_y T_y \tag{3-24}$$

其中，T_y 表示最终产品总技术水平指数，$T_y = \sum_{k}^{n} = 1 q^{\alpha^2 n_k / (1-\alpha)}$。

两国有属于不同利润水平 $i \in [0, 1]$ 的企业，$f(i)$ 与 $f^*(i)$ 是 A 国与 B 国企业利润水平的分布函数，两国位于利润水平 i 的企业总利润为

$f(i)\pi_y$ 与 $f^*(i)\pi_{y^*}$，因此，A 国在利润水平 i 的企业的平均利润为：

$$R(i) = \frac{f(i)\pi_y}{Nn(i)} \tag{3-25}$$

N 为企业总数，$n(i)$ 为企业随利润水平变化的企业数量的分布函数。A 国与 B 国存在利润水平 i_d 与 i_d^* 的企业，使得临界利润 φ_d 满足式 (3-26)：

$$\varphi_d = \frac{f(i_d)\pi_y}{Nn(i_d)} = \frac{f^*(i_d^*)\pi_{y^*}}{Nn(i_d^*)} \tag{3-26}$$

A 国处于利润水平 $[i_d, 1]$ 的企业购买 B 国高技术水平的中间品，A 国所能够购买的 B 国最高技术水平的中间投入品记为 z_{max}。B 国处于利润水平 $[0, i_d^*]$ 的企业购买 A 国低技术水平的中间产品，B 国所愿意购买的 A 国最低技术水平的中间品记为 z_{min}^*。根据上述分析，我们可知 A 国进口中间投入品的技术水平范围为 $[\hat{z}, z_{max}]$，B 国进口中间投入品的技术水平范围为 $[\hat{z}, z_{min}, \check{z}]$。

贸易成本 τ 对 δ_d、i_d 与 i_d^* 有着重要影响，从式 (3-26) 中可得：

$$\frac{\partial\varphi_d}{\partial\tau} < 0 \qquad \frac{\partial i_d}{\partial\tau} < 0 \qquad \frac{\partial i_d^*}{\partial\tau} < 0 \tag{3-27}$$

且有 $\frac{\partial\tau}{\partial l} < 0$，因此：

$$\frac{\partial\varphi_d}{\partial I} < 0 \qquad \frac{\partial i_d}{\partial I} < 0 \qquad \frac{\partial i_d^*}{\partial I} < 0 \tag{3-28}$$

基础设施的改善使贸易成本下降，会使 A 国在利润水 $[i_d, 1]$ 生产最终产品的企业减少，B 国在利润水平 $[0, i_d^*]$ 生产最终产品的企业增加，对 A 国中间品的需求也增大，A 国中间投入品部门随需求增加产生扩张。由此可得核心命题 3 和核心命题 4。

命题 3：基础设施的改善降低了贸易成本，临界利润的上升使得 A 国进口的中间投入品的技术水平提高，高技术水平的中间产品一方面作为投入品直接提高了最终产品的技术水平，另一方面通过技术溢出效应促进 A 国中间投入品的技术水平提升，因此 A 国出口的中间投入品和最终产品的技术水平得到提高，A 国较之 B 国的出口技术结构高度更优。

命题 4：基础设施的改善使贸易成本降低，间接使 B 国最终产品企业增加对 A 国中间投入品的需求，贸易需求的扩大促使资源配置向中间投入品企业聚集，影响着中间投入品技术水平的提升和技术结构高度升级。

第三节　基础设施与服务贸易结构优化理论建构

服务贸易结构优化必须通过服务贸易部门的动态比较优势来实现。静态比较优势主要取决于要素存量与技术水平，而动态比较优势则主要取决于要素积累与技术进步。在一国既定要素禀赋下，如果固守静态比较优势的国际分工和贸易结构，将致使发展中国家产业结构以劳动密集型产品为主，技术水平低，出口商品结构低端化，从而使本国贸易条件持续恶化。服务贸易结构被锁定在低端服务产品出口上，即"静态比较优势陷阱"。[①]是故，发展中国家服务贸易结构实现优化与升级，以改善其在国际服务贸易中的分工地位，就需要打破原有的要素禀赋格局，促进比较优势的动态变化。

学界关于动态比较优势的决定因素存在较大分殊，主要包括一国或地区要素禀赋和要素积累速度、技术水平和技术创新、产业结构和相关产业状况、国内需求条件以及政府政策等。本节基于国际贸易要素禀赋理论和动态比较优势理论，主要考察国别异质性约束条件下，基础设施投入所引致的高等要素禀赋层面的动态变化及其对服务贸易结构优化的影响机制，即"要素积累效应"。

一　要素积累与服务贸易结构动态模型

在已有的文献中，H. Oniki 和 H. Uzawa（1965）通过一个简单模型论证了一国资本积累如何影响服务贸易结构优化。为便于分析基础设施投入引致的要素积累效应对服务贸易结构的影响机制，笔者将固定资本、人力资本和知识资本三大要素归结为资本要素，纳入 H. Oniki 和 H. Uzawa 的分析框架。

假定1：贸易双方为 A 国和 B 国，其中 A 国为劳动丰裕型国家，B 国为资本丰裕型国家；两国均只生产两种服务产品，即劳动密集型服务产品（C）和资本密集型服务产品（I）；两种产品生产均需两种生产要素——

---

① "静态比较优势陷阱"是指在一国既定要素禀赋下，固守静态比较优势下的国际分工和贸易结构，将致使发展中国家产业结构以劳动密集型产品为主，技术水平低，出口商品结构低端化，从而使本国贸易条件持续恶化，服务贸易结构被锁定在低端服务产品出口上，不能实现优化升级（洪银兴，1997）。

资本和劳动;两国要素市场完全竞争,且相互之间自由贸易,是一个典型的"2×2×2"模型。

假定2:两国初始劳动要素和资本要素数量以及各自消费者偏好是给定的,且两国劳动数量每年以相同速度增长,因此,两国的服务贸易量、贸易条件和分工形式取决于两国资本要素积累效应。

设 L_A 表示 A 国的劳动力供给,L_B 表示 B 国的劳动力供给,因此两国劳动增长率为:

$$n_A = n_B = L_A^{t+1}/L_A^t \tag{3-29}$$

而 t 时刻资本总量 K^O 是 $t=0$ 由时刻资本量 K^O 的资本积累速度决定,即:$K^{t-1} = Y_L^t = \mu k^t \tag{3-30}$

其中,Y_L^t 是一国资本型服务产品总产出,μ 是资本的折旧率。

设 K_I 和 L_I 表示 t 时刻 I 部门的资本量和劳动量,而每个国家 t 时刻资本型服务总产出 Y_I 取决于本国生产和外国进口,因此一国资本服务产出方程为 $F_I(K_I, L_I)$。令 M_I 表示一国资本型服务产品进口数量,那么该国资本型服务产品总量可表示为:$Y_I = F_I(K_I, L_I)$。

同理,一国消费型服务产品总量则可表示为:

$$Y_C = F_C(K_C, L_C) + M_C \tag{3-31}$$

由此,两国的生产要素需满足等式 $K_I + K_C = K$;$L_I + L_C = L$。

设资本型服务产品相对于劳动型服务产品的价格为 p,由于假设两国间自由贸易,所以两种商品的相对价格是相等的。在假设中两国要素市场是完全竞争的,因此部门工资率 w 等于劳动的边际产品价值,资本租金率 r 等于资本的边际产品价值,且两部门资本租金率与部门工资率之比相等。如式(3-31)所示:

$$r_I = p\frac{\partial F_I}{\partial K_I}; \ w_I = p\frac{\partial F_I}{\partial L_I}; \ r_C = p\frac{\partial F_C}{\partial K_C}; \ w_C = p\frac{\partial F_C}{\partial L_C} \tag{3-32}$$

进一步整理可得:$\dfrac{\partial F_I/\partial K_I}{\partial F_I/\partial L_I} = \dfrac{\partial F_C/\partial K_C}{\partial F_C/\partial L_C} \tag{3-33}$

假设两国之间国际收支平衡,则 $M_C + pM_I = 0$

一国的国内生产总值 Y 可由相对价格 p 表示:

$$Y = Y_C + pY_I = F_C(K_C, L_C) + pF_I(K_I, L_I) \tag{3-34}$$

在两国模型中,一国出口等于另一国进口,则 $M_I^A + M_I^B = 0$;$M_C^A + M_C^B = 0$;

由此，该模型处于均衡状态时的两国贸易量 M_I、M_C，国内部门产量 Y_I、Y_C，两国两部门的资本量和劳动量 K_I、K_C、L_I、L_C，资本租金率和部门工资率 r、w 都可由上述等式决定。

二　要素积累和服务贸易结构优化模型

K_A 表示 A 国的资本积累，而 K_B 表示 B 国的资本积累；且 k_A 表示 A 国的资本劳动比，而 k_B 表示 B 国的资本劳动比。由此，

两国资本劳动比为：$k_A = K_A/L_A$，$k_B = K_B/L_B$

两国劳动力要素占总劳动力之比为：$v_A = L_A/(L_A + L_B)$，$v_B = L_B/(L_A + L_B)$

设 m 表示人均占有进口资本，即 $m_A = m_I/L$，因此 m 可由一国人均资本数额 k 和进口资本产品价格 p 表示为：$m_A = m_A(p, k_A)$，$m_B = m_B(p, k_B)$。再者，由于假设两国间自由贸易，两国两种商品的相对价格也是相等的，即 p 表示资本型服务产品相对于劳动型产品的价格。

在给定 K_A、K_B 的情况下，$m_A(0, k_A) = \infty$，$m_A(\infty, k_A) < 0$

$m_A(0, k_B) = \infty$，$m_A(\infty, k_B) < 0$

由于在两国模型假设中，一国出口资本型服务产品数量等于另一国进口资本型服务产品数量，从而可得两国相互需求方程为：

$$v_A m_A(p, k_A) + v_B m_B(p, k_B) = 0 \tag{3-35}$$

对式（3-34）k_A、k_B 求全微分方程可得：

$$\frac{\partial p}{\partial k_A} = -\frac{v_A \dfrac{\partial m_A}{\partial k_A}}{v_A \dfrac{\partial m_A}{\partial p} + v_B \dfrac{\partial m'_B}{\partial p}}; \quad \frac{\partial p}{\partial k_B} = -\frac{v_A \dfrac{\partial m_B}{\partial k_B}}{v_A \dfrac{\partial m_A}{\partial p} + v_B \dfrac{\partial m'_B}{\partial p}} \tag{3-36}$$

根据原假设中 A 国为劳动丰裕型国家，B 国为资本丰裕型国家，可推导出 A 国在服务贸易中需要进口资本型服务商品以及不断积累本国的资本要素，提升其资本要素禀赋，即使得 k_A 增大。而式（3-36）中 $\partial p/\partial k_A < 0$ 意味着资本型服务商品的世界价格是会伴随着一国资本要素积累而下降的。此现象可解释为劳动丰裕的 A 国通过资本要素积累，其自身资本型服务产品竞争力增强，国内生产规模也相应扩大，从而资本型商品进口数量下降，甚至由进口资本型服务产品逐步向出口资本型服务转变，长期内将促使服务贸易结构由劳动密集型向资本密集型升级。

三　基础设施投入引致的要素积累效应

由以上模型分析可知，一国优化服务贸易结构，规避"静态比较优

势陷阱"，就需打破原有的要素禀赋状态，发挥资本要素的积累效应，从而实现服务部门比较优势的动态变化。有基于此，我们可以将基础设施投入引致的要素禀赋动态变化层面上对服务贸易结构优化的作用机理分为固定资本要素扩张效应、人力资本要素提升效应、知识技术要素进步效应。

（一）固定资本要素扩张效应

网络基础设施投入能直接形成国家固定资本要素的扩张效应，改善基础设施服务功能，降低国际贸易活动过程中的生产成本与交易成本（Transaction Costs），提高企业对高附加值服务产业的发展能力，进而推动服务贸易结构优化。

1. 降低生产成本，提高服务产业附加值

作为运输服务发展的先决条件，良好的交通运输网络基础设施直接促使运输服务企业降低生产成本，提高对外运输服务出口能力，增加企业培育高附加值服务产品的可能性。另外，先进的交通运输网络基础设施还极大推动高端运输服务业的发展，如现代化港口建设和各种高科技货运船舶发展，不仅可降低原有运输服务成本，还能满足现代多元化运输服务需求，拓展出口范围，逐步向附加值高、技术含量高的领域延伸。而强大的能源网络基础设施更是社会服务产业正常发展及创新升级的保证。

2. 减少交易成本，强化服务产品竞争优势

良好的邮电通信网络基础设施加快信息传播速度，增加获取信息渠道，是服务产品与时俱进、不断提升的必要条件。如供应商通过网络进行服务商品国际营销和交易活动，不但能节省大量交易成本，也能及时获得最新行业信息和产品信息及保持同行业产品的技术交流合作，不断完善企业服务产品的质量和类型，进而强化服务产品竞争优势。

（二）人力资本要素提升效应

社会性基础设施中的教育、医疗、环保等基础设施投入将会在一国劳动力中逐渐形成人力资本要素提升效应。我们所指的人力资本要素不等于传统劳动力要素概念，指的是普通劳动力通过系统教育、培训、保健，从而具有技能、学识和良好健康状况的高等人力资本要素，其在服务贸易结构优化过程中起重要作用。

1. 培育高等人力资本，发展现代服务贸易。从发展前景看，一国是

否拥有充裕的高等要素及其优越的要素生成机制是该国服务贸易能否构建国家竞争优势的关键。在社会性基础设施投入中，教育、文化、医疗、卫生以及行政法律和社会保障等基础设施将长期持续促进高等人力资本要素的培育及生成，而形成的高等人力资本将参与到现代服务贸易活动中，推动现代服务贸易的发展，进而优化服务贸易结构。

2. 提升服务消费需求，带动现代服务产业。任何国家产业竞争优势的构建往往都以合理、高级的国内社会消费需求结构为基础，如果一国居民以商品消费为主，服务消费比重过低，或服务消费层次过低，那么该国的服务贸易根本不可能形成国家竞争优势。高等人力资本要素的形成将主导现代服务部门的国内需求市场，带动这些部门的发展，创造利于现代服务业发展的市场环境。

（三）知识技术要素进步效应

社会性基础设施中的科研基础设施投入主要促进自主研发和技术引进，促进国内知识技术要素的积累，从而提升服务产品附加值和服务产业层级，逐渐发展一国的现代服务业，最终推动一国服务贸易结构的优化。具体而言，知识技术要素进步效应将会推动服务产业升级和服务市场的发展。

1. 加快知识技术进步，推动服务产业升级。服务产业升级是指服务产业内部结构从低级形式向高级形式的转换过程，即服务产业高端化。而知识技术进步可解决服务产业高端化所面临的专业知识和关键技术问题，从而有利于培育以通信、计算机与信息服务、保险、金融等产业为代表的现代服务贸易部门，推动服务产业升级，增加现代服务业比重，进而优化服务贸易结构。

2. 改善自然环境条件，带动服务市场发展。知识技术进步还体现在现代生活理念和环保意识的增强，环保设施投入将利用先进理念和技术改善社会的生产生活环境以及保护人类宝贵的资源遗产，这将直接利于一国旅游业的发展，促进国际来往与交流。同时，环境条件的改善也会引导现代生活方式的改变，这将在长期内极大促进现代服务意识的生成，从而带动服务市场发展。

综上所述，基础设施投入对服务贸易结构优化的作用机制如图 3-1 所示。

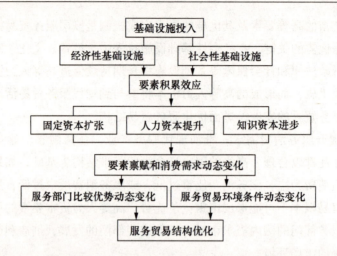

图 3 - 1　基础设施投入对服务贸易结构优化的作用机制逻辑图

至此我们可以得到两个核心推论。推论 1：广义的各项基础设施（即经济性基础设施和社会性基础设施）投入将在一定时期内显著地影响服务贸易结构优化。推论 2：一国或地区经济发展水平越高，人均收入水平越高，广义基础设施建设越完善，相应地各项基础设施投入对服务贸易结构优化的影响作用越显著。

第四节　出口产品技术含量与产业升级理论构建

产业升级是我国"十二五规划"的重点，企业升级是产业转型升级的载体。提高劳动生产率是中国产业结构升级的主要途径之一，也是企业升级的必由之路。产品劳动生产率水平是衡量产品技术含量的重要标志。本章第二节从理论上证明了网络基础设施建设不仅能够加深贸易的"深度"，还会增加贸易的"广度"，网络基础设施的完善有助于一国或地区企业出口产品技术含量升级。从逻辑关系而言，企业出口产品技术含量升级是一国或地区产业核心优势的体现。那么，如何完善基础设施建设提升中国出口产品技术含量以推进产业升级是一个前沿性论题。接下来，笔者重点探讨异质性约束下出口产品技术含量对产业升级的传导机制，旨在为评价出口产品技术含量对产业升级的作用效果奠定理论基础。

一　基础模型

传统的新古典经济理论假定规模报酬不变条件下，国际贸易的决定源于比较利益，人口增长等外部新经济地理学因素则决定经济的增长水平。然而，"二战"后，国际贸易和经济长期增长的现实与新古典理论所预测的经济图景迥异，以克鲁格曼（Krugman，1980）为代表的新贸易理论应运而生。囿于新贸易理论不能将运输成本内生，经济全球化引发的一些投资、贸易、要素流动和区域政策问题催生新经济地理学（New Economic Geography）诞生。自 20 世纪 90 年代以来，新经济地理学借助迪克西特（Dixit）和斯蒂格利茨（Stiglitz）的垄断竞争模型（简称 D－S 模型，1977）和新贸易、新增长理论研究的三次波涛的强大推动，作为经济学领域报酬递增理论革命的第四波浪迅速成长。克鲁格曼（Krugman，1991）在《政治经济学杂志》上发表的《报酬递增和经济地理》和藤田（Fujita，1988）在《区域科学和城市经济学》上发表的《空间集聚的垄断竞争模型：细分产品方法》，开宗明义地解释了 D－S 模型的空间意义。新经济地理学假设报酬递增和不完全竞争，主要研究经济活动的空间集聚和区域增长集聚的动力问题。新经济地理学通过对报酬递增的 D－S 模型赋予空间解释，对报酬递增、外部经济、运输成本、要素流动和投入产出联系的性质及其相互作用进行了深入的探讨，所发展出的一系列模型揭示出一些重要的理论含义，对于理解全球化条件下的生产、贸易和经济发展的特点具有重要意义（赵忠秀、吕智，2009）。

Xu Bin（2007）认为出口产品技术含量升级直接体现为该地价格指数的提高，而迪克西特和斯蒂格利茨的垄断竞争模型（D－S 模型）指出，区域劳动力价格与该地价格指数密切相关，甚至起着决定性作用。事实上，区域劳动力价格差异驱动的劳动力生产要素与产业空间转移，使得劳动力价格较高区域经济活跃度大大提高，这种活跃度上升的直接反映便是该区域价格指数的上升。传统封闭经济环境下，区域劳动力价格差异主要由区域原始禀赋条件及国家产业政策直接决定，但开放经济环境下，由国际市场风险导致的企业进入与退出使得区域间出口领域劳动力价格差异与劳动力要素的相互流动成为常态。为了研究由价格指数代表的区域出口产品技术含量的高低，在 D－S 模型基础上研究出口领域进入与退出对区域间劳动力价格差异及产业空间集聚的影响变得必不可少，出口领域进入与退出的载体为异质性企业（Meiltiz，2003），本研究以异质性产业和异质性企业为框架。

假设某个经济体内拥有三个经济部门：最终产品生产部门、中间产品生产部门和消费者。最终产品（设有 N 类）由中间投入品构成，均有制造业产品与农业产品两类，同时假定制造业产品为异质性产品，农业产品为同质性产品，本书仅研究制造业产品。每个经济部门都有 M 个企业，在规模经济理论假定下，每个企业都只生产一类产品，为异质性企业。

根据需求价格弹性不变时的 CES 效用函数模型，得出市场中消费者对异质性产品的效用函数模型为：

$$U = \left(\sum_{i=1}^{n} x_i^{\rho} \right) \frac{1}{\rho} \rho = \frac{\sigma - 1}{\sigma}, i = 1, 2, 3, \cdots, n \qquad (3-37)$$

其中，x_i 为异质化的制造业产品消费量。σ 为各类产品之间的替代弹性，$\rho \in (0, 1)$，当 ρ 取值为 1 时，即产品之间完全不能替代，为完全垄断市场；当取值为 0 时，即产品之间完全替代，为完全竞争市场，但这两种市场仅为理论存在状态，在此不作重点研究。

假设市场中产品的价格为 p_i，消费者对异质化制造业产品 i 的消费量为 x_i。则消费者用于异质化产品消费的收入约束函数为：

$$I = \sum_{i=1}^{n} p_i x_i \qquad (3-38)$$

根据约束条件式（3-37）和式（3-38）构造拉格朗日函数 $L = U + \gamma \left(\sum_{i=1}^{n} p_i x_i - I \right)$ 求 $\mathrm{Max} U$ 取过程中可得：

$$x_j = I p_j^{\frac{1}{\rho - 1}} \left(\sum_{\substack{i=1 \\ i \neq j}}^{n} p_i^{\frac{\rho}{\rho - 1}} \right)^{-1} \qquad (3-39)$$

式（3-39）表示，在固定收入 I 约束下，某类产品的市场需求量由该类产品市场价格、其他种类产品市场价格及消费者收入约束共同决定。

同时，若令 $I = R$，即市场上产品价值总和（或称为企业总收益）等于居民总收入时，根据企业总收益等于各类产品收益之和可以得到如下公式：

$$r(x_j) = R \left(\frac{p_j}{p} \right)^{1 - \sigma} R = \sum_{i=1}^{n} r(x_j) \qquad (3-40)$$

式（3-40）中，P 为产品市场价格指数。

假定劳动力为企业主要使用的生产要素，劳动力市场为完全竞争市场。根据张伯伦大组垄断竞争模型，企业为了获得规模经济效应，将成为单产品公司。设企业固定成本为 f，产量为 x，面临的劳动力价格为 s，劳动力价格由该行业劳动力市场决定，企业的固定成本与生产要素使用量与生产效率 φ 相关，则企业成本函数为：

$$C = \left(f + \frac{x}{\varphi}\right)w \qquad (3-41)$$

此时，企业的利润函数为：

$$\pi = r - c = xp - \left(f + \frac{x}{\varphi}\right)w \qquad (3-42)$$

将产品价格视为产品需求量的函数时，市场需求弹性为：

$$\frac{\partial \ln x}{\partial \ln p} = -\sigma \qquad (3-43)$$

此时 $MR = p\,(1-1/\sigma)$，企业利润最大化要求 $MR = MC$，此时企业定价规则为：

$$p = \frac{w}{\rho\varphi} \qquad (3-44)$$

此时企业利润函数为：

$$\pi(x) = R - C = \frac{r(\varphi)}{\sigma} - fw \qquad (3-45)$$

将式（3-44）代入式（3-40）可得：

$$r(\varphi) = Rw^{1-\sigma}(\rho\varphi P)^{\sigma-1} \qquad (3-46)$$

二　企业经营环境——进入与退出

在封闭经济环境下，劳动力价格的研究较为简单，由市场供求决定。但在开放经济环境下，问题变得复杂得多。企业在参与国际经济合作中，总会面临诸多风险，使企业出现亏损甚至退出该行业出口领域，从而影响该行业出口领域劳动力供求，如汇率风险在国际金融危机和欧美债务危机发生以来已得到实践验证。另外，值得指出的是，由于国外市场的吸引，原来未从事出口的企业也会不断尝试进入出口领域，这进一步加剧了出口领域劳动力的争夺，影响劳动力价格。随着浮动汇率制在世界范围内实行起来，由汇率波动引起的出口领域优胜劣汰成为常见现象。由于劳动力价格与汇率波动有着如此密切的关系，因而研究劳动力价格，分析劳动力市场均衡对研究价格承受力至关重要。

（一）进入与退出内涵

进入指不断有新的企业尝试进入出口领域，退出指原属于出口领域的企业由于各种风险,有退出出口领域的可能性。企业进入与退出出口领域的衡量指标即出口领域准入生产效率(准入生产效率均指某行业出口领域准入生产效率,其意义可推广至任何一个行业),若企业生产效率高于准入生产效率,则有进入的可能,若低于准入生产效率,则有退出的可能,出口领域准入生产效率与汇率具有密切关联,这在下文的研究中将逐步得到体现。

假设某行业中某企业的生产效率为 φ,其生产效率密度函数为 $g(\varphi)$,行业中所有企业的生产效率分布函数为 $G(\varphi)$,本书认为每个企业都清楚本企业的生产效率状况,但不知道生产效率分布函数,因此,在出口领域利润的驱动下,不断会有企业尝试进入出口领域,而该企业能否在一定时期内立足于出口行业,则取决于准入生产效率或进入出口领域后该企业的资产状况。进入出口领域的企业也会和原属于出口领域的企业一样,在汇率波动、生产率降低等风险的迫使下,时刻面临退出出口领域的风险,设退出可能性为 δ。

若企业进入出口领域,初期须投入一定量的固定成本 $f_e w$,在生产过程中,若企业短期利润量完全不能弥补其可变成本,则企业不能进入出口领域,已有的出口企业也会选择退出。设企业能否弥补可变成本的分界点为出口领域准入生产效率 φ^*,达到该生产效率要求的企业将试图进入出口行业,并设试图进入企业数目为 N_e,出口领域已有企业生产效率小于时 φ^*,将会退出,并设已有企业数为 N。设整个出口领域(不包括退出的企业)的生产效率密度函数为:

$$\mu(\varphi) = \begin{cases} \dfrac{g(\varphi)}{1 - G(\varphi^*)} & \varphi > \varphi^* \\ 0 & \varphi \leqslant \varphi^* \end{cases} \tag{3-47}$$

令 $P_{in} \equiv 1 - G(\varphi^*)$,表示某行业企业进入出口领域的可能性,那么便可得到一段时期内进入出口领域企业数量为 $P_{in} N_e$,退出出口领域企业数量为 δN。出口领域准入生产效率 φ^* 将具有出口资格的企业与非出口企业区别开来,但为了研究出口行业异质性企业的情况,以便于研究出口企业出口产品价格与汇率变动之间的关系,需要进一步地了解整个出口领域平均生产效率情况(称为典型出口企业),根据 CES 效用模型与居民收入约束得出的产品价格指数,并结合企业生产效率密度函数,导出出口领域中典型出口企业的平均生产效率函数为:

$$\tilde{\varphi}(\varphi^*) = \left[\frac{1}{1 - G(\varphi^*)}\int_{\varphi^*}^{\infty}\varphi^{\sigma-1}g(\varphi)d\varphi\right]^{\frac{1}{\sigma-1}} \tag{3-48}$$

相应地，便可据此得出整个出口领域（典型企业）的平均利润函数为：

$$\overline{\pi}(\varphi) = \pi(\tilde{\varphi}) = \sum_{i=1}^{n}\pi(\varphi_i)\mu(\varphi_i) \tag{3-49}$$

那么，某行业出口企业总利润为出口企业数与典型企业平均利润之积：

$$\Pi = N\overline{\pi}(\varphi) \tag{3-50}$$

为了具体得出典型企业平均生产效率与准入生产效率之间的关系，设出口企业生产效率的倒数"$1/\varphi$服从帕累托最优"[①]（事实上，帕累托要求出口领域呈现完全竞争的状态，而现实中很少会出现少数企业垄断出口的局面，因而该假设具有很强的现实意义），令某行业出口企业生产效率分布函数为：

$$G(\varphi) = 1 - \left(\frac{b}{\varphi}\right)^{z} \quad \varphi \geqslant b > 0, \ z \geqslant \sigma + 1 \tag{3-51}$$

其中，b 为典型企业规模系数，z 为模型参数，那么单个企业生产效率密度函数为：

$$g(\varphi) = z\left(\frac{b}{\varphi}\right)^{Z-1}\left(\frac{b}{\varphi^2}\right) \tag{3-52}$$

于是，典型企业平均生产效率为：

$$\tilde{\varphi}(\varphi^*) = \left(\frac{z}{z+1-\sigma}\right)^{\frac{1}{\sigma-1}}\varphi^* \tag{3-53}$$

（二）准入生产效率

一般而言，出口有利于拓宽企业销售渠道，扩大销售量，提高企业利润，因而，企业总会尝试进入出口领域，而能否成功进入出口领域，取决于一定时期内企业资产状况，若进入出口领域后，随着经营活动进行，企业净资产也随着增加，则企业具备长期出口的能力，这也可以认为企业达到了准入生产效率。

---

① 帕累托最优（Pareto Optimality），也称为帕累托效率（Pareto efficiency），是由意大利经济学家维弗雷多·帕累托（Vilfredo Pareto，1848—1923）提出来的。帕累托最优是指资源分配的一种理想状态。

设在一定时期内，某企业（包括不能进入出口领域的企业）的资产为：

$$v(\varphi) = \max\left\{0, \int_{t=0}^{\infty}(1-\delta)^t \pi*(\varphi)dt\right\} = \max\left\{0, \frac{1}{\delta}\pi(\varphi)\right\}$$

(3-54)

那么，其平均资产值为 $\overline{v}(\varphi) = 1/\delta\,\pi(\varphi)$。此时 $\varphi^* = inf\{\varphi: v(\varphi)>0\}$，当 $\varphi<\varphi^*$ 时，企业将退出出口领域。

自由经济环境中，尝试进入出口领域的企业资产值为 $P_{in}\overline{v}$，其净资产值为：

$$v_e = P_{in}\overline{v}(\varphi) - f_e w = \frac{1-G(\varphi^*)}{\delta}\pi(\varphi) - f_e w$$

(3-55)

式（3-55）反映了企业进入出口领域的条件，若该式大于零，则企业能够进入出口领域，若小于零，则企业不能尝试进入出口领域。因而，在垄断竞争经济环境下，若典型企业净资产值为零，则说明该企业具备进入出口领域的条件，此时，该企业平均利润函数为：

$$\overline{\pi}(\varphi) = \frac{\delta}{1-G(\varphi^*)} - f_e w$$

(3-56)

未进入出口领域的企业尝试进入出口领域，同样，原属出口领域的企业也将随时面临退出的风险，当原属出口领域企业的生产效率下滑到准入生产效率时，其利润将小于或等于零，这时，企业将退出出口。由式（3-45）可知，此时 $\pi(\varphi^*) = r(\varphi^*)/\sigma - fw = 0$，于是 $r(\varphi^*) = \sigma fw$。而 $r(\varphi_1)/r(\varphi_2)^{\sigma-1}$，所以有：

$$\overline{\pi}(\tilde{\varphi}) = \frac{\overline{r}(\tilde{\varphi})}{\sigma} - fw = \left[\frac{\tilde{\varphi}(\varphi^*)}{\varphi^*}\right]^{\sigma-1}\frac{r(\varphi^*)}{\sigma} - fw = \left\{\left[\frac{\tilde{\varphi}(\varphi^*)}{\varphi^*}\right]^{\sigma-1} - 1\right\}fw$$

(3-57)

由于某行业整个出口领域平均利润相等，所以式（3-56）与式（3-57）须相等，经证明式（3-56）关于 φ^* 为增函数，式（3-57）关于 φ^* 为减函数，所以两式仅有一个交点，即准入生产效率 φ^*，在后续的研究中将具体得出 φ^* 的表达函数。

企业进入出口领域的生产效率要求为 φ^*，出口领域进入与退出机制要求面临退出风险企业的利润为零，即 $\pi/(\varphi^*) = r(\varphi^*)/\sigma - fw = 0$，同时结合出口企业收益函数（3-48）可求得准入生产效率表达式为：

$$\varphi^* = EW^{\frac{1}{\rho}}f^{\frac{1-\rho}{\rho}}\Big(\frac{1}{1-\rho}\Big)^{\frac{1-\rho}{\rho}}(I_F)^{\frac{\rho-1}{\rho}}\Big(\frac{\tau_j}{\rho}\Big)\Big[\sum_{\substack{i=1\\i\neq j}}^{n}(p_i)^{\frac{\rho}{\rho-1}}\Big]^{\frac{1-\rho}{\rho}} \tag{3-58}$$

式（3-58）表明，准入生产效率与汇率变动呈正相关关系，当汇率上升时，准入生产效率提高，此时，出口领域一部分企业将会被淘汰出局，相应地，该行业出口领域平均生产效率也会随之提高。

三　区域劳动力价格差异、产业空间集聚与出口产品技术含量

出口领域企业进入与退出机制为研究劳动力价格与企业出口收益之间的关系提供了重要途径，在出口企业面临汇率不完全传递风险时，研究劳动力价格与出口收益之间的关系，有利于出口企业适时掌握价格关于汇率变动承受力。为了维持出口领域劳动力市场静态均衡，在典型企业假设下，一定时期内新进入企业数量须与退出企业数量相等，即 $P_{in}N_e = \delta N$（Marc J. Melitz, 2003）。

设某行业市场上企业可利用的劳动力总量为 L，出口领域劳动力总量为 L_x，L_e 为一定时期内企业用于进入出口领域投资的劳动量，L_p 为原属于出口领域企业用于生产产品的劳动量，且 $L_x = L_e + L_p$，综合 $P_{in}N_e = \delta N$ 可得如下等式（Marc J. Melitz, 2003）：

$$L_e w = N_e f_e w = \frac{\delta N}{P_{in}}f_e w = N\overline{\pi}(\varphi) \tag{3-59}$$

从式（3-59）可知，$L_e w$ 为总利润，而 $R = \Pi + wL_p - w(L_e + L_P)$，$R = nr(x)$，且某行业出口领域劳动量为 $P_{in}L$，于是可得到出口领域收益函数为：

$$R = wP_{in} \tag{3-60}$$

现假设劳动力市场供给函数为：

$$w = aL \tag{3-61}$$

当某行业出口领域出现企业进入与退出时，退出的劳动力既可能在该区域产业间流动，也可能在不同区域之间流动，假设在区域之间流动的劳动力总量为 βaL，那么区域间劳动力价格为：

$$w = \beta aL$$

由式（3-60）和式（3-61）可得出口领域劳动力在国内区域间流动时的劳动力价格函数为：

$$w = \sqrt{\frac{\alpha\beta}{P_{in}}} \tag{3-62}$$

现用 A、B 两区域来研究出口环境下国内不同区域劳动力价格与价格指数的关系，并结合式（3-46）得出 A、B 两地价格指数比值与劳动力价格比值的关系为：

$$\frac{P_A}{P_B} = \left(\frac{w_A}{w_B}\right)^{\frac{(\sigma-1)^2-\sigma}{(\sigma-1)^2}} \tag{3-63}$$

[式（3-63）中，当 $\sigma \in (0,\ (3-\sqrt{5})/2)$ 时，$\frac{P_A}{P_B}$ 与 $\frac{w_A}{w_B}$ 呈正相关关系，

由此可以得出如下两个核心命题：

命题1：当两地出口产品技术含量发生变动，出口产品的价格也会相应地发生变化，而 $p = \frac{w}{\rho\varphi}$ 表明劳动力价格和出口产品价格有直接关系。故此，出口产品技术含量变动能够引起劳动力价格的变化，当两区域工业产品替代弹性较小时，两地劳动力价格的差异将引致劳动力发生产业间或区际流动，进而形成产业集聚，最终助力产业转型升级。

命题2：当两区域经济发展到一定程度，产品替代弹性较大时，劳动力流动反而不利于该地的产业集聚和产业升级。①

第五节　理论架构之核心思想

一　几点理论感悟

不同的经济学家基于不同的时代背景、不同的研究视角和方法对国际贸易起因、模式和利益分配问题进行了分析解构，形成了古典、新古典、新贸易理论以及新—新国际贸易理论，给我们研究基础设施、出口贸易与产业升级的相关问题提供了有助于拓宽国际贸易理论之分析视域的思想启迪。

---

① 从感性认知上来讲，上述理论框架与我国国情也是相符的，东部沿海地区的出口贸易发展迅速，导致该地区大规模进行产业集聚，集聚力最终使得东部地区发生产业转型升级，但是由于劳动力人口大量涌入东部地区，城市变得拥挤不堪，从而产生"市场拥挤效应"；住房、教育、医疗、卫生成本等资源供应紧张，公共产品的边际效应递减。这时，劳动力的成本不断上升，企业成本随之急剧上升，部分制造业开始向中西部地区转移，这样也发挥了中西部地区的绝对优势，促进了中西部地区的产业转型升级。这种感性认知笔者将在第四章和第五章进行理论关联于现实的验证。

良好的网络基础设施有利于提高企业参与出口的积极性，对于生产高技术含量产品的企业而言，网络基础设施的发展更为降低其进入国际市场门槛，企业出口参与度更高；对于已经从事出口活动的企业而言，网络基础设施建设有利于高技术含量产品出口的数量扩张；网络基础设施建设有利于资源配置向中间投入品企业聚集，影响着中间投入品技术水平的提升和技术结构高度升级；高技术水平的中间产品一方面作为投入品直接提高了最终产品的技术水平，另一方面通过技术溢出效应促进某一经济体出口的中间投入品和最终产品的技术水平得到提高，出口产品技术结构高度优化。

某一经济体优化服务贸易结构，规避"静态比较优势陷阱"，就需打破原有的要素禀赋状态，发挥资本要素的积累效应，从而实现服务部门比较优势的动态变化。广义基础设施投入带来固定资本要素扩张效应、人力资本要素提升效应和知识技术要素进步效应，在一定时期内显著地影响服务贸易结构优化。且一国或地区经济发展水平越高，人均收入水平越高，广义基础设施建设越完善，相应地各项基础设施投入对服务贸易结构优化的影响作用越明显。

由理论分析可知，网络基础设施有利于货物出口技术含量不断提升，而广义基础设施的外部性有助于服务贸易结构不断优化。换言之，一国或地区良好的基础设施建设和服务，有利于其对外贸易由"量"到"质"的嬗变，这对于发展中国家来说，或许是规避"中等收入陷阱"的有效"良方"。

一国或地区出口产品技术含量变动能够引起劳动力价格的变化，当两区域工业产品替代弹性较小时，两地劳动力价格的差异将引致劳动力发生产业间或区际流动，进而形成产业集聚，最终助力产业转型升级。然而，当两区域经济发展到一定程度，产品替代弹性较大时，劳动力越多反而不利于该地的产业集聚，这一点印证了我国东部沿海地区的出口贸易发展迅速引致大规模产业集聚，集聚力最终使得东部地区发生产业升级。但是"市场拥挤效应"和池塘公共产品的边际效应递减导致企业成本的急剧上升，部分制造业开始向中西部地区转移，最终促进中西部地区产业升级的事实。

总而言之，新经济地理学从空间领域开拓了基础设施投入研究新视野，新—新贸易理论从异质性角度扩展了基础设施投入研究新视域。良好的基础设施建设对出口产品技术含量和技术结构高度以及服务贸易结构优化的正向作用，促使劳动力在产业间和区域间转移形成产业集聚，最终助力产业结构升级。

二　补充性研究

上文主要是在产业结构升级视阈下，严密推演了基础设施提升出口产品技术含量和促进服务贸易结构优化，继而引发劳动力流向高工资收入的行业或企业，再继而引致产业或企业集聚，产业或企业的集聚效应助力产业结构升级。笔者在第一章关于产业升级的研究边界中提到，产业升级有产业结构升级和产业链升级两种思路，本章的理论建构仅限于产业结构升级，并没有从产业链升级和延伸切入来探索基础设施、贸易投资与产业链升级和延伸的微观机制。改革开放以来，中国工业实力持续增强，稳居世界制造业第一大国位置，对全球制造业的影响力不断提升。据国家统计局公布数据显示，2012 年，我国制造业全球占比达 19.8%，工业制成品出口占全球制成品贸易的 1/7。制造业的快速发展，带动了国内其他产业的创新和发展，在扩大就业、增加收入和改善人民生活等方面发挥了巨大作用，有力地推动了我国工业化和现代化进程，制造业已成为提升我国综合国力和参与全球竞争的战略基石。但随着全球经济结构的深度调整，我国制造业发展中的矛盾日益凸显。就国际上来看，2008 年国际金融危机后，发达国家纷纷实施再工业化和制造业回归战略，力图抢占高端市场并不断扩大竞争优势，新兴经济体依靠资源、劳动力等比较优势大力发展加工制造业，与我国形成同质竞争，我国制造业面临着前有阻击后有追兵的双重挤压。就国内来看，我国经济正处于增长速度换挡和结构调整阵痛的叠加期，国民经济潜在增长率趋于下降，能源资源、土地、劳动力等生产要素成本快速上升，生态环境约束趋紧，行业间利润率严重失衡，制造业对社会投资的吸引力不断下降。再从国内产业来看，发展方式粗放，产业结构不合理，制造业产能过剩，制造产品品牌缺失，缺乏核心竞争能力，尤其是企业治理结构不完善，国际化经营能力不强。如此种种问题，既源于制造业自身的结构问题，也是体制机制顽瘴痼疾所致。当今全球制造业的竞争已不再是企业或者产品的竞争，而是产业链的竞争。在产业链的全球竞争环境下，中国制造业正面临越来越大的压力，要摆脱在全球竞争中的被动地位，我国制造业就必须进行产业链升级。

笔者认为，产业链为"企业 + 产业动态 + 政府经济政策"的动态系

统，企业在产业链的升级与延伸中起着原始驱动力的作用，企业总处于
"微笑曲线"中，因而不同区域企业在"微笑曲线"中的地位将直接决定
企业在产业链中的地位和产业空间动态，例如当中国东部经济区域企业处
于"微笑曲线"配套企业环节时，将不利于中国企业空间转移，不能很
好地利用东西部人力资源与低租金成本等优势，导致对中西部经济区域带
动作用不强。此外，区域经济开放度对产业空间转移具有至关重要的影
响，若企业空间转移交易成本过高，将降低其转移意愿。已有文献表明，
基础设施发展程度不仅对企业空间转移成本构成影响，同时决定着核心企
业、配套企业和龙头企业的经营质量。如果按照服务性质将基础设施划分
为生产性基础设施和社会性基础设施，那么，基础设施、贸易投资与产业
链升级延伸的微观作用机制可如图 3-2 所示。

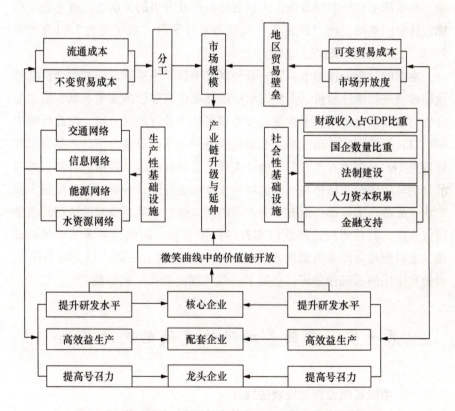

图 3-2　基础设施、贸易投资与产业链升级延伸的微观机制

第四章 基础设施、出口贸易与产业升级的现实基础

在第三章中，笔者对基础设施、出口贸易与产业升级形成了理论上的认知，在现实中这些理论认知是否得以认同，是第四章和第五章要解决的问题，从而为第六章践行这些认同做基础性研究。为了能够结合中国实际，从实证上验证基础设施、出口贸易与产业升级的关联性，首先必须准确把脉中国基础设施"跨越式"发展与对外贸易"成绩斐然"以及产业升级"稳步推进"的现实基础。

本章的分析安排如下：第一节分别对中国网络基础设施和社会性基础设施建设进行统计分析，借此揭示中国基础设施建设的现实基础。第二节分别对中国出口产品技术含量和服务贸易结构进行统计分析，据此反映中国出口贸易的现实基础。第三节通过观察网络基础设施与出口产品技术含量散点图，直观地发现它们的统计关系、强弱程度以及数据的趋向。第四节分别对中国产业结构与三大区域产业结构进行统计分析，据此反映中国产业升级的现实基础。第五节为本章的几点结论。笔者理解的应用经济学研究方法，就是将理论理性以实践理性来表现。因此，本章关于基础设施、出口贸易与产业升级的现实基础，可视为对上一章"理论建构"的检验和应用的基础性分析，也是下一章"理论验证"的铺垫。

第一节　中国基础设施建设的现实基础

一　中国基础设施建设轨迹描述

读史明鉴，沿着基础设施建设的轨迹可见，自新中国成立以后，基础设施建设大致经历了缓慢恢复时期、起步发展时期、稳步发展时期和高速发展时期四个阶段。

第一阶段为新中国成立至改革开放初期（1952—1980 年）。这一时期，新中国成立伊始，国内百业待兴，在"先生产，后生活"的方针指导下，党中央工作重点是迅速建立工业生产体系，基础设施建设严重滞后于经济建设和城市建设，作为一种公共物品，政府是基础设施投资唯一主体，不仅投资资金受限，行政管理手段也使得基础设施缺乏效率和公平，这一点可以通过基础设施投资额占全国基本建设投资额平均不足 5% 显现。

第二阶段为"六五"至"七五"计划阶段（1981—1990 年）。自党的十一届三中全会实施改革开放政策开始，各级政府渐渐意识到基础设施建设对国民经济和社会发展的重要性，意识到基础设施建设对提高国民福祉的迫切性，基本建设投资开始向基础设施倾斜。比如，固定资产总额由 1980 年的 14.4 亿元增加到 1990 年的 121.21 亿元，10 年间基础设施投资总额为 640.17 亿元，是新中国成立前 25 年的 5 倍，至此中国拉开了基础设施建设之帷幕。

第三阶段为 20 世纪 90 年代至 21 世纪初（1991—2002 年）。在此期间，中国基础设施建设步入稳步发展时期，各项基础设施都有了一定的发展。政府在逐步加大投资力度的同时，开始改革单一的财政投资方式，尝试政府、企业及个人多元化、多层次、多模式的投资方式（包括财政投资、民间资本、项目融资、证券融资、引进外资等），由此奏响了基础设施建设稳步发展的凯歌。

第四阶段为"入世"以后至今（2002 年至今）。此阶段基础设施处于高速发展时期，一方面，采取积极措施加大政府对基础产业和基础设施的投入；另一方面，鼓励外资和民营资本对基础产业和基础设施项目投资。特别是在 2008 年，中央政府再次采取积极财政政策于基础设施，基础设施产业和基础设施水平又有了大幅提高，人民生活环境和城乡面貌得到明显改善。

二　中国网络基础设施建设统计分析

根据第一章中基础设施的界定，网络基础设施包括交通网络、能源网络和信息网络。在改革开放初期，交通基础网络设施建设的不足是我国经济发展的"瓶颈"，交通基础设施建设的加速始于 20 世纪 90 年代，交通运输业投资年均增长 13.4%，形成了铁路、公路、民用航空、水运和管道集成的综合交通立体运输网络。据国家统计局数据显示，1996 年至

2011 年，我国铁路里程从 6.49 万公里增加到 9.32 万公里，居世界第三位；公路里程从 118.58 万公里增加到 410.64 万公里，居世界第二位；内河航道里程从 10.97 万公里增加到 12.42 万公里，居世界第一位。

交通网络基础设施的指标选用公路、铁路和内河航道的长度。为了使各省市区不同时期的数据可比，笔者沿用 Demurger（2001）的处理方法计算公路、铁路和内河航道的长度之和与省市区国土面积的比值，得出交通基础设施密度。在铁路里程使用的是铁路营业里程。

在工业化进程中，能源基础设施的建设对国民经济发展至关重要。1990—2009 年，我国的发电装机容量从 6212 亿千瓦时增长到 18949 亿千瓦时，年均增长 6.05%；煤炭开采能力从 107988 万吨增长到 297300 万吨，年均增长 9.59%；可供消费的能源总量从 96138 万吨标准煤增长到 311277 万吨标准煤，年均增长率为 6.38%。2011 年中国已成为世界第一能源生产与消费大国，我国经济高速增长的同时，能源生产能力大幅度提高，主要能源产品品种和产量大幅度增加，能源供应也紧跟需求显现高速增长。能源网络基础设施的迅速发展为经济增长提供了强有力的支持。

世界银行将能源基础设施定义为生产和输送能源的设备，例如输送石油的管道、输电线路等。然而这些能源生产和输送设备的统计数据收集较为困难，以往的文献大多从能源生产的角度定义能源基础设施，例如使用原煤产量、原油产量、发电量等指标予以反映。笔者认为以这些产量指标衡量地区的能源基础设施存量不妥，因为地区生产的能源不一定完全用于本地区消费，且我国资源分布地区差异巨大，例如山东、新疆等地原油禀赋，山西、内蒙古等煤炭禀赋，这些地区能源产量具有比较优势，其能源输出份额较大。相反，东部工业密集区不具有能源禀赋优势，但又是能源高消费地区。也就是说，地区企业生产率与能源消费量相关而非能源产量。鉴于此，笔者用地区的人均能源消费总量间接反映基础设施存量。

信息网络基础设施是衡量一国或地区现代化程度、综合国力和经济增长能力的重要标志。我国的信息化建设取得了举世瞩目的成就，信息产业经过数倍于国民生产总值增长速度的迅猛发展，已成为我国的支柱产业，实现了从信息化"边缘"国到"积极利用"国的转变，有力推动了工业化和城市化进程，促进了经济社会的发展。根据尼尔森发布的《2013 年移动消费者报告》显示，中国智能手机普及率达 66%，已经超越美国和英国的普及率，仅居于韩国（67%）之后。2013 年，全国网民规模达

6.18 亿，互联网普及率为 45.8%。随着互联网普及率的逐渐饱和，中国互联网的发展主题已经从"普及率提升"转换到"使用程度加深"。

　　信息化通过促进资源优化配置、加快产业升级，对我国科技、经济、文化等方面产生了重要影响，成为先进生产力的保证之一。信息网络基础设施包含的范围比较广泛，主要指能以交互方式传送语音、数据、文本、图像、视像和多媒体信息的高速通信网及相关设施，包括邮电通信网络、广播电视网络和计算机网络。一些学者往往使用人均电话线长度或者互联网普及率来衡量信息基础设施存量。Roller 等（2001）使用电话服务价格来衡量信息基础设施存量。考虑到人均电话线长度、互联网普及率只是信息基础设施的一个方面，笔者使用人均邮电业务总量这样一个综合指标反映各地区的信息基础设施存量。

　　2002—2008 年全国及各省市区的网络基础设施均值如表 4-1 所示。其中的铁路营业里程、内河航道里程、人均邮电业务量、各省人口数数据来源于国家统计局数据库，公路里程来源于《中国统计年鉴》，人均能源消费量数据来源于《中国能源统计年鉴》，其中西藏的数据缺失。

表 4-1　　　　2002—2008 年中国及东中西部基础设施存量平均值

三大区域	省市区	交通网络基础设施（公里/万平方公里）	能源网络基础设施（吨标准煤/人）	信息网络基础设施（元/人）
东部地区	北京	2743.88	3.52	3024.25
	天津	3357.04	3.85	1851.61
	河北	1192.95	2.81	831.35
	辽宁	1459.22	3.26	1159.86
	上海	8739.28	4.63	2872.32
	江苏	4730.82	2.13	1127.44
	浙江	2263.89	2.44	1833.39
	福建	1036.95	1.65	1536.01
	山东	2289.05	2.65	869.70
	广东	2327.32	1.88	2453.22
	广西	701.93	1.02	697.17
	海南	818.01	1.01	1026.06

续表

三大区域	省市区	交通网络基础设施 （公里/万平方公里）	能源网络基础设施 （吨标准煤/人）	信息网络基础设施 （元/人）
中部地区	山西	1111.12	3.09	879.23
	内蒙古	167.75	4.46	972.90
	吉林	762.56	2.22	1024.00
	黑龙江	433.30	1.93	955.76
	安徽	1359.93	1.07	503.94
	江西	1105.09	0.98	640.38
	河南	1731.62	1.51	645.07
	湖北	1489.89	1.69	692.63
	湖南	1024.82	1.34	658.78
西部地区	重庆	1330.29	1.30	822.53
	四川	549.12	1.36	617.83
	贵州	479.64	1.69	515.70
	云南	264.78	1.32	677.57
	西藏	10.61	—	713.45
	陕西	557.98	1.45	942.21
	甘肃	199.03	1.65	582.87
	青海	81.59	2.99	723.33
	宁夏	583.32	3.89	884.13
	新疆	69.14	2.66	1012.43
全国平均		746.42	1.99	1025.75

注：笔者根据历年《中国统计年鉴》和《中国能源统计年鉴》计算而得。

我国三大网络基础设施地区差异性显著。2002—2008 年，交通网络基础设施密度均值最高是上海，高达 8739 公里/万平方公里，最低的西藏仅为 10.61 公里/万平方公里，西部地区除重庆以外各省市区均低于全国平均水平，这种巨大差异与其经济发展水平密不可分。能源网络基础设施的人均能源消耗量均值最高的仍是上海，为 4.63 吨标准煤/人，是均值最低省份江西（0.98 吨标准煤/人）的 4.72 倍，各省市区能源消耗量与全国平均水平差别不大，某些经济欠发达的省市区，例如内蒙古 4.46 吨标准煤/人、宁夏 3.89 吨标准煤/人、青海 2.99 吨标准煤/人、新疆 2.66 吨标准煤/人等都高于全国平均水平（1.99 吨标准煤/人），甚至高于江苏 2.13 吨标准煤/人、广东 1.88 吨标准煤/人、浙江 2.44 吨标准煤/人等经济发达省份。这些地区地域辽阔，自然资源丰富，但是其生产技术相对落后，资源投入量高的粗放式经济发展方式必然导致高能耗。信息网络基础设施的人均邮电业务总量最高的北京为 3024.25 元/人，最低的安徽为 503.94 元/人。各省市区人均邮电业务总量差距不是很大，基本与其经济发展水平相对应。

为了细分考察网络基础设施的地区分布状况，笔者将全国分为东、中、西部三个区域，① 图 4-1 是交通网络基础设施密度在东、中、西部的对比分布。

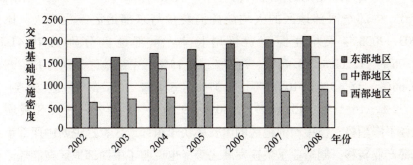

图 4-1　2002—2008 年东、中、西部地区交通网络基础设施密度

由图 4-1 可知，我国东、中、西部交通网络基础设施密度均呈上升态势，且与地区经济发展水平相关联，但地区异质性突出。其中经济发达的东部地区交通网络基础设施密度最高；中部地区凭借相对发达的河道水运优势，交通网络基础设施密度次之；经济欠发达的西部地区幅员辽阔、人口稀少，交通网络基础设施密度仅为东部地区的 1/3。

———————

①　按照国家统计局 2003 年发布的标准将中国东、中、西部省市划分为：东部地区：北京、天津、河北、辽宁、上海、江苏、浙江、福建、山东、广东、广西壮族自治区和海南 12 个省区市；中部地区：山西、吉林、黑龙江、内蒙古自治区、安徽、江西、河南、湖北、湖南 9 个省区市；西部地区：重庆、四川、贵州、云南、西藏、陕西、甘肃、青海、宁夏回族自治区、新疆维吾尔自治区 10 个省区市。

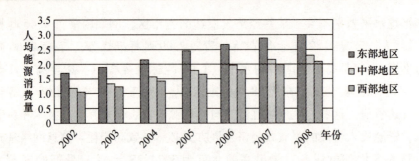

图 4 - 2　2002—2008 年东、中、西部地区人均能源消费量

人均能源消费量的多少主要受产出水平、资源储量、能源消耗系数影响。图 4 - 2 显示，2002—2008 年间，我国东、中、西部人均能源消费量逐年增加，但增速呈放缓趋势。经济发达的东部地区人均能源消费量居首位，这主要是工业化的推进所建立的中国东南沿海的"地理级"生产线所致。中部与西部地区的人均能源消费量与东部地区差距不大。比照 2003—2008 年人均能源消费量增长率，东部地区分别为 10.41%、12.06%、12.00%、8.46%、7.57%、4.15%，中部地区分别为 12.79%、16.66%、15.13%、10.10%、9.57%、6.10%，西部地区分别为 15.72%、16.11%、15.34%、9.80%、9.61%、5.54%，三大区域均呈大幅下降趋势，但中西部地区的增长率快于东部地区，这说明中西部承接东部产业转移，制造业呈快速发展之势，也说明了中西部地区高能耗产业占比大，产业升级问题突出。可以预见的是，自"十一五"节能减排目标确立开始，我国新能源的开发和利用，三大区域人均能源消费量增速放缓趋势存续。

反映信息网络基础设施建设的我国邮电业务总量呈现高速增长态势，各地区 2008 年的邮电业务总量是 2002 年的 4 倍左右（如图 4 - 3 所示）。东部地区凭借其率先发展优势，邮电业务总量高速增长，区域内信息网络覆盖面广。中西部地区的邮电业务总量基本相近，但与发达的东部地区相比相去甚远，人均邮电业务总量大约只有东部地区的一半。

三　中国社会性基础设施建设描述性分析

社会性基础设施涵盖面广，涉及的内容复杂，且难以定量，笔者以教育、科研、医疗和环保基础设施来衡量社会性基础设施建设状况。教育是一种准公共物品，具有正外部性，它会使整个社会因受教育者文化程度的

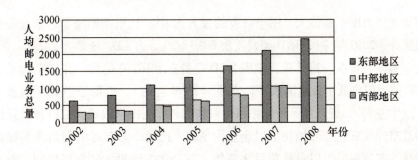

图 4 - 3　2002—2008 年东、中、西部地区人均邮电业务总量

提高而受益。在分析过程中，以高等教育在学率指标来衡量教育基础设施建设状况，即高等教育在学人数与适龄人口之比。[①] 据有关部门统计，1978 年中国的高等教育毛入学率只有 1.55%，1988 年为 3.7%，1998 年为 9.76%，2002 年为 15%，2013 年达到 34.5%。教育事业为经济社会发展提供了有力的人才保障和智力支持。但从教育支出占 GDP 的比重来看，2012 年中国政府财政性教育经费占 GDP 比重为 4.28%，仅达到了世界衡量教育水平的基础线，不仅低于发达国家（9% 左右）的水平，也低于世界平均水平（7% 左右）。供需差距过大，财政投入不足，难以调动社会力量，基础教育缺位，高等教育越位，如此种种拉开了与世界水平的差距。

科研基础设施的（准）公共物品属性，同样具有较强的外部性，各国政府都加强了对科研基础设施的有效干预。研究与试验发展（Research and Development，R&D）是评价一个经济体科技实力及核心竞争力的重要标尺，笔者以 R&D 经费支出占 GDP 比重指标[②]来衡量科研基础设施。改革开放以来，随着中国创造经济增长"奇迹"，中国人在迈向创新型国家的征程上取得了世界瞩目的自主创新成就，蛟龙探海镌刻"中国深度"，神舟相接彰显"中国精度"，"和谐号"风驰提升"中国速度"……国家对科技

---

①　适龄人口是指 18—22 岁年龄段的人口数。国际上通常认为，高等教育毛入学率在 15% 以下时属于精英教育阶段，15%—50% 为高等教育大众化阶段，50% 以上为高等教育普及化阶段。

②　研究与试验发展（R&D）经费支出占地区生产总值比值是目前国际通用的衡量科技活动规模、科技投入水平和科技创新能力高低的重要指标，它在很大程度上反映了一个区域的经济增长潜力和科学发展的能力，也是反映一个经济体自主创新能力和创新型国家建设进程的重要内容。

创新支持力度不断加大,用于研发的投入占 GDP 比重不断增加。据有关部门统计,2010 年中国 R&D 经费支出 6980 亿元,占 GDP 比重为 1.75%,仅次于美国和日本。2012 年,中国 R&D 经费支出 10240 亿元,占 GDP 比重为 1.97%,但仍低于发达国家平均水平(2.3% 左右),也低于世界平均水平(2.1% 左右)。近几年,我国把强化科技创新作为国家战略,把科技投资作为战略性投资,全面加快了以企业为主体、产学研为支撑的创新体系建设步伐,有效促进了以科技项目为载体、社会化多元投入的创新机制,我国 R&D 经费支出连年增加,但总体占比仍然偏低,且在三大区域极差显著。根据《国家中长期科学和技术发展规划纲要(2006—2020)》,提出大幅度增加科技投资,保证科技增长的幅度明显高于财政经常性收入的增长幅度。使科技投入水平同进入创新型国家行业的要求相适应,预计 2020 年 R&D 经费支出占 GDP 比重达 2.5% 以上。

医疗基础设施更多地体现着公共医疗服务的公共性,运用这一特性彰显和呼唤着国家责任,其繁荣发展对保障和改善民生、促进社会和谐起着重要作用。医疗基础设施要达到一定的规模才能与其他方面的基础设施形成更大的互动系统。我们以医疗总支出占 GDP 比重指标[①]来衡量医疗基础设施建设状况。1995—2011 年,中国的医疗总支出占 GDP 比重的平均值为 4.55%,在"金砖五国"中属于较低水平(南非 8.42%、巴西 7.65%、俄罗斯 5.78%、印度 4.12%),与发达国家相比差距更甚(美国 15.22%、法国 10.79%、德国 10.68%、加拿大 9.76%)。2012 年中国的医疗总支出占 GDP 比重是 5.1%,低于 2012 年低收入国家 6.2% 的平均水平,与高收入国家 8.1% 的平均水平差距更大。在国内,医疗基础设施建设东、中、西部地区差异极为突出。

进入 21 世纪,全球环保产业开始进入快速发展阶段,逐渐成为支撑产业经济效益增长的重要力量,并正在成为许多国家革新和调整产业结构的重要目标和关键。伴随着中国经济增长"奇迹"以及城市化和工业化进程的加快,环境污染日益严重,国家对环境保护(environmental protec-

---

① 医疗卫生总支出为公共医疗卫生支出与私营医疗卫生支出之和,涵盖医疗卫生服务(预防和治疗)、计划生育、营养项目、紧急医疗救助,但是不包括饮用水和卫生设施提供。

tion)① 的重视程度也越来越高。2005 年，中国用于环境保护的资金为 8388 亿元，占 GDP 的比重为 1.3%，同期，高收入的美国、英国和德国等国家的环保投资占 GDP 的比重都高于 2%。2010 年我国这一比重上升到 1.95%，也只是刚刚达到控制污染所需投入的低限（王毅，2013），与西方国家污染治理高峰期以及中国污染治理的实际需要相比，环保投入还相去甚远。世界银行的研究表明，环保投资占 GDP 比重达到3.1%，减少污染代价的经济收益率将高达114%，其中治理水污染的收益率为236%，治理空气污染的收益率为117%。据统计，OECD 国家环保产业的人均产值为全国就业人员人均产值的 2 倍左右。因而，有专家指出，要实现我国的环境保护目标，在维持高速经济增长的情况下，关键是要确保环保投入到位，若控制环境污染，改善环境质量，环保投入占 GDP 比重应提高到 2%—3%。鉴于环保基础设施包含的内容比较宽泛，指标的量化难度大，我们以陆地与海洋保护区面积占总领地面积比例来反映。

第二节　中国出口贸易的现实基础

一　出口产品技术含量和结构高度的统计描述

（一）测度方法的讨论

1. 出口产品技术含量测度方法的讨论

在浩如烟海的经济学文献中，经济学家们关于出口产品技术含量测度方法的设计，通常是同国际贸易产品技术分类和产品技术附加值相联系的。采用国际贸易产品技术分类来测度出口产品技术含量的逻辑思维是根据国际贸易标准分类（Standard International Trade Classification，SITC），

---

① 1972 年联合国人类环境会议以后，"环境保护"这一术语被广泛地采用。它指利用环境科学的理论和方法，协调人类与环境的关系，解决各种问题，保护和改善环境的一切人类活动的总称。根据《中华人民共和国环境保护法》的规定，环境保护的内容包括保护自然环境与防治污染和其他公害两个方面。也就是说，要运用现代环境科学的理论和方法，在更好地利用资源的同时深入认识、掌握污染和破坏环境的根源和危害，有计划地保护环境，恢复生态，预防环境质量的恶化，控制环境污染，促进人类与环境的协调发展。

或海关 HS 编码，① 或参考相关机构公布的产品目录，计算出高技术含量产品的出口额占出口总额的比重。例如，在 SITC 一位码下，第 7 类机械及运输设备和第 8 类杂项制品等大类产品通常被认定具有较高的技术含量；在海关 HS 编码下，通常认定第十六、十七、十八类产品的技术含量比较高；经济合作与发展组织（OECD）根据生产产品所需的要素密集度来衡量，具体标准是核算产业研发投入的密集程度（共分为高技术产业、中高技术产业、中低技术产业和低技术产业四大类），某一经济体出口产品技术含量即为上述四类产业出口额的加总。不论是 SITC 或 HS 编码，还是 OECD 标准，这种传统的测度方法因过于笼统简单而被学界所诟病。在以产业间贸易（Inter - industry Trade）② 为主的国际贸易条件下，大致框定各产业的技术密集程度的分析方法抑或有效。然而，在经济全球化和区域经济一体化下，垂直专业化分工③使全球中间品贸易在国际贸易中的比重大大上升（Audet，1996；Campa 和 Goldberg，1997；Hummels 等，2001），跨越多个国家的垂直贸易链不断延长，产业内贸易（Intra - Industry Trade）、产品内贸易（intra - product Trade）和公司内贸易（intra - firm trade）成为当代经济全球化过程中主流贸易模式。由于这种分工模式和贸易模式使得一些国家和地区的出口可能集中在商品生产的低技术含量或低价值环节，此方法就可能会严重高估（或低估）某一经济体出口产品技术含量。例如，笔者按 OECD 的统计口径测算了中国、德国、日本和美国 2006 年高技术产业中的出口产品占总出口的比重，结果是中国 35. 27%，德国、日本和美国分别为 19. 83%、24. 95% 和 34. 11%，这样的结果显然与现实不符，它要么高估了中国出口产品技术含量，要么低估了德国、日本和美国的出口产品技术含量。国际垂直专业化分工使得发展

---

① 海关编码即 HS 编码，其全称为《商品名称及编码协调制度的国际公约》（International Convention for Harmonized Commodity Description and Coding System）简称协调制度（Harmonized System, HS）。HS 编码"协调"涵盖了《海关合作理事会税则商品分类目录》（CCCN）和联合国的《国际贸易标准分类》（SITC）两大分类编码体系，是系统的、多用途的国际贸易商品分类体系。从 1992 年 1 月 1 日起，我国进出口税则采用世界海关组织《商品名称及编码协调制度》（HS）。

② 传统的国际分工和国际贸易理论认为，源于自然禀赋或技术差异的比较优势是产业间贸易之动因。产业间贸易中的各个产业不存在规模经济，消费者在产品同质的条件下不存在偏好差异。

③ 垂直专业化分工是指各国中间产品的贸易不断增长，多个国家参与的垂直贸易链不断延长，每个国家只在商品生产的某个或某些环节进行专业化生产与出口的分工与贸易现象。

中国家承担了劳动密集型低技术含量环节的生产，在高技术产业的加工贸易活动中，进口的中间产品如一些核心零部件往往具有很高的技术含量，进口到发展中国家国内，只是完成一些简单的加工组装活动，继而再将最终产品出口。在传统的国际贸易产品分类中，这种生产环节间产品的技术差异就无法体现。所以在考虑垂直专业化分工的影响下，要想有效测度某一经济体的出口产品技术含量，还要深入到产品水平上或者在更加详细的产品分类水平上。

采用产品技术附加值来测度出口产品技术含量的核心思想是用各种产品出口额与其技术含量的加权平均表示，这种方法的关键点是求出各种产品的技术含量。近些年来，学者们研究设计了各种度量出口产品技术含量的指标，提出了一种基于国际贸易数据和各国（或地区）收入数据的分析方法。如 Lall 等（2005）提出了"复杂性指数"的概念来测度不同产品的技术含量，认为收入越高的国家，出口的产品越复杂，即产品的技术含量越高，将产品的技术含量定义为出口这种产品的所有国家人均收入的加权平均，权重为各国该产品的出口占世界总出口额的比重。但是，以"复杂性指数"来测算一国或地区出口产品技术含量存在这样一个问题：大国各种产品的出口均占世界总出口较大的比重，这种权重计算方法就有可能会高估大国的作用，而忽略了小国具有比较优势的出口产品，即这种方法会受到国家规模的影响。

有鉴于此，Hausmann 和 Rodrik（2003，2007）修正了 Lall 等（2005）的复杂性指数，将一种商品在一国总出口中的比例相对于世界总水平的份额作为权重，如此这般一定程度上避免了国家规模的影响。目前文献中使用最多的就是 Hausmann 等的这种测度方法，但这种方法也存在着"硬伤"。如果一个出口规模小的国家仅出口某一类产品，且这类产品占据其出口份额较大比例，由于出口规模小，此产品在世界该类产品出口份额中比例很小。如果一个出口规模大的国家出口的此类产品占世界该类产品出口的份额较大，此类产品占出口国总出口份额并不多（由于国家出口规模大、种类多），如果按比较优势权重赋值，在这种情形下，该类产品的技术复杂度主要受出口规模小的国家人均 GDP 影响。如果小国的人均 GDP 远低于大国人均 GDP，那么这种赋值方法就会使该类产品的技术复杂度指数降低。此外，Xu（2007）指出，如果将 Hausmann 等的方法"中国化"会存在两个问题，一个问题是中国的出口分布地区异质性巨大，中国90%的出口来自于人均 GDP 排名前九位的省份，如果用中国的人均 GDP 和其他国家比较是有缺陷的；另一个问题在于价格是反映产品质量水平的重要指标，因此应该用产品的质量对该指数进行调整。然而，出口分布不均在所有的国家都存在（姚洋、张晔，2008），仅仅调整中国可能低估中国在世界出口的相对地位，而价格更多的是反映成本而不是质量。杜修立、王维国（2007）认为，Hausmann 和 Rodrik（2003，2007）的方法虽然可以较好地反映一国在世界出口中的地位，却没有考虑到生产分布与出口分布的不同，且它没有时间上的可比性。[①]

鉴于此，笔者借鉴杜修立、王维国（2007）的方法，根据一国或地区的对外贸易倾向对产品的技术含量进行修正，它的计算分为两个步骤：第一步是确定每一类出口产品的技术含量，第二步是根据各国在不同技术含量产品上的出口份额，计算各国出口产品的整体技术含量。具体计算公式如下：

$$TC_i = \sum_{j=1}^{n} ps_{ij} \times Y_j \tag{4-1}$$

其中，TC_i 为产品 i 的技术含量指标；Y_j 为国家（或地区）j 的人均收入；ps_{ij} 是不同于 Hausmann 方法的权数，在 Hausmann 的方法中，权数是各个国家的出口份额，在此，权数是各个国家生产产品的世界份额。由于各国产品的对外贸易倾向不同，这种方法有效避免了生产与出口不一致的情形。在实际计算中，由于生产数据不易获得，可采用近似计算，即用出口贸易依存度进行调整：

$$ps'_{ij} = es_{ij}/td_j \tag{4-2}$$

表示国家 j 的贸易依存度，为国家 j 在 i 产品上的出口份额。由于近似计算，该指标的总和不为 1，需要进行标准化处理，最终得到产品技术含量的权重，即：

$$\omega_{ij} = \frac{ps'_{ij}}{\sum_{j=1}^{n} ps'_{ij}} \tag{4-3}$$

---

① Lall 等（2005）的"技术复杂度"指标以一国某种产品出口的世界份额为权重，杜修立、王维国（2007）的技术含量指标以一国某种产品生产的世界份额为权重。由于各国存在国内市场规模和出口倾向的差异，会形成出口分布与生产分布不一致。如国内市场大的国家，其产品有较大比例在国内市场销售，反之，其产品就会有较大比例出口至海外市场。国内市场规模小的国家的产量可以在贸易份额中得以体现，而国内市场大的国家的生产份额不能完全体现在贸易中。

则产品技术含量的实际计算公式为：

$$TC_i = \sum_{j=1}^{n} \omega_{ij} \times Y_j \tag{4-4}$$

一国家（或地区）出口产品技术含量可以定义为该国家（或地区）所有出口产品技术含量的加权和，其中权数为各类产品的出口份额，记为 TET，单位为美元。

$$TET_j = \sum_{i=1}^{m} TC_i \times es_{ij} \tag{4-5}$$

出口产品技术含量可以用来横向比较不同的经济体在同一样本期内出口产品技术含量的高低，也可以纵向分析同一经济体在不同的样本期内出口产品技术含量的变动趋势，更具时间和空间上的可比性。

2. 出口产品技术结构高度测度方法的讨论

在现实中，出口产品技术结构是一个动态相对数，某种产品在某一时期可能属于相对高技术含量的产品，随着世界范围的技术进步，有些贸易产品的技术含量得以提高，有些贸易产品的技术含量可能维持不变或者提升幅度较小，也就是说，贸易产品的技术含量存在高低可变，这种贸易产品技术含量是高是低，或取决于产品本身，或取决于同时期其他贸易国家之贸易产品的技术含量。无论是从国际贸易理论还是区域经济学的角度，一个国家或地区相对于其他国家或地区出口产品技术结构的变动（即技术结构高度）值得我们关注。技术结构的优化一般表现为由初级产品或劳动密集型产品的低级技术结构向技术密集型的高科技产业提升。由于考虑了产品内的质量差异，产品内的技术提升不一定伴随着产品间技术结构的优化。技术结构高度的优化就体现在整体技术优化中相对技术高度的变化。借鉴 Lall 等（2005）和 Hausmann 等（2006）对产品 k 的技术含量指数进行标准化处理后得到 RTL_l：

$$RTL_l = (PRODY_k - PRODY_{min}) / (PRODY_{max} - PRODY_{min}) \tag{4-6}$$

其中，RTL_l 是出口产品技术结构，$PRODY_k$ 是出口产品 k 的技术含量，$PRODY_{max}$ 与 $PRODY_{min}$ 是同时期出口产品技术含量最高与最低的两类产品的技术含量指数。再以各种产品占本地区出口比例为权重计算得到各地区的技术结构高度：

$$ERTL_j = \sum_l \left(\frac{x_{ji}}{X_j}\right) RTL_l \tag{4-7}$$

关志雄（2002）以世界市场中各出口国占该产品的份额作为权数，

乘以出口国人均 GDP 得到的值为出口产品技术含量（附加值）来计算一国出口产品技术结构高度及其偏差值，后经樊纲、关志雄、姚枝仲（2006）进一步完善了这种方法。杜修立（2007）将 k 产品的技术复杂度 $PRODY_k$ 修改为 k 产品的技术含量 TC_k，再将其定义为出口产品技术结构高度指数。该指数可以反映产品 k 在总的出口产品中所处的位置，数值越大说明该产品在总出口产品中的技术含量越高。同样也可以根据每种产品的出口份额求出某经济体出口篮子技术结构高度。

出口产品技术结构高度可以衡量某经济体相对于其他经济体的技术水平和升级状况。在时间动态中，某一经济体出口产品技术含量提升或下降，其出口产品技术结构高度并非同步变动，那么，简单地以出口产品技术含量为标尺或许可以反映某经济体纵向上的技术升级，但不能准确有效反映其横向上的技术升级。

3. 出口产品质量测度方法的讨论

产品质量提升是微观企业的决策行为，但新古典国际贸易理论将企业视为一个"暗箱"（殷德生，2011），一般均衡框架仅涉及产业规模，未能考察企业规模。新国际贸易理论虽解决了企业的规模经济问题，但未能考虑企业的异质性。新—新国际贸易理论强调除生产率差异外，产品质量差异也是最为核心的要素。出口产品技术含量和技术结构高度没有考虑到同种产品的质量差异。Schott（2004）证实了出口产品的单位价值（产品质量）随着出口企业单位资本收入、实物资本与人力资本的相对禀赋而上升，并指出即使在 HS - 10 位码分类下同类别的产品也有不同的价格。出口产品技术含量测算的是某经济体某类出口产品中不同技术含量的平均，即使按照海关 HS 编码或 SITC 细分的同种产品，也会因为由不同技术水平的厂家生产导致产品质量的差异，这种由企业异质性引致的同种产品的差异性我们称为产品内差异，同一个指数来反映同类出口产品技术含量忽略了产品内差异，况且对不同出口产品用人均 GDP 为权重不能体现出每种出口产品的劳动报酬，如此这般会低估高技术复杂度部门的劳动报酬，因为这些部门的劳动报酬一般高于经济体的人均 GDP 水平，这就导致对高技术复杂度部门出口产品的赋值偏低。低技术复杂度部门出口产品的情况正好相反。这种差别对于某一经济体而言，有可能低估高收入国家出口篮子的技术含量，高估低收入国家出口篮子的技术含量。Bin（2007）认为价格是反映出口产品技术水平的一个重要指标，应使用产品的单位价格对技术水平加以调整到产品的质量水平，将其记为 q_{jk}：

$$q_{jk} = p_{jk} / \sum_n \alpha_{jn} p_{jn} \qquad\qquad (4-8)$$

其中，q_{jk} 为 j 国出口 k 产品的单位价格，α_{jn} 为 n 国出口的 j 商品在世界 j 商品总出口中的比重，可以反映 n 国在产品 j 的出口市场的相对地位。我们假设出口产品的质量越高就有越高的单位价格，那么，q_{jk} 就可以测度 j 国 k 产品的质量水平。其次，将其加入 Lall 等（2005）技术复杂度指标中进行调整，即：

$$qprody_{jk} = (q_{jk})^\beta prody_{jk} \qquad\qquad (4-9)$$

借鉴 Xu（2007），取 $\beta = 0.2$ 使用这个指标，就可以将低技术水平中的高质量产品与高技术水平中的低质量产品区别开来。那么，一国或地区出口产品篮子技术含量为：

$$EXTECH_j = \sum_l \left(\frac{x_{ji}}{X_j}\right) QPRODY_l \qquad\qquad (4-10)$$

$EXTECH_j$ 表示 j 国出口产品篮子的质量（技术含量），是对出口的 l 种产品质量（技术含量）的加权平均，权重为各种出口产品占 j 国总出口额的比重。

式（4-10）和式（4-7）相结合可以综合考察一国或地区出口产品技术结构高度。若数值随时间变动而逐步变大，说明一国或地区出口产品逐步向高技术含量的产品偏移，反之则说明一国或地区出口的产品中低技术含量之产品较多。

（二）测度结果分析

1. 中国出口产品技术含量的国际比较

我们计算各国（或地区）出口产品技术含量的样本是 56 个国家或地区，选取依据是世界银行 2006 年人均 GNI 分组标准。[①] 样本数据为 1996—2009 年按 SITC Rev2 的 3 位码分类，在此分类下，共有 239 种产品。由于一些国家或地区个别产品的数据缺失严重，所以计算过程中删

---

① 按照 2006 年世界银行的划分标准，2006 年中国人均国民总收入位居世界第 129 位，列属下中等收入国家；2010 年，中国人均国民总收入约 4400 美元，上升到第 121 位，跻身于上中等收入国家行列。2014 年世界银行的最新划分标准，人均 GNI 在 3976—12275 美元为中等偏上收入国家。2013 年中国人均国民总收入约 7476 美元，上升到第 94 位，仍跻身于上中等收入国家行列。

除了样本数据缺失严重的一些国家和产品,共计算了 32 个国家 178 种产品。根据各国在国际贸易格局中的比重情况,高收入国家中选取了美国、英国、日本、韩国、荷兰、澳大利亚、加拿大、爱沙尼亚、法国、德国、意大利、新加坡、斯洛文尼亚;上中等收入国家中选取了立陶宛、马来西亚、墨西哥、波兰、罗马尼亚、巴西、保加利亚、智利、克罗地亚、俄罗斯、南非;下中等收入国家中选取了菲律宾、中国、哥伦比亚、印度尼西亚、泰国、乌克兰。印度虽为低收入国家,考虑到其为金砖五国之一,观测样本中选取了印度。虽然 32 个国家的数据无法代替世界水平,鉴于笔者意在比较中国出口产品技术含量与高收入水平国家、上中等收入水平国家、下中等收入水平国家、新兴经济体的金砖国家以及主要贸易伙伴东盟五国的差异性,这样的典型样本范围具有一定的现实意义。数据来源于联合国贸易发展委员会的国际贸易分类统计数据库。

首先分析各国出口产品技术含量的静态比较结果。如前文所述,按照传统的计算方法,SITC 分类下的第七类(机械及运输设备)和第八类(杂项制品)一般被认为具有较高的技术含量。本书对 32 个样本国家 1996—2009 年各类出口产品技术含量的计算结果与上述假定一致。例如 2009 年出口产品技术含量最高的前十位产品类别中,第七类与第八类产品共占据 6 个,分别是"774 类"(医用电气诊断装置和辐射线设备)、"882 类"(照相及电影用品)、"714 类"(非电动发动机及发动机的未列名零件)、"872 类"(医疗、外科、牙科或兽医用仪器及器具)、"726 类"(印刷、书本装订机器及其零件)和"728 类"(特种工业专用机器设备及其未列名零件)。测度结果还显示第七类和第八类中的各子类产品技术含量高低悬殊,第七类中最高的"774 类"产品的技术含量高达 34876 美元,最低的"762 类"(无线电收音机、录制和重放装置、时钟)产品的技术含量仅为 11181.33 美元;第八类中最高的"882 类"产品的技术含量高达 30300 美元,最低的"844 类"(服装及衣着附件)产品技术含量仅为 8315 美元。对于其他年份的分析(略),同理得到类似的结果。

采用传统方法计算产品技术含量时,被认为高技术产品的大类中,确实含有许多低技术含量的子类产品。在垂直化专业分工日益加深的情况下,采用传统粗略的分类难以捕捉产品的真实技术含量,若以此为依据来

表 4 - 2　　　　　　　　各国出口品技术含量的对比情况　　　　　　单位：美元

国家	1996 年	2009 年	变化	国家	1996 年	2009 年	变化
英国	13690. 97	22280. 89	8589. 92	阿根廷	10367. 62	18177. 38	7809. 76
德国	14004. 85	21674. 39	7669. 54	克罗地亚	9510. 84	18156. 37	8645. 53
法国	13011. 68	21420. 39	8408. 71	立陶宛	9933. 09	18154. 57	8220. 67
日本	14593. 22	21251. 38	6658. 16	泰国	10718. 37	17961. 19	7242. 82
美国	13839. 99	21135. 41	7295. 42	罗马尼亚	8384. 35	17847. 2	9462. 85
斯洛文尼亚	11520. 36	20884. 36	9364. 00	印度	8541. 37	17613. 44	9072. 07
澳大利亚	11348. 02	20849. 93	9501. 91	中国	9470. 83	17587. 51	8116. 68
加拿大	12925. 29	20602. 46	7677. 17	巴西	10054. 86	17171. 12	7116. 26
意大利	12253. 76	20098. 02	7844. 44	马来西亚	11351. 05	17168. 65	5817. 60
荷兰	12569. 66	19967. 48	7397. 82	保加利亚	9826. 55	17039. 41	7212. 86
新加坡	13430. 10	19855. 29	6425. 19	俄罗斯	9549. 75	16966. 22	7416. 47
韩国	12089. 10	19109. 97	7020. 87	菲律宾	10877. 97	16775. 69	5897. 72
墨西哥	12465. 74	18958. 76	6493. 02	哥伦比亚	7628. 12	16452. 10	8823. 98
波兰	9875. 66	18834. 16	8958. 50	乌克兰	9343. 12	16197. 52	6854. 40
南非	9912. 742	18736. 02	8823. 46	智利	8156. 22	15524. 61	7368. 39
爱沙尼亚	9897. 44	18422. 97	8525. 53	印度尼西亚	8077. 19	15206. 50	7129. 31

注：南非 2000 年前的数据缺失，表中以可得到的最近年份 2000 年的数据代替 1996 年。

计算一国或地区出口产品技术含量，容易得出不够精确甚至是误导性的结论。因此，基于产品内贸易分类的计算方法来测度各国出口产品技术含量。表 4 - 2 列示了 1996 年和 2009 年各国出口产品技术含量的对比情况。①

由表 4 - 2 中数据可得，32 个样本国家在 1996—2009 年期间出口产品技术含量均有不同程度的提升。中国通过积极参与国际分工，吸引外资，引进先进技术与工艺等途径提高了出口产品的技术含量，但从位次来看并无明显变化，1996 年在 32 个样本中仅居第 25 位，2009 年居第 23 位，这与中国的收入水平基本吻合。此外，依据测度结果显示，中国出口产品技术含量最高的前十位产品类别中多为中低技术产品，例如"821 类"（家具及其零件）、"894 类"（婴孩车、玩具、游戏品及运动用品）、

① 由于一些国家或地区个别产品的数据缺失严重，共计算了 178 种产品。

"845"（未列名纺织服装）分列第三、五、六位，东盟五国也基本如此；而中国在高技术产品中的"774 类"、"882 类"等出口产品技术含量则未进入前二十位。我们通过对实际测算结果的比较发现，中国在高技术领域出口产品技术含量远低于高收入国家，在中低技术领域与金砖国家和东盟五国不相上下。

其次分析中国与跨国组群出口产品技术含量均值的比较结果。由于出口产品技术含量指标的特性，仅仅根据数值大小难以准确判断中国与其他国家间的差异，因此有必要采用均值进行统计分析，1996—2009 年中国出口产品技术含量均值（12757.77 美元）低于观测样本平均水平（13313.70 美元），这并不能说明中国出口产品技术含量低于世界平均水平，因为在观测样本中高收入国家和上中等收入国家占比 78%（上文已经说明这样的样本筛选缘由，此处不再赘述）。但可以看出中国出口产品技术含量均值不仅低于高收入国家（15596.26 美元），而且低于东盟五国（13248.71 美元）。此外，中国出口产品技术含量均值与金砖国家（12803.55 美元）、上中等收入国家（12779.68 美元）差距不大，略高于同等收入水平的下中等收入国家（12116.54 美元）。

再次分析中国与跨国组群出口产品技术含量的动态比较结果。基于上文分析，我们可知中国出口产品技术含量与其他国家存在着一定的差异，为进一步明确中国出口产品技术含量与不同收入水平国家的差异，我们选取了英国、德国、法国、日本、美国五个高收入国家，墨西哥、阿根廷、克罗地亚、立陶宛、罗马尼亚五个上中等收入国家，新兴市场的金砖五国和东盟五国，并分组绘制中国与不同组群国家 1996—2009 年出口产品技术含量动态比较趋势图（如图 4-4、图 4-5、图 4-6、图 4-7 所示）。

第一，中国出口产品技术含量与高收入国家差距较大。中国出口产品技术含量与高收入国家差距较大。通过图 4-4 可以看出，图形明显被分为了上下两个部分，高收入国家的水平值居于图形的上部，代表着较高的出口产品技术含量，而中国的水平值居于图形的下部，与高收入国家有着很大的差距。整体趋势可以划分为三个阶段：一是 1996—2002 年，各国出口产品技术含量的变化不大，虽然略有波动，但总体保持稳定；二是2003—2008 年，世界经济形势向好，各国的贸易均得到了显著发展，从而带动出口产品技术含量的逐步提高；三是 2008 年末到 2009 年的"拐点"，2008 年末席卷全球的金融危机使得各个国家的出口贸易都受到了一定的影响，各国出口产品技术含量出现了明显的"拐点"。从中国出口产品技术含量的整体变化趋势来看，保持着与发达国家基本同步变动的趋势，整体水平在逐渐上升，但是与发达国家的差距并未缩小。

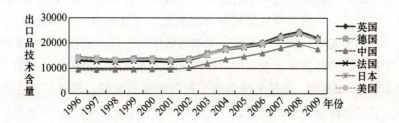

图 4－4　1996—2009 年中国与高收入国家出口品技术含量动态趋势比较

第二，中国出口产品技术含量与墨西哥等中高等收入国家差距明显。中国出口产品技术含量与中高等收入水平国家相比差距明显，如图 4－5 所示。总的来看，中国出口产品技术含量与这五个国家发展趋势雷同且呈收敛趋势。整体趋势也可以分为三个阶段：一是 1996—2002 年，中国出口产品技术含量始终位居上中等国家的中间位置，而此间中国列属低收入国家，其出口产品技术含量与上中等国家不相上下；二是 2003—2007 年，中国出口产品技术含量有所提高，特别是 2006 年以后，中国列属上中等收入国家，其出口产品技术含量仅次于墨西哥；三是 2008—2009 年，中国出口产品技术含量下降趋势明显，位居样本观测的同等收入水平国家末位。这说明作为外贸大国，中国出口贸易在国际金融危机及欧美债务危机冲击下备受重创，出口产品技术含量下降明显。

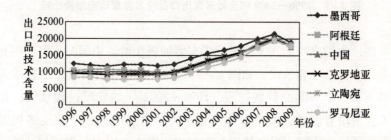

图 4－5　1996—2009 年中国与上中等收入国家出口品技术含量动态趋势比较

第三，中国出口产品技术含量不敌金砖国家中的南非，2008 年和 2009 年落后于印度。金砖国家出口产品技术含量曲线（见图 4-6）明显地分为三个阶段：第一阶段是 1996—2002 年，金砖国家的出口产品技术含量变化不大，但是存在不小的差距，巴西的出口贸易中高技术和中高技术的比重居首位。俄罗斯凭借其资源禀赋优势大量出口资源密集型产品，而这些产品的相对技术含量不高，从而导致了其出口产品技术含量整体不优。中国出口产品技术含量居中，印度出口产品技术含量居末位。第二阶段是 2002—2008 年，金砖五国都处于发展的黄金时期，对外贸易在质量上的发展迅速改善，曲线陡升，并且五国有不断趋同的趋势，南非出口产品技术含量在金砖国家中一马当先。第三阶段是 2009 年，由于席卷全球的金融危机影响，金砖五国的整体技术水平都有不同程度的下降，但是南非和印度的出口产品技术含量仍然保持在较高水平。中国的高技术产品的比重相对较小而低技术产品的比重相对较大，对中国而言，这种趋势不容乐观。如果在对外贸易的发展中仅追求数量上的扩张而忽视质量的提高，在国际分工中就容易被"锁定"在价值链的低端，难以实现出口结构和技术水平升级。

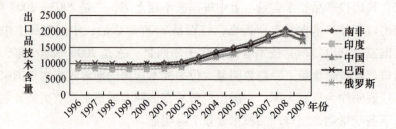

图 4-6 1996—2009 年金砖五国出口品技术含量动态趋势比较

第四，中国出口品技术含量低于东盟的新加坡。中国与东盟五国相比出口品技术含量不容乐观，如图 4-7 所示。东盟五国的出口品技术含量同样经历了三个不同的发展过程，1996—2002 年的发展过程缓慢，出口品技术含量略有波动，但是整体变化不大，之后便进入了明显的提升过程，而此阶段，中国出口品技术含量仅高于东盟五国中的印度尼西亚，与其他四国差距明显。2003—2008 年间，东盟五国家在国际产业转移的过程中更早吸收技术附加值较高的产品，更多在东亚的生产布局和国际分工中生产技术含量较高的零部件，由此带动其出口品技术含量升级。此间中国的出口品技术含量快速提高，但与新加坡和泰国存在差距，这也验证了中国仍然处于东亚地区国际生产和分工中的相对低端（郑昭阳、孟猛，2009）。2009 年，中国的出口品技术含量不仅低于新加坡，且低于泰国。

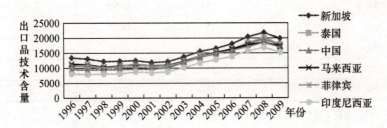

图 4 - 7　1996—2009 年中国与东盟五国出口品技术含量动态趋势比较

2. 中国出口产品技术含量的省际比较

笔者采用 2002—2008 年中国 31 个省市区按 HS - 4 位编码分类的 22 大类 98 章细分下的 1200 多种出口产的数据，计算各省市区的出口产品技术含量。出口产品种类包括食品、动植物产品、工业制成品、化工产品及燃料、机械设备等项目。各省市区的出口产品数据来源于国研网对外贸易数据库。部分省份个别出口产品数据缺失，[①] 不影响样本的总体结果。笔者对样本区间内 50 多万个数据进行整理，剔除其中不能反映出口产品技术含量变化的产品，如第十四类（珠宝、贵金属及制品、仿首饰、硬币），第二十一类（艺术品、收藏品及古物），剔除对出口产品技术含量影响不确定的产品，如第二十二类（特殊交易品及未分类商品）。为了消除通货膨胀对计算结果的影响，以 2002 年为基期对各年人均 GDP 进行调整，按照 Hausmann（2006）的测算方法进行计算，得到每年各种商品的 PRODY 指标。

第一，中国整体出口产品技术含量分析。通过计算发现，2002—2008 年中国出口产品技术含量最高和最低前五的商品种类中，HS 编码 "2845"（$PRODY_{max}$）和 HS 编码 "2510"（$PRODY_{min}$）均在其中，[②] 结果如表 4 - 3 所示。

---

① 或因没有统计或因该年没有出口此类产品，将其视为 0 处理。
② HS 编码 "2510" 包括天然磷酸钙、天然磷酸铝钙及磷酸盐白垩。HS 编码 "2845" 包括编码 "2844"（放射性化学元素及放射性同位素及其化合物，含上述产品的混合物及残渣）以外的同位素，这些同位素的无机或有机化合物。

表 4 - 3   2002—2008 年出口产品技术含量极值

年份	$PRODY_{min}$	产品类别	$PRODY_{max}$	产品类别
2002	3987	2510	33759	2845
2003	4318	2510	37820	2845
2004	5052	2510	39890	2845
2005	5411	2510	43827	2845
2006	5589	2510	45532	2845
2007	6230	2510	50174	2845
2008	8292	2510	52459	2845

注：表中产品类别下的数字是海关 HS 四位编码。

　　表 4 - 3 中两类出口产品技术含量均呈逐年提高之趋势，这说明我国整体上正在经历着技术进步，出口产品的技术水平正在上升。例如在每年技术含量最低的 5 类产品中都有 2510 类产品，但是它的 PRODY 指标从 2002 年的 3987 上升到 2008 年的 8292；在每年技术含量最高的 5 类产品中都有 2845 类产品，它的 PRODY 指标从 2002 年的 33759 上升到 2008 年的 52459。某类产品的技术含量很高是因为这类产品由高人均收入地区集中出口造成的。PRODY 指标的提高可能是受到了经济增长的影响，因此一个经济体出口产品篮子的技术含量也会提高。图 4 - 8 给出了我国 2002—2008 年 PRODY 指标的核密度（Kernel Density Estimates，KDE）估计。

　　从图 4 - 8 中可以看出核密度曲线峰值逐渐向右移动，曲线向右移动，表明我国出口产品技术含量提升，高技术产品的出口有所增加；曲线由窄而高渐渐变为宽而低，表明出口产品技术含量的分布拉开了差距，各曲线都只出现一个明显峰值，表明各产业都体现出一定的技术提升，没有出现分化的现象。

　　第二，东中西部出口产品技术含量比较分析。进一步分析东部、中部、西部地区各省市区的出口产品技术含量（见图 4 - 9），刻画其变化趋势发现，全国与各地区出口产品技术含量在 2002—2008 年总体上呈加速上升态势。其中东部地区的出口产品技术含量不仅高于全国整体水平，且明显高于中部和西部地区；中部地区高于西部地区，但中西部地区均低于全国平均水平，且与东部地区差距巨大。

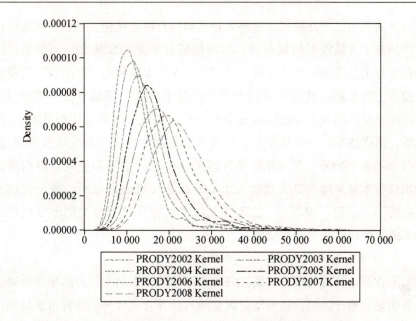

图 4 - 8　2002—2008 年中国出口产品 PRODY 的核密度估计

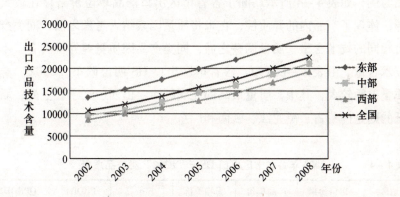

图 4 - 9　全国与东中西部出口产品技术含量比较

　　东部地区各省市区之间的出口产品技术含量呈梯队式结构。北京、天津、江苏、上海的出口产品技术含量最高，而广西、海南、河北、山东的出口产品技术含量最低。中部地区各省市区之间的出口产品技术含量齐头并进。其中内蒙古的出口产品技术含量在 2005 年异常上升，2006 年后又恢复到正常的增长水平。追根溯源，我们从原始数据中发现，这是由于个别类产品例如"8603"和"8514"的出口陡然增加所致。西部地区各省

市区之间的出口产品技术含量整体较低但提升速度较快。例如西部地区出
口产品技术含量较低的贵州省，原始数据显示，2002 年北京市的出口产
品技术含量是贵州省的 2.6 倍，尽管北京在样本期间出口产品技术含量保
持稳步上升态势，然而贵州的出口产品技术含量一路攀升，到 2008 年，
贵州的出口产品技术含量接近北京的半数，彰显了西部地区提升的速度。
此外，值得注意的一个现象是，西部地区新疆的出口产品技术含量很高，
这与 Rodrik（2006）在测算世界各国出口产品技术复杂度时，得出中国
的出口技术复杂度与其人均收入水平不相称（低收入水平，高出口技术
复杂度）之结论不谋而合。这恐怕是由于新疆出口产品类别不全或数据
缺失或集中出口某些产品所致。

　　3. 经质量水平调整后的出口产品技术含量分析

　　笔者在计算的过程中发现，各省市区相同类别的出口产品单位价格存
在着明显的差异，将价格与质量因素纳入计算公式后得到各省市区每种产
品经质量水平调整的 PRODY，即 QPRODY，以 HS 四位码第"8302"类[①]
产品为例，如表 4 - 4 所示。圄于各省市区出口产品单位价格存在较大的
差异，体现了产品内的异质性，在未将质量因素纳入考虑之前，同类产品
具有相同的技术含量，质量调整之后，同类产品因质量差异就具有了不同
的技术含量。由表 4 - 4 可知，各省市区出口 HS 四位码第"8302"类产
品质量差距较大，其中，质量最高的当属天津、山西、辽宁和上海，质量
最低的则是内蒙古、黑龙江、云南和广东。

表 4 - 4　　　　　2003 年各省市区出口 HS = "8302" 类产品质量

地区	出口份额	产品单价	平均单价	q	PRODY	QPRODY
北京	0.0036	2.19	1.95	1.06	14671	15594
天津	0.0178	5.82	1.95	1.29	14671	18956
河北	0.0012	1.21	1.95	0.94	14671	13844
山西	0.0000	4.70	1.95	1.24	14671	18161
内蒙古	0.0000	0.62	1.95	0.83	14671	12119
辽宁	0.0162	4.82	1.95	1.24	14671	18255

---

　　① 用于家具、门窗、楼梯、百叶窗、车厢、鞍具、衣箱、盒子及类似品的贱金属附件和架
座；贱金属制帽架、帽钩、托架及类似品；用贱金属做支架的小脚轮；贱金属制的自动闭门器。

续表

地区	出口份额	产品单价	平均单价	q	PRODY	QPRODY
吉林	0.0001	0.60	1.95	0.82	14671	12015
黑龙江	0.0011	0.63	1.95	0.83	14671	12138
上海	0.1718	3.47	1.95	1.17	14671	17094
江苏	0.0743	1.56	1.95	0.99	14671	14562
浙江	0.1161	2.09	1.95	1.05	14671	15451
安徽	0.0010	1.53	1.95	0.99	14671	14513
福建	0.0403	1.31	1.95	0.99	14671	14076
江西	0.0003	1.30	1.95	0.96	14671	14038
山东	0.0110	2.17	1.95	1.06	14671	15562
河南	0.0003	1.54	1.95	0.99	14671	14528
湖北	0.0012	1.84	1.95	1.03	14671	15052
湖南	0.0007	1.58	1.95	1.00	14671	14600
广东	0.5072	1.28	1.95	0.95	14671	13993
广西	0.0005	2.41	1.95	1.08	14671	15892
海南	0.0042	1.35	1.95	0.96	14671	14149
重庆	0.0002	1.45	1.95	0.98	14671	14365
四川	0.0013	2.61	1.95	1.10	14671	16146
贵州	0.0011	3.04	1.95	1.13	14671	16651
云南	0.0007	0.92	1.95	0.89	14671	13118
西藏	0.0000	3.12	1.95	1.14	14671	16737
陕西	0.0008	1.47	1.95	0.98	14671	14393
甘肃	0.0000	1.92	1.95	1.03	14671	15182
青海	0.0000	2.29	1.95	1.07	14671	15726
宁夏	0.0000	1.51	1.95	0.99	14671	14466
新疆	0.0269	1.92	1.95	1.03	14671	15180

注：出口份额是各地区出口产品占全国出口产品比重。产品单价是出口金额与出口数量的比值。q为质量调整指数，PRODY为未调整前出口产品技术含量，QPRODY为经质量调整后出口产品技术含量。表图中的"0.0000"是因保留四位小数所致。

4. 中国地区出口产品技术结构高度的比较

无论是从国际贸易理论还是从区域经济学的角度，相比出口产品技术含量绝对变化，其相对变化更值得我们关注，即一个地区相对于其他地区的出口产品技术结构高度，这就需要考察各地区出口产品技术结构高度的变化趋势。技术结构的优化一般表现为由初级产品或劳动密集型产品的低级技术结构向技术密集型的高级技术结构提升。由于考虑了产品内的质量差异，产品内的技术提升不一定伴随着产品间技术结构的优化。技术结构高度就体现在整体技术优化中相对技术高度的变化。2002—2008 年全国及东中西部出口产品技术结构高度如图 4-10 所示。

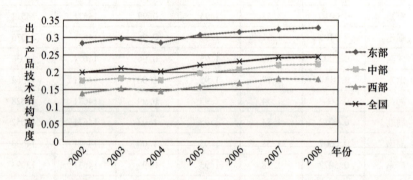

图 4-10　全国与东中西部出口产品技术结构高度比较

从整体上看，全国与东中西部出口产品技术结构高度处于平缓略有上升的状态，东高中西低特征明显。结合图 4-9 分析可知，我国产品内的技术提升并不完全意味着产品间技术结构的优化。仔细分析原始数据，笔者发现在 2002—2008 年，东部地区的出口产品技术结构呈现两方阵特征。第一方阵是上海、北京、广东、天津和江苏，第二方阵是福建、浙江、山东、辽宁、河北、海南和广西。第一方阵中一直处于"领头羊"的天津在 2006 年之后出现锐减，2008 年，天津出口产品技术结构高度落后于上海、北京和广东，跌至第四位。第二方阵中辽宁和海南的出口产品技术含量缓慢上升，出口产品技术结构高度不升反降。中部地区各省市区的出口产品技术结构高度差距不大，且各省市区呈收敛态势，这与国家实施中部崛起战略有关，其中，湖北、黑龙江和安徽的出口产品技术结构高度"领跑"于中部地区。西部地区的出口产品技术结构也呈现两方阵特征，第一方阵是四川、新疆、陕西、西藏和重庆五省（市），第二方阵是甘肃、宁夏、青海、贵州和云南。第一方阵中四川的出口产品技术结构高度"领跑"于西部地区，第二方阵中云南的出口产品技术结构高度西部地区垫底，云南在贸易量增长的同时出口产品技术结构高度并没有明显改善。

二 服务贸易结构优化的统计描述

（一）服务贸易结构测度方法的讨论

为了验证基础设施对服务贸易结构优化的作用，我们必须先设计科学合理的衡量服务贸易结构优化指标。现有文献中对服务贸易结构的衡量标准不一，归纳分类存在横向比较标准和纵向比较标准。

1. 服务贸易结构横向比较测度方法

服务贸易结构横向比较测度方法有两种，一种方法是通过服务贸易结构绝对指数（Absolute Index of Service Trade Structure，STSA）和相对指数（Comparative Index of Service Trade Structure，STSC），并结合服务贸易国际市场占有率来反映一国或地区服务贸易结构优化程度（李丹，2010）。其基本思想是根据国际货币基金组织（IMF）服务贸易行业分类标准[①]，由于通讯、计算机与信息服务、保险、金融等9项其他服务是知识、技术或资本密集型行业，服务贸易结构水平体现在这9个服务部门在总服务贸易中的比重。由此，服务贸易结构绝对指数和相对指数的计算公式如式（4-11）和式（4-12）所示。

服务贸易结构绝对指数：$STSC = EX_m/EX_t$ （4-11）

其中，EX_m 表示9项现代服务部门出口额；EX_t 表示服务贸易总出口额。STSC值域在（0，1），其数值越大表示该国或地区服务贸易结构越优化（更为合理或高级）。

服务贸易结构相对指数：$STSC = EX_m/EX_t$ （4-12）

其中，EX_t 表示旅游和运输两类传统服务部门出口额。$STSC > 0$，数值越大表示该国现代服务出口相对传统服务占比越高，服务贸易结构越优化。

国际市场占有率（International Market Share），是指一国某部门产品或服务的出口总额占世界市场该部门产品或服务出口总额的比率，其计算

---

① 根据IMF国际收支手册第五版的分类，服务贸易分为11大类，包括运输服务、旅游、保险、金融服务、通讯邮电服务、建筑安装与承包劳务、政府服务、专利使用和特许服务、计算机和信息服务、电影、音像服务和其他商业服务。由于WTO《服务贸易总协定》注重的是贸易规则和公平，因此对服务贸易的定义更侧重于贸易方式，以各种不同的交易方式制定贸易规则，并通过减让表规则处理市场准入和国民待遇问题。IMF关于服务贸易的定义，注重于由国际服务贸易在一个国家或地区产生的外汇收入与支出的数额，而忽略服务的不同交易方式。

公式为式（4-13）。

$$MS_{ij} = X_{ij}/X_{wj} \qquad (4-13)$$

其中，MS_{ij} 表示 i 国 j 产品出口市场占有率，X_{ij} 表示 i 国 j 产品出口额，X_{wj} 表示世界 j 产品出口总额。数值越大表示该国出口产品或服务在国际市场上的份额越大，所在部门越具有国际竞争优势。

另一种方法是采用贸易竞争力指数（TC）、显示比较优势指数（RCA）、相对贸易优势指数（RTA）和 Michaely 竞争优势指数（MI）来综合衡量一国或地区服务贸易竞争力。

贸易竞争力指数（Trade Competitiveness Index，TC）又称为贸易专业化指数（TSC）或比较优势指数（CAI），是指一国某部门产品或服务的净出口总额与进出口总额之比，其计算公式为式（4-14）。

$$TC_{ij} = (X_{ij} - M_{ij})/(X_{ij} + M_{ij}) \qquad (4-14)$$

其中，TC_{ij} 表示 i 国 j 商品的比较优势指数，X_{ij} 表示 i 国 j 商品的出口总额，M_{ij} 表示 i 国 j 商品的进口总额。$TC \geq 0.6$ 表明该国此种商品具有高比较优势；$0.3 \leq TC < 0.6$ 表明具有较高比较优势；$0 \leq TC < 0.3$ 表明具有低比较优势；$-0.3 \leq TC < 0$ 表明具有低比较劣势；$-0.6 \leq TC < -0.3$ 表明具有较高比较劣势；$TC < -0.6$ 表明具有高比较劣势。

显示比较优势指数（Revealed Comparative Advantage Index，RCA）是指一国某部门产品或服务出口额占该国出口总额的比重与当期世界该部门产品或服务出口额占世界出口总额的比重之比。其计算公式为式（4-15）。

$$RCA_{ij} = (X_{ij}/X_i)/(X_{wj}/X_w) \qquad (4-15)$$

其中，X_{ij} 表示 i 国 j 产品或服务的出口额；X_i 表示 i 国所有部门出口总额；X_{wj} 表示世界 j 部门产品或服务的出口额；X_w 表示世界所有部门出口总额。当 $RCA \geq 2.5$ 时，表明具有极强的国际竞争力；当 $1.25 \leq RCA < 2.5$ 时，表明具有很强的国际竞争力；当 $0.8 \leq RCA < 1.25$ 时，表明具有较强的国际竞争力；当 $RCA < 0.8$ 时，表明国际竞争力较弱。该指标可以有效剔除国家出口总量以及世界出口总量的波动对可比性的影响，但其测度效果易受产业内贸易影响，并且其没有考虑进口的作用。

相对贸易优势指数（Relative Trade Advantage Index，RTA）是在显示比较优势指数（RCA）基础上进行的变换，其计算公式为式（4-16）。

$$RTA_{ij} = RCA_{ij} - (M_{ij}/M_i)/(M_{wj}/M_w) \qquad (4-16)$$

其中，M_{ij} 表示 i 国 j 部门产品或服务的进口额，M_i 表示 i 国所有货物和服务的进口额；M_{wj} 表示世界 j 类部门产品或服务的进口额，M_w 表示世界所有货物和服务的进口总额。$RTA>0$ 表明该国类产品具有比较优势；$RTA<0$ 表明不具有比较优势。RTA 指数值越大，说明该国的国际竞争力越强。

Michaely 竞争优势指数（MI）是将一种产业的出口和进口分别占出口总额和进口总额的份额综合起来考虑，从另一角度对产品出口的比较优势和国际竞争力去衡量。计算公式为式（4-17）。

$$M_{ij} = X_{ij}/X_i - M_{ij}/M_i \qquad (4-17)$$

其中，M_{ij} 表示 i 国 j 部门产品或服务的竞争优势指数；X_i、M_i 表示 i 国所有部门出口总额和进口总额；X_i、M_{ij} 分别表示国部门产品或服务的出口额和进口额。MI 指数的取值区间为 $[-1,1]$，其正数越大表示竞争力越强，负值越大表示越不具有国际竞争力。

2. 服务贸易结构纵向比较测度方法

服务贸易结构纵向比较通常是对一国或地区的总体、分阶段、分部门三维动态角度进行比较的。这种分析方法包括上述四种贸易竞争力指数的时间序列度量，以及采用劳伦斯指数和收益性指数来衡量贸易结构变动。

劳伦斯指数（Lawrence Index）又称为结构变动指数，是经济学家安德鲁·劳伦斯（Andrew Lawrence，1999）首次提出的，也被称为"劳伦斯魔咒"。[①] 它是通过对某一产品在一段时间内的出口额进行分析，从而得到贸易结构的变动情况，计算公式为式（4-18）。

$$L = (1-2)\sum_{t=1}^{n} \mid E_{i,t} - E_{i,t-1} \mid \qquad (4-18)$$

其中，L 指劳伦斯指数；$X_{i,t}$ 指一国在 t 年 i 部门产品或服务的出口额；$E_{i,t}$ 指 t 年 i 部门产品或服务的出口额占出口总额的比例。劳伦斯指数的取值范围为 $[0,1]$，指数越接近 0，表明贸易结构的变化越小；指数越接近 1，表明贸易结构的变化越大（Bender，2001）。

---

① 1999 年，经济学家劳伦斯总结出一个"摩天大楼指数"，将经济危机与摩天大楼的建成联系起来。他发现，世界最高大楼的开工建设，与商业周期的剧烈波动高度相关，大楼的兴建通常都是经济衰退到来的前兆，劳伦斯把这个发现称为"百年病态关联"：大厦建成，经济衰退，称为"劳伦斯魔咒"。20 世纪，"劳伦斯魔咒"屡屡应验。如 1973 年世贸中心、1974 年芝加哥西尔斯大厦相继落成，"滞胀"来袭；1997 年吉隆坡双子塔建成为世界最高建筑，亚洲金融危机爆发。2010 年 1 月，全球第一高楼哈利法塔落成，迪拜危机来临。

收益性指数（Beneficiary Index）又称为结构优化指数，通过将一国出口结构与世界需求结构进行动态对比，从而反映出该国贸易结构的优化幅度，计算公式为式（4 - 19）。

$$BSCI = \sum_{t=1}^{n} \left\{ \left(\frac{x_{i,t} / \sum_i x_{i,t}}{x_{i,t} / \sum_i x_{i,t-1}} - 1 \right) \times \left[\frac{(m_{i,t}/m_{i,t-1})^{"world"}}{Average(m_{i,t}/m_{i,t-1})} - 1 \right] \times \left(x_{i,t} / \sum_i x_{i,t} \right) \right\}$$

$$(4 - 19)$$

其中，$x_{i,t}$ 为一国在 t 年出口 i 部门产品或服务的出口额；$m_{i,t}$ 为世界在 t 年进口 i 部门产品或服务的进口额。当 $BSCI > 0$ 时，指数表示该国的出口结构已有优化趋势，且指数值越大表明贸易结构优化越明显（Bender, 2001）。

（二）中国服务贸易结构横向比较分析

为了突出中国服务贸易结构现实基础，我们截取 2009 年和 2010 年与中国服务贸易绝对值较大的不同收入水平的 24 国①，构建具有代表性的"24 国"模型进行横向比较。包括高收入国家——美国、德国、英国、法国、日本、韩国和新加坡；上中等收入国家——巴西、俄罗斯、南非、罗马尼亚、匈牙利、波兰、阿根廷；下中等收入国家——中国、印度尼西亚、泰国、格鲁吉亚、白俄罗斯；低收入国家——印度、孟加拉国、巴基斯坦、苏丹、乌干达。

首先，由中国服务贸易结构绝对指数和相对指数的国际比较来看，由表 4 - 5 可知，中国在 2009 年、2010 年的 STSA 值和 STSC 值分别超过了 0.5 和 1，这表明中国服务贸易中的现代服务贸易额超过了传统服务贸易额，劳动密集型部门逐步向资本密集型和知识密集型过渡，而且 2010 年还有所提高。从排名上看，中国 STSA 值在所有国家中两年同在第 11 位，而 STSC 值两年则分居第 11 位和第 12 位，属于中间水平；中国在中等收入国家（12 个）中排到第 3 位，但在低收入国家（5 个）中排第 5 位，远远低于印度、孟加拉国、巴基斯坦和苏丹等国。以上分析说明中国目前服务贸易结构水平已大有提升，排到中间位置，而在中等收入水平国家当

① 不同收入国家是按世行 2006 年人均 GNI 标准分类的：高收入国家是指 2006 年人均 GNI 为 11116 美元及以上的国家；上中等收入国家是指 2006 年人均 GNI 为 3596—11115 美元的国家；下中等收入国家是指 2006 年人均 GNI 为 906—3595 美元的国家；低收入国家是指 2006 年人均 GNI 为 905 美元及以下的国家。

中有一定优势地位，但同时也面对很多发展中国家和低收入国家日益加剧的竞争，这与上文中国出口产品技术含量的国际比较结论相一致。

表4-5　2009—2010年24国服务贸易结构绝对指数与相对指数比较

年份国家	STSA		STSC		国家/年份	STSA		STSC	
	2009	2010	2009	2010		2009	2010	2009	2010
美国	0.633	0.62	1.721	1.655	波兰	0.389	0.438	0.635	0.778
德国	0.625	0.612	1.664	1.577	阿根廷	0.499	0.473	0.998	0.898
英国	0.732	0.738	2.731	2.823	中国	0.512	0.533	1.048	1.139
法国	0.432	0.428	0.762	0.749	印度尼西亚	0.389	0.426	0.637	0.742
日本	0.674	0.631	2.064	1.711	泰国	0.288	0.247	0.404	0.328
韩国	0.476	0.422	0.91	0.73	格鲁吉亚	0.164	0.153	0.197	0.18
新加坡	0.595	0.582	1.469	1.394	白俄罗斯	0.241	0.235	0.318	0.308
巴西	0.663	0.659	1.967	1.933	印度	0.762	0.779	3.207	3.516
俄罗斯	0.477	0.461	0.914	0.857	孟加拉国	0.893	0.895	8.308	8.474
南非	0.251	0.236	0.335	0.309	巴基斯坦	0.642	0.745	1.791	2.916
罗马尼亚	0.581	0.57	1.385	1.325	苏丹	0.219	0.61	0.28	1.563
匈牙利	0.506	0.526	1.023	1.11	乌干达	0.273	0.407	0.376	0.686

数据来源：笔者根据联合国贸发会议数据库（UnctadStat）整理计算而得。

其次，从中国服务贸易市场占有率的国际比较来看，中国服务贸易在2009年、2010年的国际市场占有率仅为0.04%和0.05%，排到第22位，高于苏丹和乌干达两个低收入国家，以及格鲁吉亚一个下中等收入国家。同期美国服务贸易的国际市场占有率分别为14.4%和14.5%；印度、俄罗斯、巴西和南非"金砖五国"中的四国分别为2.7%和3.3%、1.2%和1.18%、0.8%和0.85%、0.35%和0.37%。中国服务贸易的国际市场占有率不论是与高收入国家相比还是与收入水平相同的国家相比，甚至是与部分低收入水平国家相比差距甚大，这说明中国服务贸易在国际市场的份额极少，一定程度上反映了中国服务贸易在国际市场上处于竞争劣势。那么，事实果真如此吗？我们需要进一步比较分析中国服务贸易竞争力状况。

再次，从中国服务贸易竞争力的国际比较来看，由表4-6可知，中国服务贸易整体竞争力排名还比较靠后。服务贸易TC指数2009年、2010年均为负数，而且在24国中同居第15位（中下水平），具有比较劣势，但在中等收入国家（12 个）中排名第 6 位（中间水平）和中低等收入国家（17 个）中分居第 7 位和第 8 位。RCA 指数值两年分别为 0.351 和 0.395，都排在第 22 位，说明中国服务出口竞争力较弱。RTA 指数两年均小于 0，但从 2009 年的第 19 位提高到 2010 年的第 15 位，在中等收入国家（12 个）中排到第 7 位，仍不具有比较优势。MI 指数跟 RTA 指数情况很相似，两年数值都为负数，排名从 2009 年的第 18 位上升到 2010 年的第 15 位，在中等收入国家中排第 7 位，竞争劣势稍有改善。由上分析可得，中国服务贸易总体状况属于比较劣势，相对于高收入国家而言竞争力还非常薄弱，在中等收入国家中竞争力排名居中，还有较大提升空间，但同时面临着新兴国家（如韩国）和发展中国家（如印度、白俄罗斯、格鲁吉亚）日趋激烈的竞争。

表 4 - 6　　　　　　　2009—2010 年 24 国服务贸易竞争力比较

年份 国家	TC 指数		RCA 指数		RTA 指数		MI 指数	
	2009	2010	2009	2010	2009	2010	2009	2010
美国	0.148	0.15	1.155	1.208	0.44	0.487	0.133	0.129
德国	-0.049	-0.051	0.616	0.638	-0.208	-0.204	-0.045	-0.04
英国	0.173	0.17	1.432	1.496	0.463	0.51	0.143	0.138
法国	0.059	0.051	0.823	0.875	0.115	0.124	0.043	0.04
日本	-0.074	-0.054	0.652	0.628	-0.159	-0.16	-0.031	-0.03
韩国	-0.043	-0.063	0.608	0.609	-0.154	-0.161	-0.031	-0.03
新加坡	0.082	0.076	0.932	0.979	-0.005	-0.029	0.013	0.005
巴西	-0.258	-0.326	0.553	0.55	-0.444	-0.499	-0.107	-0.11
俄罗斯	-0.193	-0.248	0.436	0.404	-0.494	-0.568	-0.122	-0.128
南非	-0.104	-0.137	0.589	0.591	-0.056	-0.107	-0.005	-0.018
罗马尼亚	-0.02	-0.047	0.704	0.598	0.097	0.037	0.036	0.016
匈牙利	0.054	0.091	0.656	0.673	-0.016	0.024	0.006	0.014
波兰	0.09	0.057	0.628	0.698	0.098	0.089	0.036	0.029
阿根廷	-0.05	-0.031	0.599	0.657	-0.319	-0.191	-0.074	-0.037
中国	-0.103	-0.061	0.351	0.395	-0.257	-0.146	-0.046	-0.029
印度尼西亚	-0.27	-0.217	0.358	0.388	-0.42	-0.315	-0.104	-0.069
泰国	-0.115	-0.148	0.593	0.6	-0.251	-0.255	-0.056	-0.052

续表

年份 国家	TC 指数		RCA 指数		RTA 指数		MI 指数	
	2009	2010	2009	2010	2009	2010	2009	2010
格鲁吉亚	0.149	0.192	1.939	2.033	1.24	1.286	0.354	0.327
白俄罗斯	0.247	0.219	0.51	0.613	0.246	0.288	0.072	0.075
印度	0.069	0.029	1.303	1.456	0.385	0.337	0.121	0.097
孟加拉国	-0.264	-0.286	0.419	0.452	-0.097	-0.124	-0.019	-0.024
巴基斯坦	-0.244	-0.05	0.669	0.932	0.012	0.278	0.014	0.077
苏丹	-0.736	-0.84	0.165	0.088	-0.64	-0.87	-0.164	-0.203
乌干达	-0.191	-0.167	1.378	1.814	0.416	0.59	0.13	0.161
中国位次	15	15	22	22	19	15	18	15

数据来源：笔者根据联合国贸发会议数据库（UnctadStat）整理计算得到。

最后，从中国服务贸易竞争力分部门的国际比较来看，基于以上总体分析，笔者运用 TC 指数和 MI 指数来进一步测算了 24 个样本国家 2009 年和 2010 年服务贸易分部门竞争力状况。[①]

从 TC 指数来看，中国 2009 年在建筑（第 11 位）、计算机与信息服务（第 8 位）、其他商业服务（第 10 位）和政府服务（第 13 位）的指数值大于 0，其中计算机与信息服务（0.337）具有较高比较优势，而另外 3 项则指数值低于 0.3，仅具有低比较优势；其余 7 项的 TC 指数均小于 0，其中保险（第 19 位）和专利及授权费用（第 23 位）具有高比较劣势，个人、文化和休闲服务（第 18 位）、运输（第 17 位）具有较低比较劣势，其余 3 项旅游、通讯、金融则具有低比较劣势。另外，现代服务贸易部门总的 TC 指数（-0.018）为负数，排第 15 位，具有低比较劣势。2010 年，TC 指数大于 0 的服务行业为通讯（0.035）、建筑（0.482）、计算机和信息服务（0.515）、其他商业服务（0.282），分别位列第 15、6、6 位和第 4 位，其中通讯和其他商业服务具有低比较优势，而另两项具有较高比较优势；其他 7 项服务的指数值均为负数，其中保险（位居第 22 位）、专利及授权费用（位居第 20 位）具有高比较劣势，个人、文化和休闲服务（位居第 19 位）、运输（位居第 16 位）具有较高比较劣势，其

[①] 24 个样本国家 TC 指数和 MI 指数计算结果见附表 1、附表 2、附表 3 和附表 4。

余3项旅游、金融、政府服务则为低比较劣势。其现代服务贸易部门总的TC指数（0.096）大于0，具有低比较优势。

由上分析可知，虽然2010年TC指数总体较之2009年有所提升，中国在现代服务贸易部门与其他国家的差距要比在传统服务贸易部门大得多。建筑、其他商业服务、计算机和信息服务是中国具有比较优势的服务贸易部门，其出口分别集中在教育水平低的建筑工人、生产工人和计算机零配件的组装加工等劳动密集型要素，高报酬劳务输出和软硬件自主研发部分的比例仍然很低，这将影响出口收入的稳定性和抗风险能力。

从MI指数来看，中国2009年旅游、建筑、通讯、计算机和信息服务、其他商业服务以及政府服务的指数值大于0，其中的其他商业服务（第7位）、建筑（第1位）、旅游（第9位）与计算机和信息服务（第3位）就有较强竞争优势；保险（第21位）、专利及授权费用（第22位）、运输（第16位）竞争劣势明显，而现代服务贸易部门总的MI指数（0.08）位列第10位，具有一定竞争优势。2010年，建筑、计算机与信息服务、其他商业服务、通讯和金融的MI指数值大于0，其中前三项分别位列第3位、第4位和第1位，竞争优势明显；其余项目中的专利及授权费用（第21位）、保险（第21位）和运输（第14位）竞争力较弱；现代服务贸易部门总的MI指数（0.144）位列第7位，具有竞争优势，且比2009年有所提升。

MI指数的分析表明，中国2010年的总体竞争优势较2009年有所提升，服务贸易具有较强竞争力的部门是建筑、计算机和信息服务与其他商业服务，而最不具有竞争力的部门是保险、专利及授权费用和运输服务，这与TC指数的分析结果是一致的。值得注意的是，个人、文化和休闲服务在2009年和2010年的TC值位居第18位和第19位（较高比较劣势），而MI值却位居第12位和第11位（比较劣势不明显），原因主要是TC指数中进出口差额占进出口总额的比重远不及MI指数中进出口比率的差额。另外，运输服务长期占据我国服务出口的近1/3，但竞争力位居第15位左右，并不具有比较优势，这主要是由于我国高端运输服务供给能力不足，未能适应近年来国际运输业高附加值、高技术含量等新变化。

（三）中国服务贸易结构纵向比较分析

第一，中国服务贸易结构变动总体趋势不容乐观。为了多维考察中国服务贸易竞争力，笔者根据联合国贸发会议数据库（UnctadStat）数据整理计算了 1983—2010 年中国服务贸易的 TC 指数、RCA 指数、RTA 指数和 MI 指数，如图 4 - 11 所示。通过比较发现，TC 指数呈现波浪式变动，但整体在下降；RCA 指数逐步趋小，但下降幅度较小，近年稍有回升；RTA 指数和 MI 指数在 1983—1991 年均是正数波动，1992 年破零为负，直到 1997 年降到底谷，然后 1997—2004 年略有上升，2005 年后再下降，到 2010 年才有回升。观察图 4 - 11 可知，近 20 年来中国服务贸易竞争力薄弱，且处于下降态势，近几年虽略有提升，但态势仍不明朗。

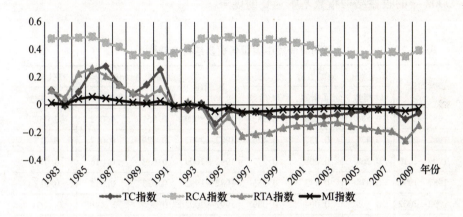

图 4 - 11　1983—2010 年中国服务贸易竞争趋势

第二，中国服务贸易结构变动分阶段考察。从表 4 - 7 来看，在不同时间段三大类服务的劳伦斯指数（LI）和收益结构指数（BSCI）显现一定变动幅度。首先，在 1982—2010 年，运输、旅游和现代服务的劳伦斯指数分别为 0.586、0.428 和 0.583，表明这期间三大服务项目结构变动幅度很大；同期，三大类服务的收益结构指数均大于 0，但数值很低，说明期间都有相应的结构优化，但幅度不大，其结构变动主要体现在"量"上。其次，在 1982—2002 年和 1992—2010（2009）年这两个时间段，三大类服务的劳伦斯指数值依然不低，对比之下，运输和现代服务变动幅度有所降低，而旅游服务略有上升；与之不同的是，三项目的收益结构指数值两时期基本持平。最后，在 1982—1992 年、1992—2002 年和 2002—2010（2009）年这三个时间段，1982—1992 年劳伦斯指数较另外两个时间段相对要高，尤其是运输和现代服务；1992—2002 年收益结构指数值基本接近 0，说明近 30 年的结构优化主要发生在 1982—1992 年和 2002—

2009 年两个时间段，这也解释了之前 1982—2002 年和 1992—2009 年这两
个时间段收益结构指数基本持平的现象。另外，虽然三大类服务在三个时
间段内变动幅度趋小，但其优化幅度在 2002—2009 年比在 1982—1992 年
和 1992—2002 年都要大，究其原因，一方面是结构变动的边际效应递减
导致，在 2000 年后服务贸易项目"量"的结构变动趋缓，更多变化发生
在服务技术含量和附加值等内在的提升上；另一方面是 1997 年亚洲金融
危机间接影响了服务贸易结构优化进程，在一定程度上也解释了 1992—
2002 年的收益结构指数基本为 0 的现象。

表4-7 不同时间段中国服务贸易结构变动情况

时间段	运输服务 LI 指数	旅游服务 LI 指数	现代服务 LI 指数	时间段	运输服务 BSCI 指数	旅游服务 BSCI 指数	现代服务 BSCI 指数
1982—2010	0.586	0.428	0.583	1982—2009	0.057	0.032	0.032
1982—2002	0.479	0.237	0.424	1982—2002	0.029	0.017	0.017
1992—2010	0.268	0.308	0.277	1992—2009	0.033	0.015	0.015
1982—1992	0.374	0.143	0.335	1982—1992	0.023	0.013	0.013
1992—2002	0.105	0.094	0.089	1992—2002	0.006	0.0001	0.0001
2002—2010	0.107	0.191	0.159	2002—2009	0.027	0.015	0.015

数据来源：笔者根据联合国贸发会议数据库（UnctadStat）整理计算得到。

第三，中国服务贸易结构变动分部门考察。由于 1996 年之前的分部
门数据缺失，笔者截取中国 1997—2010 年 11 个服务贸易部门数据进行劳
伦斯指数（LI）、TC 指数、MI 指数的测算与纵向比较。[1]

由劳伦斯指数（LI）计算结果可以看出，1997—2010 年间中国旅游
（0.226）和其他商业服务（0.171）的变动幅度相对较大；运输（0.07）、
通讯（0.057）、建筑（0.061）的变动幅度相对较小；其余部门的变动不
明显；现代服务部门总体的劳伦斯指数（0.197）相对较大，说明现代服
务整体变动较大。

比照 1997—2010 年中国服务贸易部门的 TC 指数和 MI 指数的变动状
况，中国服务贸易部门竞争力总体趋势向好，其中，上升较大的是建筑、

---

[1] 1997—2010 年中国 11 个服务贸易部门 TC 指数和 MI 指数的测算结果见附表 5 和附表 6。

计算机和信息服务，均在 2002 年后指标值变为正数，呈现逐步上升态势；其他商业服务的 TC 值、MI 值始终为正数，呈现震荡上升态势，2002—2006 年尤为突出，这与同时期对外贸易增长相吻合；个人、文化和休闲服务的 TC 值、MI 值在 2005—2008 年上升为正数，近两年又下降为负数；运输的 TC 值、MI 值一直为负数，但在 1997—2008 年总体呈现改善态势，在之后两年有所下降，同期旅游的 TC 值、MI 值正数逐步下降为负数；金融、保险、专利及授权费用的 TC 值、MI 值一直小于 0，且无明显改善；通讯和政府服务 TC 值、MI 值始终在 0 附近波动，波幅收窄，竞争力不明显。

第三节　中国网络基础设施与出口产品技术含量的关联性

随着对外开放程度的加深，中国的贸易流量大幅度的提高，贸易"量"在扩张的同时，贸易也发生了"质"的嬗变。伴随着中国的对外开放，以市场为导向的改革也给中国经济发展带来新的问题，其中的一个突出的问题就是地区经济发展差距在不断扩大，到 20 世纪 90 年代末，我国已经形成东部富裕、中部次之、西部贫穷的三大经济带。从前文的分析中可以看出，中国出口产品技术含量较高的区域是基础设施条件较好的东部地区，中西部地区的出口产品技术含量相对较低，其基础设施建设也相对滞后。那么，基础设施与出口产品技术含量之间是否存在着某种关联性呢？笔者使用 Stata 绘制了三大网络基础设施与出口产品技术含量之间的散点图（scatter diagram），用以直观分析基础设施与出口产品技术含量之间是否存在某种关联性及其数据的可能走向。[①]

一　交通网络基础设施与出口产品技术含量的关联性

图 4-12 中纵坐标为中国 31 个省市区的出口产品技术含量，横坐标为 31 个省市区的交通基础设施密度，由散点图粗略可知中国各省市区交通网络基础设施密度越高，其出口产品技术含量也越高，大部分的数据点集

---

① 此处仅绘制了网络基础设施（即经济性基础设施）与出口产品技术含量散点图，略去了80 个样本国家或地区经济性基础设施和社会性基础设施与服务贸易结构相对指数散点图。

中在一定区域中，仅有个别数据点"脱离"整体数据较远，二者之间存在着较强的正相关关系，即交通运输越发达的地区，企业有越高的生产率与越低的成本，生产要素自由流动条件下，高质的生产要素趋于流向交通网络基础设施更为完善的地区，这些地区的出口产品也越拥有较高的技术含量。

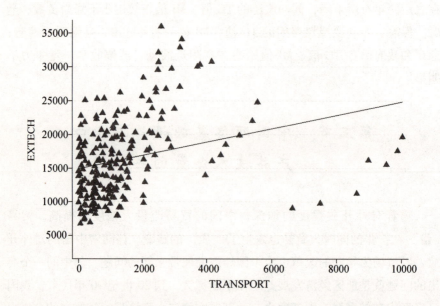

图4-12　交通基础设施密度与出口产品技术含量的散点图

二　能源网络基础设施与出口产品技术含量的关联性

图4-13中纵坐标为中国31个省市区的出口产品技术含量，横坐标为31个省市区的人均能源消费量，由散点图粗略可知中国各省市区人均能源消费量越高，其出口产品技术含量也越高，大部分的数据点集中在一定区域中，少部分数据点"脱离"整体数据较远，中国各省市区人均能源消费量与出口产品技术含量之间存在着一定的相关性。

三　信息网络基础设施与出口产品技术含量的关联性

图4-14中纵坐标为中国31个省市区的出口产品技术含量，横坐标为31个省市区的人均邮电业务总量，由散点图粗略可知中国各省市区人均邮电业务总量越大，其出口产品技术含量也越高，大部分的数据点集中在一定区域中，仅有个别数据点"脱离"整体数据较远，二者之间存在

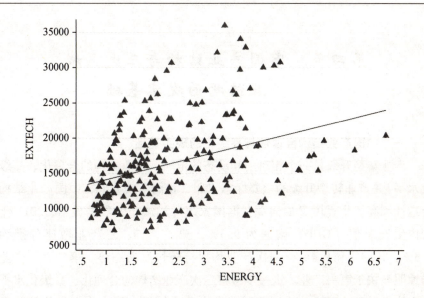

图 4－13　人均能源消费量与出口产品技术含量的散点图

着较强的正相关关系，即信息网络基础设施越发达的地区，有助于改善学习环境，也有利于高素质人力资本积累，提高工人的工作效率，继而提高出口产品技术含量。

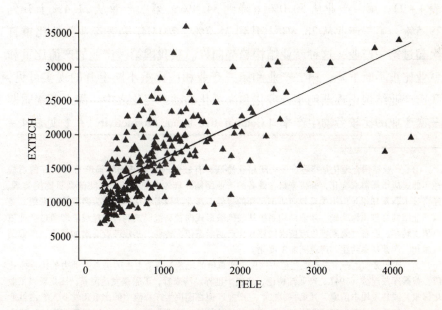

图 4－14　人均邮电业务总量与出口产品技术含量的散点图

第四节　中国产业结构与三大区域
产业结构的现实基础

一　中国产业结构合理性与高级化的现实基础

产业转型升级是一个相对的和动态的范畴，产业结构的合理化、高级化水平①是产业转型升级的重要标志。那么我们不禁要问，中国产业结构合理性和高级化程度又如何呢？据国家统计局颁布的数据显示，2011年国内生产总值（GDP）增速为9.3%，第一、二、三产业增速分别为4.3%、10.3%和9.4%。三次产业均保持较快发展态势，第二、三产业增速明显快于第一产业。进一步考察三次产业结构的合理化、高级化水平动态演进过程，2002—2011年，三次产业增加值占国内生产总值的比重（见表4-8）总体态势表现为第一产业占比下降（从13.7%下降到10.1%），第二产业占比略有提升（从44.8%提高到46.8%），第三产业占比上升（从41.5%提高到43.1%），国民经济总量增长从主要由第一、二产业带动转为主要由第二、三产业带动。比照同期三次产业的就业结构（见表4-9），第一产业从50.0%下降到34.8%，第二产业从21.4%上升到29.5%，第三产业从28.6%上升到35.7%，2011年第三产业就业比重首次超过第一产业，这种就业结构趋势向好。从我国第一产业的产值比重和就业比重不断下降，第二产业和第三产业相应比重不断上升的现实可见，我国产业结构正逐渐趋于合理化和高级化的动态变化之中。深入考察同期三次产业的比较劳动生产率（Comparative Labor Productivity）②（见表4-

---

①　产业结构合理化是指各产业之间相互协调，有较强的产业结构转换能力和良好的适应性，能适应市场需求变化，并带来最佳效益的产业结构，具体表现为产业之间的数量比例关系、经济技术联系和相互作用关系趋向协调平衡的过程。产业结构高级化，又称为产业结构升级，是以产业结构合理化为基础，产业结构系统从较低级形式向较高级形式的转化过程。即通过产业重点依次转移、向各种要素密度依次转移和向产品形态依次转移，实现产业高附加值化、产业高技术化、产业高集约化和产业高加工度化。

②　比较劳动生产率是产业产值占国民生产总值的比重与劳动力占国民总劳动力的比重之比值。根据库兹涅兹（1941）产业结构论，从整个世界经济来看，不管是发达国家，还是新兴工业化国家，或是发展中国家，其第一、二、三产业产值在国民生产总值中的比重和就业人数占就业总人数的比重都呈现出逐步向第二、三产业倾斜的趋势，特别是第三产业在国民经济中的比重上升最快。

10），十年间第一产业的比较劳动生产率几乎没有变化（介于0.26—0.29间小幅波动），也就是说，第一产业的劳动力转移至其他产业并没有大幅提高第一产业的劳动生产率，这种现象可以解释为，在我国工业化和城市化进程中，大量年富力强相对高素质的农业劳动力流向非农产业所致；十年间第二产业的比较劳动生产率在三次产业中是最高的，但呈下降态势（介于2.13—1.59之间波动），我国第二产业产值比重上升的速度慢于就业比重上升的速度，这与我国产业政策有关，我国在推动工业化进程中，优先发展重工业导致单位资本吸纳的劳动力减少（林毅夫、陈斌开，2009），导致第二产业的比较劳动生产率虚高；十年间第三产业的比较劳动生产率并未出现明显的上升趋势，且低于第二产业的比较劳动生产率（介于1.45—1.21之间小幅波动），这种现象与库兹涅兹（1941）产业结构论不符，我们可以解释为，一是我国服务贸易结构尚不合理，特别是生产性服务业占服务业比重仅为15%，与高收入的发达国家50%差距较大；二是高技能的服务从业人员短缺。

纵然如此，上述变化基本符合我国产业结构合理化和高级化的要求和方向。但从横向比较上看，与高收入的发达国家和新兴经济体国家的产业结构相比，与我国产业结构升级的要求相比，目前我国三次产业之间的比例关系上不尽合理，突出表现为服务业特别是现代服务业发展相对滞后，所占比重较低。目前，我国服务业增加值占国内生产总值的比重不仅低于高收入国家70%左右的水平，也低于与我国发展阶段大体相当国家50%左右的水平。是故，如何进一步优化产业结构并使之高级化，最终实现产业转型升级是我国规避"中等收入陷阱"，加快从"工业经济"迈向"服务经济"的步伐，实现经济长期发展的关键。

二　中国地区产业结构合理性与高级化的现实基础

区域经济学理论认为，地区间由于资源供给或产品需求条件的约束，通过区际产业协作以弥补本区域短缺要素和增强优势要素，使要素的配置在空间组合上更为合理，以及要素组合的效率向高层次发展，从而完善本区域的要素结构，促进产业空间分布合理化，产业结构高级化等。区际产业协作表现为区际产业转移和产业关联度的提高，它发生的前提是产业级差和结构差异的存在。在现实中，地区产业级差和结构差异一直以来都是中国经济发展的重要掣肘。特殊的地缘关系、资源禀赋条件和经济发展程度使得我国东部、中部和西部地区产业结构合理性和高级化水平差距显著。

首先，三大区域产业产值结构异质性突出。2002—2011 年，东、中、西部地区第一产业产值占 GDP 的比重总体上均呈下降趋势（如表4－8），但相较于东部地区，中西部地区（特别是西部地区）第一产业在 GDP 中所占比重较大，2002 年东、中、西部第一产业产值结构为10.2：17.5：18.6，2011 年调整为 6.8：12.0：12.7，中西部地区地域广阔，农业在其经济发展中的作用略见一斑。就第二产业产值占 GDP 的比重来看，期间三大地区的变化趋势各异，东部地区第二产业产值结构变动不大，中西部地区第二产业产值结构不断上升，2002 年东、中、西部第二产业产值结构为46.8：45.8：39.9，2011 年调整为 48.3：53.1：50.3，这与中西部地区承接东部地区产业转移不无关系。从第三产业产值占 GDP 的比重来看，期间三大地区的变化趋势也不尽相同，东部地区第三产业产值结构总体上呈上升态势，改革开放 35 年的产业结构转型升级效果显现，同期中西部地区这一比重不升反降，产业层次低，特别是中部地区第三产业产值结构劣于西部地区，例如，2002 年东、中、西部第三产业产值结构为 43.0：37.0：41.5，2011 年调整为44.9：34.9：37.0。这可能是因为中部地区凭借其区位优势承建了东部地区制造业所致。

产业经济学认为，一个经济体的产业结构升级过程，应该由以第一产业为主体的"金字塔"型结构逐步向以第二产业为主体的"橄榄"型结构转变，再逐步向以第三产业为主体的"倒金字塔"型结构演进（张健、赵宁，2011）。通过考察十年间我国东、中、西部地区产业结构演进过程，其产业产值结构均形成了"二、三、一"的格局，无论是全国整体还是东、中、西部地区，均以第二产业为主体，第三产业超过第一产业，呈现为工业化过程的典型特征表象。

表4－8　　　　2002—2011 年全国及东、中、西部产业产值结构

年份	全国三产比例	东部三产比例	中部三产比例	西部三产比例
2002	13.7：44.8：41.5	10.2：46.8：43.0	17.5：45.5：37.0	18.6：39.9：41.5
2003	12.8：46.0：41.2	9.3：48.7：42.0	15.6：47.1：37.3	17.9：41.3：40.8
2004	13.4：46.2：40.4	9.2：50.0：40.8	16.7：45.8：37.5	18.3：43.7：38.0
2005	12.1：47.4：40.5	8.4：50.7：40.9	14.2：50.7：35.1	16.9：43.8：39.3
2006	11.2：47.9：40.9	7.7：50.9：41.3	13.4：52.3：34.3	15.1：45.8：39.1

续表

年份	全国三产比例	东部三产比例	中部三产比例	西部三产比例
2007	10.8:47.3:41.9	7.5:50.4:42.1	13.0:53.2:33.8	15.3:46.2:38.5
2008	10.7:47.5:41.8	7.3:50.1:41.6	12.5:54.5:33.0	14.6:47.6:37.8
2009	10.3:46.2:43.4	7.2:49.3:43.5	12.0:54.3:33.7	13.8:47.1:39.1
2010	10.1:46.7:43.2	6.9:49.6:43.5	11.3:56.4:32.3	13.2:49.6:37.2
2011	10.1:46.8:43.1	6.8:48.3:44.9	12.0:53.1:34.9	12.7:50.3:37.0

数据来源：笔者根据历年《中国统计年鉴》和各省市统计年鉴整理计算而得。

其次，三大区域产业就业结构求同存异。2002—2011 年，东、中、西部地区第一产就业比重不断下降，第三产业就业比重不断上升（见表4-9）。所不同的是东部地区第一产业吸纳就业人员比重表现为大幅下降，相较于东部地区，中西部地区下降幅度较小，且中西部第一产业吸纳就业人员比重很大，根据配第一克拉克定理，这种现象可以解释为中西部地区人均国民收入相对较低，第一产业劳动力所占的比重相对较大，而第二产业、第三产业劳动力所占的比重相对较小。其中，中西部地区第三产业吸纳就业人员比重均高于第二产业，2002 年中部地区第三产业吸纳就业人员比重（25.9），高于第二产业（20.1）近6个百分点，西部地区第三产业吸纳就业人员比重（25.7），高于第二产业（15.4）10个百分点；2011 年中部地区调整为 30.7:25.7，高出 5 个百分点，西部地区调整为 30.1:20.2，高出近 10 个百分点。东中西部地区这些变化说明区域就业格局趋于均衡，就业结构逐步完善。这些方面也印证了我国经济结构调整、产业转型升级和区域梯次转移的成效。按照经济发展规律，三次产业中就业人员比重应该是以第一产业为主逐步转变为以第二产业为主，再到以第三产业为主的格局，因此，我国地区三次产业就业结构还有待进一步调整。

表 4-9　　　　2002—2011 年全国及东、中、西部产业就业结构

年份	全国三产比例	东部三产比例	中部三产比例	西部三产比例
2002	50.0:21.4:28.6	43.3:28.4:28.3	54.0:20.1:25.9	58.9:15.4:25.7
2003	49.1:21.6:29.3	39.8:29.9:30.3	52.6:20.8:26.6	57.6:15.9:26.5
2004	46.9:22.5:30.6	37.5:30.9:31.6	51.0:21.5:27.5	56.2:16.0:27.8

续表

年份	全国三产比例	东部三产比例	中部三产比例	西部三产比例
2005	44.8:23.8:31.4	35.2:32.3:32.5	49.3:21.7:29.0	55.4:15.9:28.7
2006	42.6:25.2:32.2	33.6:33.0:33.4	48.0:22.5:29.5	56.2:15.9:27.9
2007	40.8:26.8:32.4	31.8:34.2:34.0	46.2:23.3:30.5	52.4:17.3:30.3
2008	39.6:27.2:33.2	31.1:34.2:34.7	45.1:23.7:31.2	51.1:17.8:31.1
2009	38.1:27.8:34.1	30.3:34.7:35.0	44.0:24.7:31.3	49.9:18.9:31.2
2010	36.7:28.7:34.6	28.7:35.8:35.5	43.1:25.0:31.9	48.6:19.5:31.9
2011	34.8:29.5:35.7	27.6:36.4:36.0	43.2:24.9:31.9	49.7:20.2:30.1

数据来源：同上。

注：2011 年中部地区部分省份数据缺失，故未得出计算结果。

最后，三大区域产业结构效益差异明显。区际产业协作产生产业结构效益，经济学者们常采用比较劳动生产效益指数来反映。库兹涅兹（1941）的产业结构论认为，随着人均收入提高，第一产业的比较劳动生产率会趋于稳定，进入高收入水平之后，第一产业的比较劳动生产率会明显下降；只有当第一产业的比较劳动生产率接近第二产业和第三产业，且比值都比较大，才可以认定产业结构总体效益提高（张平，2007）。我国东、中、西部地区三次产业结构比较劳动效率差异明显（见表 4 - 10），总的来看，中西部地区三次产业比较劳动生产率差距大于东部地区。就三次产业来看，除东部地区外，中西部地区第一产业比较劳动生产率呈下降态势，说明中西部地区源源不断的"打工仔"和"打工妹"皆为"农民工"；中西部地区第二产业和第三产业的比较劳动生产率高于东部地区，由此并不能说明中西部地区相比东部地区实际效益更好，工业化进程速度更快，这种"虚高"一方面反映了中西部三次产业产值构成与其从业人员构成的背离程度，另一方面与近些年东部地区制造业向中西部地区转移，中西部地区"当地化务工"有关。

综上分析，我国产业结构都趋向于合理性与高级化的演变之中，特别是加入世界贸易组织以来，依托市场需求和发挥比较优势，产业结构转型升级步伐加快，促进了我国经济增长。但总体结构的异质性突出，三大区域产业结构合理化程度和高级化水平不同。东部地区产业结构水平接近于国外相当水平的国家或地区，中西部地区产业结构水平差距较大，这种

表 4-10　　　2002—2011 年全国及东、中、西部三次产业比较劳动生产率

年份	全国三产比例	东部三产比例	中部三产比例	西部三产比例
2002	0.27:2.09:1.45	0.23:1.65:1.52	0.32:2.26:1.43	0.32:2.58:1.62
2003	0.26:2.13:1.41	0.23:1.63:1.38	0.30:2.26:1.41	0.31:2.60:1.54
2004	0.29:2.05:1.32	0.25:1.62:1.29	0.33:2.13:1.36	0.33:2.74:1.37
2005	0.27:1.99:1.29	0.24:1.57:1.26	0.28:2.34:1.21	0.30:2.75:1.37
2006	0.26:1.90:1.27	0.23:1.55:1.24	0.28:2.33:1.16	0.27:2.89:1.40
2007	0.26:1.77:1.29	0.24:1.47:1.34	0.28:2.28:1.11	0.29:2.67:1.27
2008	0.27:1.74:1.26	0.24:1.48:1.21	0.28:2.30:1.06	0.28:2.68:1.22
2009	0.27:1.66:1.27	0.24:1.42:1.34	0.27:2.20:1.08	0.28:2.49:1.25
2010	0.27:1.63:1.25	0.24:1.39:1.22	0.26:2.25:1.02	0.27:2.54:1.17
2011	0.29:1.59:1.21	0.25:1.36:1.21	0.28:2.13:1.09	0.26:2.49:1.23

数据来源：同上。

东、中、西部地区产业结构水平存在明显的梯度差异，说明存在产业结构调整和升级的客观要求。

第五节　几点结论

结论一

在改革开放初期，交通网络基础设施建设的不足是我国经济发展的"瓶颈"。到了 20 世纪 90 年代，我国交通网络基础设施的建设的加速改善了这种局面。历经改革开放 35 年的发展，基本构筑了铁路、公路、民用航空、水运和管道等综合交通立体运输网络。能源网络基础设施的建设对国民经济发展至关重要。目前，中国已成为世界第一能源生产与消费大国，随着中国工业化和城市化进程推进，能源网络基础设施的建设凸显重要性。我国信息网络基础设施建设取得了举世瞩目的成就，信息产业增长速度数倍于国民生产总值增长速度，实现了从信息化"边缘"国到"积极利用"国的转变，有力推动了工业化和城市化进程，促进了经济社会的发展。特别是 2008 年，为了应对国际金融危机，国家出台了 4 万亿元投资计划，掀起了新一轮以基础设施建设为主的投资热潮，创造了交通、

能源和信息等网络基础设施"跨越式"发展，在一定程度上降低了微观企业的运营成本，提高了微观企业的技术效率。网络基础设施已成为我国对外贸易发展和经济增长的"加速器"。但不可否认的一个事实是，特殊的地缘关系与经济基础限制了中西部地区交通、能源和信息等网络基础设施建设，东中西部网络基础设施在建设力度和速度上尚存在显著差异。尽管在西部大开发、中部崛起之后这种差异有所改善，但是，中西部地区与东部地区相比网络基础设施发展相对滞后，这不仅影响了地区劳动生产率差异，扩大了地区间收入差异，而且还限制了资源在全国范围内的优化配置，业已成为中西部地区乃至全国出口结构、产业结构优化和经济长期增长的掣肘。目前，在我国产业结构调整的关键时期，因势利导地加强区域网络基础设施建设，搭建全国一体化网络基础设施平台，这对于提升我国出口产品技术含量，增强出口产品国际竞争力，推动产业结构高度化，实现经济长期增长现实意义重大。

结论二

首先，1996 年至今，中国的出口产品技术含量呈不断上升态势，且接近于观测样本平均水平，但与英国、德国等高收入国家差距甚大，与墨西哥、阿根廷等上中等收入国家的差距明显，不敌金砖国家中的南非，低于东盟的新加坡，在笔者观测的样本中仅居于下中等水平。受国际金融危机及欧美债务冲击，近两年中国出口品技术含量锐减。在未来对外贸易发展中，中国的出口贸易在高技术领域必将遭遇德国、日本、美国等高收入国家的阻力，在中低技术方面会受到东盟及金砖国家的竞争压力。而中国目前正处于向中高技术领域的发展过程中，因此，高收入国家才是我们的竞争对象，对于这些国家，中国的竞争明显处于劣势。

其次，中国出口产品技术含量虽呈上升态势，但地区差异明显。东部地区明显高于中西部地区，且各省市区之间的出口产品技术含量呈梯队式结构，北京、天津、江苏、上海的出口产品技术含量较高，而广西、海南、河北、山东的出口产品技术含量较低。中部地区各省市区之间的出口产品技术含量齐头并进。西部地区各省市区之间的出口产品技术含量整体较低但提升速度较快。

再次，中国服务贸易发展迅猛，增长率远远高于世界，规模日益扩大，但占世界服务贸易的比重仍然很低。中国服务贸易逆差大、国际市场占有率极低，这与我国服务贸易规模不大，且占世界服务贸易比重低有关；现代服务与传统服务贸易的比例关系有质的突破，已呈现逆转态势，说明我国劳动密集型部门逐步在向资本、知识密集型部门过渡。中国服务贸易总体竞争优势还很薄弱，较之高收入国家还有很大距离，同时面临部分中低等收入国家（如白俄罗斯、格鲁吉亚、印度）日趋激烈的竞争，虽然近两年整体状况有一定改善，但改善幅度不大。中国服务贸易分部门贸易竞争力方面，近年除了建筑、计算机与信息服务、其他商业服务等偏向低报酬劳务输出和配件加工组装的劳动密集型和资源密集型部门外，其他如金融、保险、专利及授权费用等高附加值的领域则不具有比较优势。服务贸易结构竞争力纵向变动总体呈现波浪式下降，进而在不同时间段，三大类服务变动幅度和优化程度则呈现差异；在具体部门上，旅游和其他商业服务以及运输、通信、建筑的变动幅度相对较大。

最后，从我国各省市区的网络基础设施与出口产品技术含量之间的散点图看，它们之间总体上存在正向关系。网络基础设施的分布与地区间出口产品技术水平有较强的相关性，基础设施相对完善的地区，企业的生产成本相对较低，企业的全要素生产率相对较高，出口产品技术含量也就相应提升。

结论三

自加入世界贸易组织以来，我国产业结构正逐渐趋于合理化和高级化的动态变化之中。但与高收入的发达国家和新兴经济体国家的产业结构相比，与我国产业结构升级的要求相比，目前我国三次产业之间的比例关系不尽合理，突出表现为服务业特别是现代服务业发展相对滞后，所占比重较低。特殊的地缘关系、资源禀赋条件和经济发展程度使得我国东部、中部和西部地区产业结构合理性和高级化水平异质性突出，东部地区产业结构水平接近于国外相当水平的国家或地区，中西部地区产业结构水平差距较大。

第五章　基础设施、出口贸易与产业升级的理论验证

　　学者们都希望自己的研究成果能达到理论与现实完美结合的学术意境或效果。我们对"基础设施、出口贸易与产业升级"的研究要达到严谨而富有价值的境界，一方面取决于对经典理论的理解和经典理论关联于现实的拓展应用；另一方面则取决于对问题研究的角度选择、切入点的把握和现实问题的洞悉，以及匹配以科学的验证方法。异质性约束下基础设施、出口贸易与产业升级的理论验证需要借助于西方学者们的计量方法，准确理解计量经济学模型的数理问题与计量方法的应用问题，适配于研究事物的现实进展及真实数据集，这是笔者在验证时要把握的技术问题。

第一节　基础设施影响出口产品技术含量的跨国验证

　　基于不同企业在生产经营和技术梯度等方面具有不同的水准，我们对基础设施影响出口产品技术含量，不能局限于两者之间的一般性作用机制，而是应在异质性企业理论框架下放眼世界各国的情况来展开研究。本节采用1996—2009年SITC三位码分类水平下的跨国数据，运用相关模型测算36个国家制造业出口产品的技术含量，并在此基础上使用动态面板系统GMM两步估计方法，实证分析网络基础设施与企业出口产品技术含量提升的关联性。

一　指标选取与模型设定

（一）指标选取

　　由第三章的理论分析可知，完善的基础设施建设及良好的服务既有利于现有出口企业和出口产品在单一方向上量的扩张（集约边际），而且还

能够通过降低进入国际市场门槛促进新的企业进入出口市场以及增加出口产品种类（扩展边际）。这种对于出口高技术含量产品的企业而言影响更为明显。为了准确估计基础设施对出口产品技术含量的影响，我们选取以下指标进行计量分析。

1. 被解释变量

出口产品技术含量（TET）。一个国家（或地区）出口产品技术含量可以定义为该国（或地区）所有出口产品技术含量的加权和，其中权数为各类产品的出口份额（杜修立、王维国，2007）。计算公式（具体计算方法和经济含义参见第四章第三节）如下：

$$TET_j = \sum_{i=j}^{m} TC_i \times es_{ij}$$

其中，TC_i 为产品 i 的技术含量指标；es_{ij} 为国家 j 在 i 产品上的出口份额。出口产品技术含量 TET_j 可以用来横向比较不同的经济体在同一时期内出口产品技术含量的高低，也可以纵向分析同一经济体在不同的时期内出口产品技术含量的变动趋势。

2. 核心解释变量

交通网络（Transport）。交通网络是基础设施重要组成部分，也是政府公共投资的重要部分。经济学家的研究结果和现实表明交通网络状况直接影响着生产的增长，运输基础设施部门创造的产值增速快于经济增长的平均增速，其推动经济增长的作用十分显著（Simon，1985）。如美国在工业化进程中，发达的水运、铁路以及其他形式的交通网络促进了美国东北部制造业的发展和南部地区棉花贸易的扩大，推动了南部地区的专业化生产。再如发展中国家对交通网络投入不足被视作"社会经济发展和民族融合的重要瓶颈之一"（Ahmed，1976），因而在经济起飞初期，政府常常需要加大对交通网络基础设施的投资，借以扩大市场服务范围、降低运输成本和实现规模经济，助推社会总产出水平的提高，这对出口企业而言有利于其出口更多高质量、高技术的产品。考虑到数据的可获得性和完整性，交通网络基础设施水平由铁路总长度（Rail）、公路总长度（Road）和铁路货运量（Load）来衡量。①

---

① 在世界银行 WDI 数据库中解释为："铁路货运是指通过铁路运输的货物总量，按公吨乘以行驶的公里数计算。"

信息网络（Information）。信息网络基础设施概念宽泛，主要包括与信息传递有关的邮电、通信、广播电台、电视台以及计算机网络等一系列领域。发达的蛛网式信息网络基础设施有利于企业迅速获得更多的交易信息，减少交易者获取交易信息所支出的费用。现代通信设施的发展，电子数据交换革新了传统的信息交流渠道，加速信息的流动，交易者能够快捷便利和准确及时地获取市场交易信息，从而以较少的成本支出获取更多的信息。互联网络的快速发展与广泛使用打开了生产厂商和供应商进行国际商品买卖的通道，颠覆了传统的营销范式，从而节省了大量的成本支出，且一旦订单或者信息发生更改，企业可以及时或调整库存或调节生产，以满足不断变化的外部需求，有效减少企业用于发现交易对象和价格、讨价还价、订立契约的事前交易成本，有效减少企业在发生违约后的调整成本。考虑到信息网络在国际贸易中使用的频率，本书主要采用每百人拥有的电话线路数量（Line）和每百人互联网用户数（Number）这两个指标来反映国家或地区的信息网络基础设施水平。

能源网络（Energy）。能源网络基础设施建设关系着一国的经济命脉，能源短缺和结构失衡羁束一国经济发展。按照世界银行的定义，生产和输送能源的设备，如电网、高压输电线和石油管道等构成了能源网络基础设施。考虑到数据采集可获得性，将石油、天然气、固体燃料均换算为石油当量，以能源生产量[①]（Energy Output）来衡量一国或地区能源网络基础设施水平。

3. 控制变量

除解释变量之外，一切能使被解释变量发生变化的变量称为控制变量，旨在控制变量以期避免自变量的混淆，从而控制模型估计结果的稳健性。

人力资本（Rh）。人力资本能直接促进知识资本的积累，提高生产率水平（Coe & Helpman, 1995），从而有助于提高一国或地区出口产品技术含量。企业拥有较高的人力资本水平，企业的自主创新能力必然增强，工

[①] 囿于数据可得性，以往人们在检验能源网络基础设施对经济增长的影响时，主要是从生产角度来考察，如原煤、原油的生产量和发电量对经济增长的影响（Balazas, 2009；Charles, 2006）。能源生产量指各类一次能源——包括石油（原油、液化天然气及非常规来源的石油）、天然气、固体燃料（煤、褐煤及其他衍生燃料）和可燃性可再生能源和废物和一次电力，均换算为石油当量。

人掌握新技术、新工艺能力增强,有利于企业劳动生产率提高和生产产品技术水平提升。

研发支出(Rrd)。研发与教育是促进内部知识资本积累的主要途径,同时也有利于吸收和采用国际技术溢出。一国或地区研发支出的增加,能够为其经济发展提供后劲,有助于提高其出口产品技术含量。企业通过增加研发支出进行技术创新,提高其产品质量和技术水平,继而提升其出口产品技术含量。

人力资本和研发支出反映国内的技术禀赋,在一定程度上衡量国家或企业自身的知识资本积累(祝树金、戢璇、傅晓岚,2010)。

外商直接投资(FDI)。FDI 是物化型技术溢出的直接渠道,它为国内市场带来不同的标准和知识,直接促进国内企业进行研发和创新潜力,促进产品的技术创新。FDI 的流入可以降低技术采用的研发和学习成本,有利于企业对于先进技术的引进和先进管理经验的吸收。中国、印度、巴西等新兴经济体的发展经验表明,通过消除贸易壁垒、对外国直接投资限制的放松明显增加了发展中国家接触外国技术的机会,促进了技术在发展中国家内部的扩散。事实上,外资企业比内资企业一般生产和出口相对复杂的产品,并且外资企业也可能通过对内资企业的技术溢出间接地提高内资企业出口的技术复杂性(Wang & Wei,2007)。因此,FDI 的技术溢出效应能够使一国或地区获得国外先进技术,降低企业技术采用的研发和学习成本,通过技术扩散的形式提高出口产品技术含量。

进口贸易(Import)。进口贸易提供了可选择的中间产品产生知识溢出效应,贸易使得生产者面对不同的消费者,这些消费者有着不同的文化背景、性格特征和消费偏好,对产品的要求也不尽相同,倒逼生产者不断创新产品。一些国家或地区因为进口了大量高技术水平的中间产品,知识技术的溢出效应有助于该类出口产品技术含量的提高。企业在出口产品的同时,通过进口高技术水平的中间产品学习先进技术,提高出口产品技术含量。

外商直接投资与进口贸易反映外部的知识转移,它们作为国际技术溢出的两种主要渠道,通过外部知识资本的扩散促进国家或企业出口产品技术含量的提高(祝树金等,2010)。

4. 先决变量

为使模型的实证结果更加显著,同时考虑到指标数据的可获得性,我们采用政府规模（gov）作为模型中的先决变量。[①] 已有研究表明政府规模对基础设施具有重要影响，而且从表面上看它与出口产品技术含量之间无直接关系。政府规模越大，基础设施投入就越多（张光南、陈文汉，2009），但要达到较大的政府规模，所需税收收入的增加大于基础设施投入的增加，从而使得基础设施投入比重相对降低。

5. 数据来源及处理

被解释变量（出口产品技术含量）是在 SITC Rev2 的 3 位码分类水平下，测算了 36 个经济体 36 类制造业中的 32 类，数据来源于世界银行 WDI 数据库和联合国贸易发展委员会的国际贸易统计（UNCTAD）数据库。核心解释变量中，交通网络基础设施采用铁路总长度、公路总长度和铁路货运量，信息网络基础设施采用每百人电话线路和每百人互联网用户数，能源网络基础设施采用能源生产量，数据均来源于世界银行 WDI 数据库。控制变量中，人力资本采用各国的高等教育入学率，研发支出用各国研发支出占 GDP 的比重来衡量其水平，FDI 采用各国的实际利用外资额，FDI 和进口额的原始数据均采用 2005 年为基期的 CPI 价格指数进行平减，数据来源于 WDI 数据库和 UNCTAD 数据库。由于许多国家或地区部分指标如研发支出占 GDP 比重、政府规模等 1996 年前的数据缺失，2009 年后的数据尚未更新，故删除了样本期间数据缺失严重的样本国，最终确定样本数量为 32 个国家，回归区间为 1996—2009 年。[②] 1996—2009 年，所有变量的描述统计如表 5 - 1 所示。

表 5 - 1   主要变量的统计特征描述

变量	样本数	均值	标准差	最小值	最大值
tet	448	13313. 70	4011. 58	7477. 08	24652. 43
rail	448	232771. 39	572236. 63	0. 695	2839124
line	448	31. 94	18. 66	1. 53	68. 23

---

① 外生变量与滞后内生变量统称为先决变量（predetermined variable）。滞后内生变量是联立方程计量经济学中重要的不可缺少的一部分变量，用以反映系统的动态性和连续性。

② 选取依据是按照世界银行 2006 年人均 GNI 分组标准。2006 年中国人均国民总收入位居世界第 129 位，列属下中等收入国家；2010 年上升到第 121 位，跻身上中等收入国家行列。基于此，样本选取了 12 个高收入水平国家、12 个上中等收入水平国家、12 个下中等收入水平国家。采取随机抽取方式，因数据缺失，个别国家作了替换调整。

续表

变量	样本数	均值	标准差	最小值	最大值
number	448	23.88	23.70	0.01	86.98
energy	448	235496.20	405070.03	2871	1993306
rh	448	46.48	20.92	5.11	98.09
R&D	448	1.15	0.85	0.05	3.44
FDI	448	239.86	461.62	−356.01	3643.56
import	448	2137.51	3056.65	49.35	19678.49
tet	448	13313.70	4011.58	7477.08	24652.43

数据来源：笔者根据 WDI 数据库、OECD 数据库和国际贸易统计数据库数据计算而得。

（二）实证模型设定

经典线性计量经济学模型在分析时只利用了时间序列/截面数据中的某些二维数据信息，然而在实际经济分析中，这种仅利用二维信息的模型在很多时候往往不能满足人们分析问题的需要（李子奈、潘文卿，2010）。对于同时具有时序和截面双重性质的数据，我们将采用面板数据（panel data）分析方法设定模型。面板数据也称时间序列截面数据（time series and cross section data）或混合数据（pool data），是指在时间序列上取多个截面，在这些截面上同时选取样本观测值所构成的样本数据。面板数据从横截面上看，是由若干个体在某一时刻构成的截面观测值，从纵剖面上看是一个时间序列。与单纯的时间序列或横截面序列相比，面板数据模型具有以下优点：（1）利用面板数据模型可以解决样本容量不足的问题；（2）有助于正确地分析经济变量之间的关系；（3）可以估计某些难以度量的因素对被解释变量的影响。在构建具体的实证模型时，考虑到"对于时期较短而横截面单位较多的样本数据，可以认为地区间的差异主要表现在横截面的不同个体之间，参数不随时间变化或者变动较小"（魏楚、沈满洪，2007），故下面将采用变截距模型。

出口产品技术含量在一段时期内往往具有累积效应，前期的出口产品技术含量对后期的技术含量会带来一定影响，而且在影响出口产品技术含量的各因素中，许多难以定量的各国特征（如文化、资源、地理等）也与解释变量相关，但要弄清这些效应的各种来源、具体界定及度量非常困难。我们通过引入出口产品技术含量滞后项来综合这些因素及效应，从而消除未引入出口产品技术含量滞后项时解释变量与误差项之间存在的相关性。由此，设定如下反映网络基础设施影响制造业出口产品技术含量的动态回归模型：

$$\ln TET_{it} = a_0 + \beta_0 \ln TET_{t-1} + \beta_1 \ln rail_{it} + \beta_2 \ln road_{it} + \beta_3 \ln load_{it}$$
$$+ \beta_4 \ln enery_{it} + \beta_5 \ln line_{it} + \beta_6 \ln numb_{it} + \beta_7 Rh_{it} + \beta_8 Rrd_{it}$$
$$+ \beta_9 \ln fdi_{it} + \beta_{10} \ln impo_{it} + v_i + u_t + \varepsilon_{it}$$

模型中 i、t 分别表示国家、时期；v_i、u_t 分别表示截面与时间固定效应，以控制所无法观察的国家个体和不同时间层面因素的影响；ε_{it} 为随机扰动项，它与个体时间固定效应 v_i、u_t 以及解释变量不相关；$\ln$ 表示变量的对数，以消除异方差；R 表示变量为比值，β 表示回归系数。

二 实证模型的计量经济学估计

(一) 模型技术处理

为了在模型估计中能得到参数的一致无偏估计值，有必要考虑建模过程中经常出现的经济计量问题，如测量误差、遗漏解释变量和内生性等问题，并对此加以说明。

1. 测量误差的问题。测量误差是基础设施存量测算中比较常见的问题。前人研究基础设施多采用公共投资的额度作为代理变量，以公共资本来代表基础设施存量显然会带来系统性的误差导致估计的有偏性。这是因为基础设施并非都是由公共部门投资，私人资本也有可能参与其中。以中国的交通基础设施建设为例，始于 20 世纪 90 年代允许外商和民间资本进入国有资本垄断的公路建设领域，1997 年公路法之"公路收费"制定了"谁修路，谁受益"，吸引了大量的外资和私有资本进入公路建设领域。此外，在一些发展中国家，还将涉及复杂的政府行政职能与管制问题，私人资本和公共资本数据的有效性不能得到保证（Pritchett，1996）。故此，为规避误差，我们采用实物指标来衡量交通网络基础设施，以生产量或实际使用来衡量能源网络基础设施和信息网络基础设施。

2. 遗漏变量的问题。出口产品技术含量是一个统摄性概念，不同经济体的气候、环境等自然条件，自然资源禀赋、对外开放程度和对外贸易政策等因素都可能影响一国的出口产品技术含量，但这些因素我们无法直接观察得到，即使能够观察得到也很难进行量化处理，因此遗漏解释变量问题很难解决。但是我们在设定模型时可以将遗漏变量放在残差项中，通过选择适当的控制变量有效地减少遗漏变量的影响，同时回归时正负误差相互抵消也可以部分地消除遗漏变量的影响。

3. 变量的内生性问题。基础设施与出口贸易很可能存在互为因果的关系，也就可能存在模型的"内生性"问题。学界在消除解释变量内生性问题时存在较大分野，或有采用工具变量法的，或有建立联立方程组模型的，或有用存量指标代替流量指标的……如此种种各有利弊。为解决估计方程中变量较多可能引起的内生性问题，采用 GMM 估计方法。该方法主要是通过在一定假设条件下将估计方程的一阶差分变量设定为解释变量的工具变量，从而得到差分 GMM 估计量，这就有效解决了解释变量内生性问题。但差分 GMM 方法的缺点在于会损失一部分样本信息，而且解释变量的时间连续性较长会减弱工具变量的有效性，小样本情况下尤其如此，因而我们采用系统 GMM 估计方法，它是通过在差分 GMM 估计方法上再引入水平方程，将滞后差分变量增加为水平方程相应变量的工具变量，从而使得估计结果的有效性大为提高。另外，采用系统 GMM 两步法估计可以消除异方差的干扰。我们使用系统 GMM 两步估计方法来对模型做回归分析。

（二）实证检验结果及其解释

表 5 - 2 是以上计量模型采用系统 GMM 两步法进行检验所得的四组估计结果。

由表 5 - 2 可以看出，四组估计结果中系数联合显著性的 Wald 检验 P 值均为 0，拒绝了解释变量系数全部为零的原假设，表明模型整体显著，拟合效应良好。而 Sargan 检验的 P 值均为 1.0000，远高于 0.1，表明系统 GMM 新增工具变量是有效的，不存在过度识别问题。残差序列相关性检验中，模型（2）和模型（3）差分后的残差显示存在二阶自相关，而模型（1）和模型（4）差分后的残差则均显示无二阶自相关，这说明原模型的误差项无序列相关性，故此模型的估计结果都是有效且整体显著的。根据表5 - 2的四组实证结果，对计量模型做出进一步的分析。

表 5 - 2　　　　　　　动态面板系统 GMM 两步法估计结果

变量	（1）	（2）	（3）	（4）
L1. lntet	0.9377 ***	1.1644 ***	1.1915 ***	0.9538 ***
	(0.0958)	(0.0200)	(0.122)	(0.0691)
L2. lntet	- 0.5210 ***	- 0.5391 ***	- 0.5635 ***	- 0.6135 ***
	(0.0382)	(0.0281)	(0.0332)	(0.0548)

续表

变量	（1）	（2）	（3）	（4）
L3. ln tet	0. 2540 ***	0. 2341 ***	0. 2497 ***	0. 3090 ***
	(0. 0263)	(0. 0140)	(0. 0230)	(0. 0407)
Ln gov	0. 0001 ***	0. 0001 ***	0. 0001 ***	0. 0001 ***
	(0. 0000)	(0. 0000)	(0. 0000)	(0. 0000)
L1. Ln gov	− 0. 0002 ***	− 0. 0002 ***	− 0. 0002 ***	− 0. 0002 ***
	(0. 0000)	(0. 0000)	(0. 0000)	(0. 0000)
Rh	− 0. 0045 ***	− 0. 0035 ***	− 0. 0035 ***	− 0. 0023 ***
	(0. 0006)	(0. 0006)	(0. 0003)	(0. 0008)
L1. Rh	0. 0055 ***	0. 0041 ***	0. 0041 ***	0. 0035 ***
	(0. 0006)	(0. 0004)	(0. 0003)	(0. 0006)
Rrd	− 0. 0524 **	− 0. 0525 **	− 0. 0689 ***	− 0. 1515 ***
	(0. 0235)	(0. 0235)	(0. 0111)	(0. 0433)
Ln impo	0. 2015 ***	0. 0567 **	0. 0378 ***	0. 2181 ***
	(0. 0691)	(0. 0232)	(0. 0085)	(0. 0589)
Ln fdi	0. 0002			
	(0. 0002)			
Lnroad	− 0. 2011 **	− 0. 0266		
	(0. 0800)	(0. 0218)		
Ln load				0. 0552 ***
				(0. 0127)
Ln rail	0. 0975 ***	0. 0706 ***	0. 0672 ***	0. 0456 **
	(0. 0230)	(0. 0218)	(0. 0114)	(0. 0235)
Ln line	− 0. 2582 ***	− 0. 0821 **	− 0. 0924 ***	− 0. 3016 ***
	(0. 1369)	(0. 0398)	(0. 0149)	(0. 0734)
Ln ener	− 0. 0107	− 0. 0480 **	− 0. 0658 ***	− 0. 1792 ***
	(0. 0269)	(0. 0228)	(0. 0161)	(0. 0374)
Ln numb	0. 0853 ***	0. 0700 ***	0. 0732 ***	0. 0889 ***
	(0. 0097)	(0. 0112)	(0. 0026)	(0. 0092)
Cons	4. 1971 ***	1. 3574 ***	1. 2534 ***	3. 8112 ***
	(1. 1626)	(0. 3261)	(0. 1127)	(0. 6786)
Wald	1. 61e + 07	1. 87e + 07	2. 10e + 07	9. 81e + 06
(P value)	(0. 0000)	(0. 0000)	(0. 0000)	(0. 0000)
Sargan	20. 6954	25. 8107	26. 5644	18. 90632
(P value)	(1. 0000)	(1. 0000)	(1. 0000)	(1. 0000)
AR (2)	− 1. 8716	− 4. 0758	− 4. 0289	− 0. 5971
(P value)	(0. 0613)	(0. 0000)	(0. 0001)	(0. 5504)

注：（1）双尾检验的显著水平1%、5%、10%分别由 ***、**、* 来表示；（2）解释变量对应括号内的数值为标准差；（3）估计结果在 Stata 10. 0 上得到

1. 四个模型中的被解释变量出口产品技术含量的一阶、二阶和三阶滞后变量的系数都通过了1%的显著性检验，而其滞后期变量的作用系数以滞后一期变量为主，综合表现为正向作用。这在经济学上解释为当期出口产品技术含量会很大程度上受到前几期出口产品技术含量的影响，不同滞后期的影响方向不同，但总体表现为正向作用，从而说明出口产品技术含量的确具有显著的累积效应。同时，作为先决变量的政府规模当期及滞后一期系数也比较显著，且对出口产品技术含量的影响有一定的滞后效应，但其系数很小，作用甚微。

2. 在模型（1）中，交通网络基础设施变量选择了铁路总长度（rail）和公路总长度（road）两个指标，其实证结果显示除了外商直接投资和能源生产量的系数不显著，即外商直接投资和能源网络基础设施对出口产品技术含量作用不明显，其他所有变量系数及常数都较为显著且稳健。在模型（2）中剔除外商投资变量，实证结果显示能源生产量系数在5%显著性水平上开始显著，而公路总长度系数则是不显著的，故继续在模型（3）中剔除交通网络基础设施变量的公路总长度指标，实证结果显示整体显著性大幅提高，所有变量均通过了1%显著性水平。但是令人遗憾的是模型（2）和模型（3）整体都显示存在二阶自相关性，这也就意味着此模型遗漏了对被解释变量有重要影响的变量，这与相继剔除两个变量不无关系。由此，为弥补此缺陷，在模型（4）的交通网络基础设施变量中加入铁路货运量指标，虽然常理上铁路货运量与铁路总长度两个指标间可能存在相关性，但本书运用系统广义矩估计（系统 GMM）则使得两者进行差分后所得差分项之间的相关性已大为减弱，不影响估计结果，并且实证结果中各变量系数都呈现显著性，说明各个变量对出口产品技术含量存在稳健而显著的作用。

3. 在各变量显著性均较好的模型（4）实证结果中，本书的控制变量研发投入指标一直呈现负系数，表示研发投入对出口产品技术含量存在负向作用，这可能是因为大多数国家发展资金有限，研发投入当期并不能产生明显效果，反而会有资金投入的挤出效应发生。人力资本变量滞后一期正系数均大于当期负系数，说明人力资本对出口产品技术含量的影响存在滞后效应，且滞后期正向作用大于当期负向作用，总体为促进作用。但是由于系数较小，影响程度不大，这或许与各国教育投入水平及教育本身的长周期性不无关系。此外，控制变量中的进口贸易变量在三个模型中的系数均为正数，表明进口贸易对于一国出口产品技术含量具有较为稳健的提升作用，而外商直接投资对出口产品技术含量作用却始终不显著，这可能是因为大多发展中国家所吸收的外商直接投资主要是集中在技术落后的边际产业转移上，而在本国设立的外商研发中心一般严格实行技术保密，使得这些国家的出口产品技术含量在现实中更多是通过进口贸易这一渠道来提升，存在较强的替代效应。

4. 在各变量显著性均较好的模型（4）实证结果中，交通网络、能源网络、信息网络三类基础设施变量对出口产品技术含量的影响都显示是稳健且显著的。其中，两项交通网络基础设施变量铁路总长度和铁路货运量均对出口产品技术含量具有显著的提升作用，与本书理论分析相一致。能源网络基础设施变量的能源生产量对出口产品技术含量具有显著的负向作用，这与出口产品技术结构有关，因为单位高技术含量出口产品相对于低技术含量出口产品的能源利用率更高，在模型上表现为能源生产量与出口产品技术含量负相关。信息网络基础设施变量中的人均电话线长度对出口产品技术含量也显示为显著的负向影响，而每百人互联网用户数却为显著的正向影响，这是因为近年来互联网迅猛发展，并广泛运用于社会各个领域，其在跨国进出口业务中的作用更是日益彰显，极大地降低了贸易双方交易成本，提高了信息传递的准确性和可获得性；而固定电话由于其发展时间长、本土性和低门槛等特点，在很多国家的建设相对完善，对应的更多是低教育程度的使用者及其在国内贸易的运用上。

第二节　基础设施影响出口产品技术含量的省际验证

第一节在异质性企业理论框架下放眼世界各国验证了网络基础设施对出口产品技术含量的影响。本节在异质性企业理论框架下，使用中国东、中、西部 29 个省市区（不包括新疆、西藏自治区）2002—2008 年数据，采用广义最小二乘法（GLS）和动态面板系统 GMM 法对网络基础设施影响出口产品技术含量进行计量估计。在党的十八届三中全会提出构建开放型经济新体制，打造开放型经济升级版，全面深化国际贸易改革背景下，本节以理论为支撑，以问题为导向，验证我国地区基础设施对出口产品技术含量的影响，探究地区经济的发展之道、地区贸易的改革之路以及地区基础设施的规制之则提供经验。

一 变量选取与模型设定

（一）变量选取

1. 被解释变量

被解释变量为经质量调整的出口产品技术含量指标（EXTECH）与技术结构高度指标（ERTL）。其计算方法和经济含义参见第四章第三节。

2. 核心解释变量

基于前文有关基础设施的概念界定与理论分析，核心解释变量的选取包括交通网络、能源网络和通信网络三项基础设施（即经济性基础设施）。

交通网络基础设施（trans）。在改革开放初期，交通网络基础设施建设的不足是我国经济发展的"瓶颈"，直至 20 世纪 90 年代这种局面大有改观。新中国成立 60 多年来交通运输业累计完成投资 89988 亿元，年均增长 13.4%，交通运输建设突飞猛进，由铁路、公路、民用航空、水运和管道组成了综合交通立体运输网络。鉴于数据的可获得性，我们选择公路、铁路和内河航道的长度三种指标来反映交通网络基础设施。为了使各省市区不同时期的数据可比，笔者沿用 Demurger（2001）的处理方法计算公路、铁路和内河航道的长度之和与各省市区域内面积的比值得出交通网络基础设施密度。在铁路里程指标上使用的是铁路营业里程。

能源网络基础设施（ener）。从 1990 年至 2009 年，我国的发电装机容量从 6212 亿千瓦小时增长到 18949 亿千瓦小时，年均增长 6.05%；煤炭开采能力从 107988 万吨增长到 297300 万吨，年均增长 9.59%；可供消费的能源总量从 96138 万吨标准煤增长到 311277 万吨标准煤，年均增长率为 6.38% 。2011 年中国已成为世界第一能源生产与消费大国，我国经济高速增长的同时，能源生产能力大幅度提高，主要能源产品品种和产量大幅度增加，能源供应也紧跟需求显现高速增长。能源网络基础设施的迅速发展为经济增长提供了强而有力的支持。

依据世界银行的定义，能源网络基础设施是指为生产和输送能源的设备，例如输送石油的管道、输电线路等，然而收集各省市区能源生产和输送设备的统计数据十分困难。我们在做跨国数据验证时，从能源生产的角度定义能源网络基础设施。然而从能源生产的角度定义能源网络基础设施并不符合中国实际，这是因为一些地区将生产的能源并非完全用于本地区的消费。我国地大，各地的资源禀赋迥异，例如山东、黑龙江、新疆等为原油生产集聚区，山西、河南、辽宁、陕西、内蒙古等为煤炭生产集聚区，这些产区却将大部分能源输送到其他省市区。换句话说，我国工业密集度较高地区（如上海市和天津市）并不生产或仅少量生产某些能源，然而这些地区的能源消费量却很高。如果一味地用能源产量来衡量地区的能源网络基础设施，势必会出现于"逆事实"的情况。鉴于此，这里我们用地区的人均能源消费总量间接地反映能源网络基础设施存量，其优点在于将不同种类的能源用已换算的单位（万吨标准煤）从总体上来衡量。

信息网络基础设施（tele）。信息化水平是衡量一国或地区综合国力、现代化程度和经济增长能力的重要标尺。改革开放以来，尤其是近十年来，我国的信息化建设成就举世瞩目，信息产业增速数倍于国民生产总值增速，实现了从信息化"边缘国"到"积极利用国"的转变，有力推动了工业化和城市化进程，促进了经济社会的发展。根据中国互联网络信息中心发布的数据显示，截至 2013 年 12 月，中国网民规模达 6.18 亿。其中，网民中使用手机上网的人群占比由 2012 年年底的 74.5% 提升至 81%，手机网民人数达到 5 亿，互联网普及率为 45.8%。

信息化水平是一个比较宽泛的概念，主要指以交互方式传送语音、数据、文本、图像、视像和多媒体信息的高速通信网及相关设施，包括邮电通信网络、广播电视网络和计算机网络。受羁束于跨国数据获得的途径，跨国数据检验中使用了人均电话线长度或者互联网普及率来衡量信息网络基础设施存量。其实，人均电话线长度、互联网普及率只是信息网络基础设施的主要方面，此处我们使用人均邮电业务总量这一综合指标来反映各省市区的信息基础设施存量。

3. 控制变量

古典和新古典国际贸易理论告诉我们，某个国家和地区的一篮子出口商品反映的是这个国家和地区的要素禀赋与技术水平。由要素禀赋理论可知，每个国家和地区会因要素禀赋的不同而生产不同的商品，继而引发商品的国际贸易。新—新贸易理论的异质性企业模型解释了不同生产率企业的贸易行为，相对要素禀赋和生产率对企业出口产品技术水平有重要影响。据此，我们加入进口贸易、外商直接投资、人力资本禀赋、研究开发费用和物质资本禀赋五个控制变量。

进口贸易（Impg）。进口贸易通过增加中间产品的投入种类产生知识溢出，是技术转移的重要渠道。由于国际产业链的分工细化，部分发展中国家进口产品中包括大量高技术的中间产品，在国内完成产品的加工装配后再出口到其他国家，这会促进整体的出口产品技术含量提升。

外商直接投资（FDI）。FDI 是技术溢出的一个直接渠道，其对东道国的技术进步和经济增长产生重要影响。一个国家的对外开放度越高就越容易接触到国际先进技术和管理经验，借以提升本国的技术水平。FDI 的流入一方面可以降低本国企业技术研发和学习成本，另一方面刺激国内企业的研发创新潜力，利用产业链效应带动相关产业的技术进步，提升出口产品技术含量。与内资企业相比，外资企业一般生产出口技术复杂度较高的产品，技术外溢间接提高国内企业出口的技术复杂度（Wang & Wei，2007）。

Impg 和 FDI 表示地区开放程度，分别是各省市区年外商直接投资存量，进口额与地区 GDP 之比。

人力资本禀赋（h）。人力资本相对丰裕的国家在人力资本密集型产品的生产上具有比较优势。新增长理论告诉我们知识资本推动经济长期增长，而知识资本是内嵌在人力资本要素当中的，人力资本的改善能够节约工人的学习时间，提高实物资本的使用效率和新技术的掌握速度，不仅深化了劳动分工，还提高了生产效率，它对企业的创新与技术进步有决定性的影响。h 表示平均受教育年限，根据各省统计年鉴中 6 岁及以上人口各种教育程度人数加权平均计算得到。[①]

研究开发费用（rdg）。研发是国内企业自主创新主要的源泉。企业可以通过外资企业的技术溢出，或者直接购买引进专利而获得国外的先进技术，但企业唯有通过研发投入才能掌握主动权，提高自主创新能力以提升其出口产品技术含量。研发活动可以提高产品的质量，使企业生产出性能更佳的产品，也降低了企业的成本，从而提高企业的国际竞争力（Mowery & Oxley，1995）。研发费用使用研究与试验发展（R&D）经费的内部支出反映地区的技术禀赋。

物质资本禀赋（capl）。由于物质资本是生产过程的核心投入，用资

---

① 具体计算方法为：小学、初中、高中、大学文化程度人口的受教育年限分别记为 6 年、9 年、12 年、16 年。

本劳动比可以反映国家物质资本与劳动力的相对要素禀赋。资本劳动比是固定资本存量与就业人口数的比例，这两个变量反映地区的人力资本禀赋和物质资本禀赋。

（二）实证模型设定

实证模型中数据包括中国东、中、西部 29 个省市区（不包括新疆、西藏自治区）。其中教育程度人数来源于各地区统计年鉴，研发经费内部支出来源于《中国科技统计年鉴》，各地区 FDI、就业人员数之数据来源于《新中国 60 年统计资料汇编》，各省的按 HS - 4 位编码的出口数量和金额、进口额来源于国务院发展研究中心信息网数据库；各省市固定资本存量来源于"中国经济增长与宏观稳定课题组"测算的数据①，各省 GDP 来源于国泰安数据库。涉及当年价格的比例指标不做定基调整，以美元为单位的指标按当年人民币兑美元年平均汇率换算成人民币值，人民币当年价格均调整为以 2002 年为基期的可比价格。由于国研网只提供 2002—2008 年被解释变量的数据，因此将模型整体的回归区间确定为 2002—2008 年，所有变量的描述统计如表 5 - 3 所示。

表 5 - 3　　　　　　　　　所有变量的统计特征描述

变量	样本数	均值	标准差	最小值	最大值
extech	203	16385.31	6044.444	6763.172	35980.53
ertl	203	0.2286	0.0918	0.0790	0.4464
trans	203	1548.011	1731.592	62.96414	10028.85
ener	203	1.914533	1.190681	0.618378	6.739113
tele	203	998.5633	743.3546	200.5212	4266.453
impg	203	0.177286	0.264013	0.011091	1.419098
fdi	203	238.4647	307.6512	1.564767	1462.713
h	203	8.098115	0.936288	6.040470	11.08531
rnd	203	827508.3	994024.5	11982.21	4817742
capl	203	7.443303	6.818381	1.485227	41.33297

数据来源：笔者根据各地《统计年鉴》、《中国科技统计年鉴》、《新中国 60 年统计资料汇编》及国务院发展研究中心信息网数据库数据等计算而得。

① 中国经济增长与宏观稳定课题组：《资本化扩张与赶超型经济的技术进步》，《经济研究》2010 年第 5 期。

根据前文的理论分析与选取的变量，囿于各省市区的数据时间跨度不大，数据结构较适宜采用面板数据模型（Panel Data Model）来处理，至此，我们设定一般性的面板模型验证网络基础设施对出口产品技术水平（含量，下同）的影响：

$$EXTECH_{it} = \alpha + \gamma Infra_{it} + \delta_1 impg_{it} + \delta_2 fdi_{it} + \delta_3 h_{it} + \delta_4 rdg_{it} + \delta_5 capl_{it} + \mu_i + \varepsilon_{it}$$

其中，被解释变量 $EXTECH_{it}$ 为第 i 省 t 年的出口产品技术水平，$Infra_{it}$ 为第 i 省 t 年三大网络基础设施变量，其他变量为控制变量。

二　实证模型的计量经济学估计

（一）静态面板数据初步估计结果

在进行实证模型的计量经济学估计之前，有必要对计量模型进行技术处理，其处理方法与步骤同第一节，第三节亦如此，不再赘述。首先，检验交通设施密度、人均能源消费量、人均邮电业务总量三个网络基础设施对出口产品技术水平的影响，然后依次加入控制变量进行回归。考虑到横截面个体较多而时间较短，差异主要体现在横截面个体之间，时间因素对参数估计的影响较小，故我们采用变截距模型的方法对模型进行计量估计。为避免各变量的不平稳性可能会造成伪回归现象，对各变量进行平稳性检验后再回归。常用的面板单位根检验主要有假设面板数据具有相同单位根的检验方法如 LLC 检验（Levin、Lin & Chu，2002）、Breitung 检验（Breitung，2000）和 Hadri 检验（Hadri，1999），假设面板数据具有不同单位根检验方法如 IPS 检验（Im、Pesaran & Shin，2003）和 Fisher – ADF（Maddala & Wu，1999；Choi，2001）检验。为保证结果的准确性，采用不同的检验方法对面板数据中的各变量进行单位根检验，检验结果如表5－4所示。

表5－4　　　　　　　　　　各变量单位根检验结果

检验方法	LLC	IPS	ADF – Fisher	PP – Fishe	平稳性
EXTECH	− 2. 5729 （0. 0050）	2. 0630 （0. 9804）	29. 4283 （0. 9994）	53. 2618 （0. 6518）	非平稳
ΔEXTECH	− 17. 0053 （0. 0000）	− 0. 6783 （0. 2488）	80. 1308 （0. 0287）	152. 586 （0. 0000）	平稳
TRANS	− 29. 7706 （0. 0000）	− 1. 5340 （0. 0625）	91. 5288 （0. 0033）	152. 566 （0. 0000）	平稳

续表

检验方法	LLC	IPS	ADF – Fisher	PP – Fishe	平稳性
ΔENER	− 33. 7825 (0. 0000)	− 6. 3761 (0. 0000)	132. 162 (0. 0000)	165. 497 (0. 0000)	平稳
ENER	− 17. 2361 (0. 0000)	− 1. 1261 (0. 1037)	84. 2052 (0. 0139)	90. 5070 (0. 0041)	平稳
ΔENER	− 18. 9792 (0. 0000)	− 0. 7946 (0. 2134)	77. 8232 (0. 0423)	144. 646 (0. 0000)	平稳
TELE	− 10. 0670 (0. 0000)	0. 0562 (0. 5224)	75. 2962 (0. 0630)	157. 384 (0. 0000)	平稳
ΔTELE	− 8. 8298 (0. 0000)	− 2. 3960 (0. 0083)	102. 088 (0. 0003)	145. 071 (0. 0000)	平稳
H	− 7. 5663 (0. 0000)	− 1. 1490 (0. 1253)	72. 9349 (0. 0895)	63. 6940 (0. 2831)	非平稳
ΔH	− 16. 5318 (0. 0000)	− 4. 5910 (0. 0000)	130. 043 (0. 0000)	182. 350 (0. 0000)	平稳
FDI	− 12. 7345 (0. 0000)	1. 3369 (0. 9094)	65. 7799 (0. 2255)	60. 3883 (0. 3895)	非平稳
ΔFDI	− 8. 3324 (0. 0000)	0. 0409 (0. 5163)	72. 4845 (0. 0955)	125. 79 (0. 0000)	平稳
IMPG	− 6. 1691 (0. 0000)	− 0. 6181 (0. 2683)	77. 6161 (0. 0437)	99. 1635 (0. 0006)	平稳
ΔIMPG	− 7. 3803 (0. 0000)	− 2. 0539 (0. 0200)	88. 8277 (0. 0057)	116. 213 (0. 0000)	平稳
RDG	− 7. 7148 (0. 0000)	0. 6213 (0. 7328)	56. 1088 (0. 5459)	98. 6908 (0. 0007)	非平稳
ΔRDG	− 20. 1243 (0. 0000)	− 0. 8641 (0. 1938)	84. 3868 (0. 0134)	158. 123 (0. 0000)	平稳
CAPL	1. 5327 (0. 9373)	3. 0921 (0. 9990)	10. 7655 (1. 0000)	11. 8727 (1. 0000)	非平稳
ΔCAPL	− 15. 9121 (0. 0000)	− 0. 4147 (0. 3392)	71. 6039 (0. 0762)	142. 184 (0. 0000)	平稳

　　表5-4给出了各变量的平稳性，可知经济性基础设施与进口占 GDP 比重变量是平稳变量，而出口技术水平、平均受教育年限、FDI、研发支出占 GDP 的比重、资本劳动比原序列存在单位根，是非平稳的。对其进行一阶差分后，检验结果均拒绝了存在单位根的假设，所有变量是一阶平稳的。

　　根据 Hausman 检验的结果确定选择固定效应（Fixed Effect）还是随机效应（Random Effect）模型。当 Hausman 检验结果确定使用固定效应模型时，笔者使用广义最小二乘法（GLS）消除地区异方差性。回归结果如表5-5所示。

表5-5　　　　　　　　　　静态面板初步估计结果

因变量	extech	extech	extech	extech	extech	extech	extech
trans	10. 977 *** (22. 07)			1. 189 ** (2. 00)			-0. 061 (-0. 97)
ener		7050. 01 *** (33. 72)			2258. 161 *** (5. 93)		1169. 82 *** (3. 70)
tele			9. 144 *** (49. 82)			6. 327 *** (21. 18)	5. 9105 *** (16. 74)
h				3747. 48 *** (6. 41)	2487. 122 *** (4. 39)	1454. 55 *** (3. 34)	1505. 96 *** (3. 38)
fdi				4. 585 *** (2. 64)	3. 457 *** (2. 71)	2. 654 *** (2. 67)	2. 317 ** (2. 15)
impg					9411. 565 *** (4. 48)	431. 392 *** (0. 22)	1786. 41 (1. 997)
rnd				29. 699 *** (3. 30)	38. 905 *** (5. 49)	0. 2959 (0. 05)	9. 013 (1. 31)
capl				1452. 593 *** (14. 73)	1023. 682 *** (8. 48)	615. 256 *** (8. 04)	416. 31 *** (4. 06)
常数项	-606. 419 (-0. 77)	633. 212 (1. 33)	7254. 78 *** (37. 27)	31065. 03 *** (-7. 31)	23310. 08 *** (-5. 73)	-7033. 54 *** (-2. 10)	-8365. 7 *** (-2. 45)
样本数	203	203	203	203	203	203	203
F 统计量	46. 722 ***	86. 935 ***	174. 896 ***	94. 948 ***	143. 293	205. 918 ***	194. 065 ***
R²	0. 8868	0. 9358	0. 9670	0. 9488	0. 9666	0. 9766	0. 9768
Hausman 检验	79. 761 (0. 000)	29. 255 (0. 000)	12. 096 (0. 001)	216. 068 (0. 000)	208. 627 (0. 000)	62. 267 (0. 000)	75. 449 (0. 000)

　　注：括号内为回归系数的 t 统计量值，*** 、** 和 * 分别为1%、5%、10%的显著性水平，Hausman 检验用来确定固定效应还是随机效应模型。

表 5 – 5 的估计结果显示，无论是以交通设施密度、人均能源消费量、人均邮电业务总量衡量的网络基础设施各自对出口产品技术水平进行回归，还是加入控制变量以后进行回归，三种网络基础设施都对我国出口技术水平的提升起到了正向的促进作用。

当我们把三个网络基础设施变量与所有的控制变量同时加入方程进行回归时，交通设施密度变量的回归系数出现了很小的负值且不显著，其他的两个核心解释变量都显著为正。究其原因可能是三大网络基础设施变量之间存在一定的相关性，同时加入方程回归时会导致模型中部分解释变量不具有显著效应。也有可能是核心解释变量与被解释变量之间存在内生性所致。从第四章第二节的分析可知，东部地区的网络基础设施建设要优于中、西部地区。各区域的网络基础设施与出口产品技术水平之间可能存在相互影响的关系，一方面，网络基础设施通过各种途径助力出口产品技术水平的提高；另一方面，出口技术水平的提升与出口结构的优化推动本地经济发展，地方政府获得更多财税收入并投入到公共设施（网络基础设施）建设中去。具有高技术水平的出口企业为了减少成本提高生产效率，也会"倒逼"地方政府完善网络基础设施建设。这种内生性会使表 5 – 5 中静态模型的参数估计结果产生一定的偏差。为了解决内生性问题，我们使用广义矩估计（Generalized Method of Moments，GMM）方法对模型进行处理。

（二）动态面板数据的 GMM 估计结果与分析

新—新贸易理论认为，企业想要进入国际市场必须承担固定进入成本——沉没成本。企业获得国外市场信息的成本会随着出口数量和经验的增加而降低。这就使企业的出口行为具有持续性的特点。钱学锋和熊平（2010）的研究发现，中国出口增长主要是由集约边际实现的，固有产品和市场的出口占据了我国出口价值的很大比例。也就是说，我国出口产品技术水平与技术结构高度可能会受上一期出口产品技术水平与技术结构高度的影响。因此我们将出口产品技术水平的一阶滞后变量引入方程的解释变量中，原有的面板模型变为以下动态面板模型：

$$EXTECH_{it} = \alpha + \beta EXTCH_{it-1} + \gamma Infa_{it} + \delta_2 fdi_{it} + \delta_3 h_{it} + \delta_4 rdg_{it}$$
$$+ \delta_5 capl_{it} + \mu_i + \varepsilon_{it}$$
$$ERTL_{it} = \alpha + \beta ERTL_{it-1} + \gamma Infra_{it} + \delta_1 impg_{it} + \delta_2 fdi_{it} + \delta_3 h_{it}$$
$$+ \delta_4 rdg_{it} + \delta_5 capl_{it}$$

　　由于滞后被解释变量是典型的内生变量，内生变量的存在使模型的参数估计产生有偏性和非一致性的结果。为了处理模型的内生性问题，可以使用工具变量法对模型进行估计，虽然工具变量可以在一定程度上解决模型内生性，但估计结果在很大程度上取决于选择何种工具变量。而动态面板数据模型的差分 GMM 和系统 GMM 这两种方法在解决动态面板内生性时具有一定的优势。Arellano 和 Bond（1991）对原方程进行一阶差分，使用所有可能的滞后变量，即"Arellano - Bond 估计量"作为工具变量对差分方程进行 GMM 估计，这种方法被称作"差分 GMM"（Difference GMM）。Blundell 和 Bond（1998）指出滞后变量是弱工具变量时，差分 GMM 不再有效。他们将差分方程与水平方程作为一个方程系统进行 GMM 估计，这种将差分 GMM 与水平 GMM 结合在一起的方法称为"系统 GMM"。系统 GMM 成立的前提是新增的工具变量与扰动项不相关，是有效的工具变量。这种方法包含了更多的样本信息，优点是与差分 GMM 方法相比可以提高估计效率（陈强，2010）。

　　由于方程中解释变量较多，三个网络基础设施变量之间存在一定的相关性。因此，分别加入方程中检验其对出口产品技术水平的影响。为了保证所使用的工具变量是有效的，还需要进行 Sargan 检验。另外，自回归（AR）检验可以用来判断残差项是否存在序列相关。使用 Stata 软件对模型进行处理，估计系数及检验结果如表 5 - 6 所示。

表 5 - 6　　　　动态面板系统 GMM 估计结果（出口产品技术水平）

因变量	ln extech	ln extech	ln extech	ln extech	ln extech	ln extech
L. ln extech	0.949 ***	0.957 ***	0.969 ***	0.938 ***	0.729 ***	0.897 ***
	(70.30)	(89.38)	(81.21)	(153.16)	(28.69)	(126.70)
ln trans	0.034 ***	0.025 **				
	(3.22)	(2.20)				
ener			-0.004 ***	-0.028 ***		
			(-5.41)	(-16.09)		
ln tele					0.091 ***	0.035 ***
					(7.92)	(9.25)
impg	-0.098 ***	-0.046 *	-0.113 ***	-0.093 ***	-0.136 ***	-0.136 ***
	(-3.59)	(-1.72)	(-5.41)	(-4.92)	(-7.76)	(-8.20)

续表

因变量	ln extech	ln extech	ln extech	ln extech	ln extech	ln extech
ln h	0.146 ***		0.217 ***	0.086 **	0.104 ***	
	(3.58)		(6.43)	(2.00)	(3.66)	
ln fdi			0.001		0.010 ***	0.015 ***
			(0.16)		(4.28)	(7.27)
ln rnd		0.005	0.004		0.057 ***	
		(0.94)	(1.13)		(6.31)	
ln kl	0.019 *	0.022 **		0.118 ***	0.015	0.019
	(1.83)	(2.14)		(23.03)	(0.82)	(1.59)
常数项	0.056	0.252 ***	-0.066	0.407 ***	1.078 ***	0.782 ***
	(0.55)	(3.04)	(-0.87)	(5.82)	(9.08)	(13.30)
样本数	203	203	203	203	203	203
AR (1)	0.0594	0.0600	0.0582	0.0539	0.0587	0.0654
AR (2)	0.4475	0.5837	0.3948	0.4205	0.4766	0.6507
Sargan 检验	0.4725	0.4437	0.8357	0.4492	0.5971	0.5118

注：括号内为回归系数的统计量值，***、** 和 * 分别为 1%、5%、10% 的显著性水平，AR (1) 与 AR (2) 分别表示扰动项差分的一、二阶自相关检验。

表 5 – 6 更为细致地检验了三类网络基础设施与平均受教育年限、FDI、进口额占 GDP 比重、研发支出占 GDP 比重、人均资本存量这些控制变量对中国出口产品技术水平的影响。几组回归方程的扰动项一阶自相关和二阶自相关检验表明，扰动项无自相关；Sargan 检验结果无法拒绝"所有工具变量均有效"的原假设，这表明模型使用的工具变量是有效工具变量。可以看出，在加入被解释变量的滞后项变为动态面板模型，并使用系统 GMM 方法进行估计后，无论交通、能源还是通信网络基础设施这三个核心解释变量都对出口产品技术水平有显著影响。

但与静态面板估计结果相比较，能源网络基础设施对出口产品技术水平影响的估计参数由正变为负。这说明过分依赖于能源资源的投入并不能提高出口产品的技术水平。我国每单位国内生产总值的能源消耗不仅比发达国家高，还高于一些发展中国家。过多能源投入的外延型生产方式，一方面使企业对生产要素的利用效率不高，弱化了企业的技术创新；另一方面会产生能源资源依赖，资源丰富的区域往往有资源型产业扩张的现象，可能会对高技术含量产品的生产形成挤出效应，对出口产品技术水平提升和产业升级产生不利影响。从这个角度看存在着"资源诅咒"（Auty，1993；Sachs 和 Warner，1995、1997、2001）[①] 现象，丰裕的资源供给对提高出口产品技术水平并不是充分的有利条件，反而是一种限制。

交通网络基础设施与通信网络基础设施的估计参数分别为 0.034、0.025 和 0.091、0.035，这印证了这两大网络基础设施对出口产品技术水平具有稳定的促进作用。被解释变量的一阶滞后项在每组回归方程中均在 1% 的统计水平上显著为正，表明企业的出口产品技术水平具有一定的持续性，受上一期的影响较大。

在控制变量中，进口额占 GDP 比例的估计系数在所有回归方程中都显著为负数。根据第三章的理论阐述，进口高质量的中间产品会直接提高最终产品的出口产品技术水平，发展中国家的企业也可以从进口的高科技产品中获取技术溢出，在"干中学"的知识积累中逐渐提高自己的技术和生产能力，实现产品的技术提升。从模型的估计结果看，进口的扩大，不仅没有提高出口产品技术水平，还阻碍了出口产品技术水平的提升。这恐怕要归咎于美国、欧盟等中国的主要贸易伙伴对中国实施严格的出口管制贸易政策，高科技产品出口限制的存在使这些国家对中国出口的产品并没有反映出比较优势。中国从美国、欧盟等主要贸易伙伴进口的产品中金属废料、废旧金属、农产品等这类技术水平较低的产品占比较大，且多为加工贸易，削弱了企业自主创新的动力，对出口产品技术水平的长期提升产生负面影响。

人力资本禀赋（平均受教育年限）在 4 组回归方程中均显著，人力资本禀赋对出口产品技术水平呈现出积极正向作用，估计系数为 0.086—0.217。平均受教育年限每增加 1%，出口产品技术水平就有 0.086%—0.217% 的提高。高学历的劳动力在掌握高技术生产力方面具有优势，有利于出口产品技术水平的提升。

---

① "资源诅咒"（Resource Curse）是指从长期的增长状况来看，那些自然资源丰裕、经济中资源性产品占据主导地位的发展中国家反而要比那些资源贫乏国家的增长要低许多；尽管资源丰裕国家可能会由于资源品价格的上涨而实现短期的经济增长，但最终又会陷入停滞状态，丰裕的自然资源最终成为"赢者的诅咒"（Winner's Curse）。

　　FDI 的估计系数为正（0.01—0.015），且都通过了 1% 水平的显著性检验，说明 FDI 对出口技术水平有显著提升作用。中国的外商直接投资大多数来源于发达国家，这些国家的跨国公司所生产的产品有较高的技术水平。在全球经济一体化和产业分工的背景下，跨国公司在全球进行纵向和横向一体化，将本国生产中不具有优势的环节向低成本国家转移，跨国公司内部贸易占据了世界贸易的 1/3。中国对日出口中有约 60% 是由日本在华直接投资企业完成的。外商直接投资中这些企业的进入，会直接提高出口产品的技术水平。FDI 给国内带来资金的同时，也带来了发达的生产技术和先进的公司治理经验。国内的本土企业可通过技术溢出与模仿活动来获得技术提升。外商直接投资企业为了降低成本会从当地企业采购中间投入品，国外生产能力向国内转移的时候也伴随着新的供应链的形成，外资企业对供应产品技术与质量的要求对下游厂商的生产技术也有促进作用。

　　研发支出的系数在回归结果中均为正，有一组通过了 1% 显著性水平检验。企业的技术创新能力直接决定了产品技术水平的高低，企业为了在竞争中保持技术领先优势，要不断投入研发资金进行技术创新，研发支出是进行技术创新的基本保障。特别是对于一些知识密集型的高新技术企业来说，科技进步更是推动企业产品技术提升的主要动力。从模型回归结果中可以看出，研发支出的估计系数 0.057 要远大于 FDI 的估计系数 0.01。这说明企业依靠自身内部创新能力比依靠外部技术溢出更能直接提升出口产品技术水平。人均资本存量的估计系数在不同的显著性水平上为正。由于中国大多数地区的资本劳动比要远低于其稳态值（黄先海，2005），偏离稳态值越远的地区，如果资本劳动比增加越快，生产率提高的速度就越快。所以资本深化可以在一定程度上使劳动和资本结合更加有效，促进生产率的提高。

　　第四章第二节统计分析表明，全国大多数省市区出口产品技术含量在样本期间出现了增长，但出口产品技术结构高度并没有表现出明显的提高。由上文的模型回归结果可知，交通网络和通信网络基础设施对出口产品技术含量产生显著促进作用，那么，网络基础设施对出口产品技术结构高度又会有何作用呢？这正是我们下一步要验证的内容。以出口产品技术结构高度为被解释变量的回归结果如表 5-7 所示。

表 5 – 7　　动态面板系统 GMM 估计结果（出口产品技术结构高度）

因变量	ertl	ertl	ertl	ertl	ertl	ertl
L. ertl	0. 357 ***	0. 413 ***	0. 331 ***	0. 487 ***	0. 279 ***	0. 311 ***
	(8. 78)	(10. 58)	(10. 07)	(20. 70)	(7. 97)	(11. 60)
ln trans	0. 048 ***	0. 052 ***				
	(6. 52)	(6. 28)				
ener			− 0. 010 ***	− 0. 128 ***		
			(−8. 73)	(−9. 29)		
ln tele					0. 005 **	0. 005 **
					(2. 40)	(2. 10)
impg		0. 009	− 0. 098 ***	0. 101 *	0. 097 ***	0. 097 ***
		(−1. 72)	(−8. 16)	(7. 69)	(19. 36)	(9. 54)
ln h	0. 125 ***		0. 056 **	0. 042 **	0. 079 ***	
	(17. 32)		(2. 39)	(1. 99)	(4. 41)	
ln fdi	0. 014 ***		0. 016 ***		0. 016 ***	0. 016 ***
	(6. 92)		(7. 74)		(10. 23)	(16. 09)
ln rnd	0. 009 **	0. 007 ***			0. 009 ***	
	(2. 97)	(1. 29)			(3. 87)	
ln kl		0. 018 ***	0. 045 ***	0. 059 ***		0. 019 ***
		(3. 44)	(8. 45)	(9. 77)		(5. 32)
常数项	− 0. 602 ***	− 0. 338 ***	− 0. 111 ***	− 0. 063 ***	0. 247 ***	0. 002
	(−17. 09)	(−9. 83)	(−2. 28)	(−1. 53)	(−5. 18)	(0. 15)
样本数	203	203	203	203	203	203
AR（1）	0. 0005	0. 0003	0. 0004	0. 0001	0. 0002	0. 0005
AR（2）	0. 2788	0. 2548	0. 1438	0. 4979	0. 1050	0. 4282
Sargan 检验	0. 3281	0. 3358	0. 4379	0. 3567	0. 4249	0. 3671

注：括号内为回归系数的统计量值，*** 、 ** 和 * 分别为1%、5%、10% 的显著性水平，AR（1）与 AR（2）分别表示扰动项差分的一、二阶自相关检验。

表 5 – 7 中工具变量有效性检验结果和 AR（2）检验结果伴随概率均大于0.1，表明所有估计组使用的工具变量都是有效的且模型不存在自相关性。与表 5 – 5 的估计结果相比，表 5 – 6 的估计结果中进口占 GDP 比

值的估计系数不全为负，因此，进口对出口产品技术结构高度的直接影响并不明确。代表能源网络基础设施的能源消耗量的系数依然为负，人均能源消耗量高的地区，往往出口产品技术结构高度也较低。这与我国低技术行业能源使用效率不高有密切关系，高技术行业大多是资本密集型和技术密集型行业，这些行业一方面有着先进的生产技术，能源生产率高；另一方面其产出主要依靠资本投入与技术创新，对能源依赖程度不高。自然资源丰富且能源消耗大的地区倾向于出口资源密集型产品。交通网络基础设施和通信网络基础设施不仅促进了出口产品技术水平的提高，也促进了出口产品技术结构的优化，这与我们的理论预测是相吻合的。其他变量的回归系数与表 5－5 相比没有明显变化。

第三节　基础设施影响服务贸易结构优化的验证

第一、二节基于跨国数据和中国省际数据两个维度验证了网络基础设施对出口产品技术含量的影响。众所周知，当代国际贸易研究对象不仅包含传统国际贸易之货物贸易，还包括服务贸易。本节我们采用 80 个不同收入水平国家及其分组群在 1996—2010 年的数据，验证广义基础设施①对服务贸易结构优化的影响，以期为优化我国服务贸易结构，实现贸易经济长期发展提出可行之策。

一　变量选取与模型设定

（一）变量选取

根据基础设施与服务贸易结构优化之间理论作用机理的分析，基础设施水平提高所引致的固定资本要素、人力资本要素和知识技术要素的积累将从不同层面影响一国服务贸易结构的优化。为准确估计各项基础设施对服务贸易结构的影响，选取变量如下。

1. 被解释变量

在第四章中，我们设计多元化指标全面测算了中国服务贸易结构状况，并借以横向维度的国际比较和纵向维度的变动分析框定了中国服务贸

---

① 广义基础设施即经济性（网络）基础设施与社会性基础设施，具体分类见第二章第二节。本节中的基础设施均指广义基础设施。

易结构的国际定位。在此，本节选用最具代表性的服务贸易结构相对指数①（Comparative Index of Service Trade Structure，STSC）为被解释变量。即 $STCS = EX_m / EX_t$（其计算方法和经济含义参见第四章第三节）。$STSC$ 表示服务贸易结构相对指数；EX_m 表示 9 项现代服务部门出口额；EX_t 表示旅游和运输两类传统服务部门出口额。$STSC > 0$，数值越大表示该国现代服务出口相对传统服务占比越高，服务贸易结构越优化。我们依据 1996—2010 年 80 个不同收入水平国家及其四个分组群的运输服务、旅游服务和其他商业服务的出口贸易数据，以各国人均 GNI 作为权重加权计算服务贸易结构相对指数来体现不同收入水平的服务贸易结构综合水平。

2. 核心解释变量

有基于在第一章第二节中关于基础设施的理解及其研究边界，核心解释变量的选取应当包括三项网络（经济性）基础设施变量和四项社会性基础设施变量，其中网络基础设施是指能源、交通和通信网络基础设施，社会性基础设施是指教育、科研、医疗和环保基础设施。一般而言，高端领域的网络基础设施可能对服务贸易结构的影响更加明显。同时考虑到验证的可行性和数据的可获得性，在最终的指标选取中，能源网络基础设施选用能源生产量（包括石油、天然气、固体燃料等，均换算为石油当量）指标（energy）；交通网络基础设施选用航空运输量（注册承运人全球出港量）指标（flt）；通信网络基础设施选用每百人互联网用户数指标（web）。教育基础设施选用高等教育在学率指标（edu）；科研基础设施选用研发支出占 GDP 比重（rrd）指标；医疗基础设施选用医疗总支出占 GDP 比重（med）指标；环保基础设施选用陆地与海洋保护区面积占总领地面积比例（prot）指标。

3. 控制变量

外商直接投资存在技术外溢效应，这种技术外溢效应有利于技术在东道国传播和优化东道国产业结构。进口贸易是外国技术外溢的主要贸易渠道，进口贸易的技术外溢有利于进口国企业借助进口高技术含量产品和服务提升自身的服务水平。一国服务出口能力取决于国内服务业和

---

① 服务贸易相对结构指数即根据 IMF 服务贸易行业分类标准，通信、计算机与信息服务、保险、金融等 9 项知识、技术或资本密集型商业服务出口额占运输、旅游这两项传统服务贸易行业出口额的比值（李丹，2010）。

服务贸易产业发展水平。故此，我们加入三个控制变量以避免自变量的混淆和控制模型估计结果的稳健性。即外商直接投资（fdi），外国直接投资净流入占 GDP 的比例；进口贸易（import），即货物和服务进口占 GDP 的比例；国内服务业发展水平（serv），国内服务业就业人数占就业总数比重。

（二）实证模型设定

实证模型中各项基础设施数据根据世界银行的世界发展指数数据库（WDI）原始数据整理而得；服务贸易结构相对指数（STSC）依据世界贸易组织数据库（WTO）原始数据计算而得；作为计算权重的各国人均 GNI 是来源于世界银行的世界发展指数数据库（WDI）。值得说明的一点是，由于部分指标如研发支出占 GDP 比重、服务业就业人数占就业总人数比重等在部分国家（尤其是低收入国家）1996 年之前的数据严重缺失，2011 年之后的数据又尚未更新，所以删除了部分样本国，最终将整体样本数量确定在高收入、上中等收入、下中等收入和低收入四个样本组群，各含 20 个国家，共计 80 个国家（如表 5 - 8 所示），模型的回归区间确定在 1996—2010 年。

表 5 - 8　　　　　　　　按收入水平分类的 80 个样本国家

高收入国家 （20 个）	上中等收入国家 （20 个）	下中等收入国家 （20 个）	低收入国家 （20 个）
奥地利、捷克	马来西亚、保加利亚	中国、瓦努阿图	缅甸、巴布亚新几内亚
德国、英国	克罗地亚、匈牙利	泰国、亚美尼亚	所罗门群岛、印度
丹麦、爱沙尼亚	哈萨克斯坦、波兰	白俄罗斯、阿塞拜疆	孟加拉、尼泊尔
芬兰、法国	立陶宛、拉脱维亚	格鲁吉亚、乌克兰	巴基斯坦、布隆迪
爱尔兰、意大利	罗马尼亚、俄罗斯	玻利维亚、哥伦比亚	布基纳法索、加纳
日本、韩国	土耳其、阿根廷	厄瓜多尔、秘鲁	埃塞俄比亚、尼日尔
荷兰、挪威	巴西、智利	萨尔瓦多、牙买加	马达加斯加、苏丹
新西兰、葡萄牙	哥斯达黎加、墨西哥	马其顿、埃及	莫桑比克、纳米比亚
斯洛文尼亚、瑞典	巴拿马、乌拉圭	摩洛哥、约旦	塞内加尔、多哥
加拿大、美国	委内瑞拉、毛里求斯	突尼斯、伊朗	坦桑尼亚、赞比亚

注：根据世界银行 2006 年人均 GNI 标准进行分类。按照世界银行的划分标准，2006 年中国人均国民总收入位居世界第 129 位，列属下中等收入国家；2010 年，中国人均国民总收入约 4400 美元，上升到第 121 位，跻身于上中等收入国家行列。

服务贸易结构是一个动态性指标，其动态变动过程中前后期往往具有累积效应，而且国别差异化特征（如制度、文化、习俗、资源、地理等）关系到服务贸易结构变动。这就需要引入服务贸易结构滞后项来综合反映这些难以量化的复杂效应，是故，我们设定如下基础设施影响服务贸易结构水平的动态回归模型。

$$\ln STSC_{it} = \beta_0 + \beta_1 \ln enery_{it} + \beta_2 \ln flt_{it} + \beta_3 \ln web_{it} + \beta_4 \ln med_{it} + \beta_5 Redu_{it}$$
$$+ \beta_6 Rpro_{it} + \beta_7 Rrd_{it} + \beta_8 Rfdi_{it} + \beta_9 Rimpo_{it}$$
$$+ \beta_{10} Rserv_{it} + v_i + u_t + \varepsilon_{it}$$

其中，下标 i 代表国家；t 代表时期；v_i、u_t 分别表示截面与时间固定效应，控制所忽略的国家和时间层面因素的影响；ε_{it} 是随机误差项，与 v_i、u_t 以及解释变量不相关；ln 表示相应变量的自然对数，以消除异方差；表示相应变量为比值变量。

二　实证模型的计量经济学估计

（一）整体样本计量估计分析

基于所设定的动态面板数据模型，表 5-9 即是采用系统 GMM 两步法对 80 个样本国家进行检验得到的四组估计结果。其中，用来检验模型整体显著性的 Wald 检验的 P 值在四组结果中均为 0，表明四个模型整体都非常显著，而四组估计结果的 Sargan 检验的 P 值均为 1.0000 或接近 1.0000，表明系统 GMM 新增工具变量都是有效的。另外，残差序列相关性检验中，四个模型差分后的残差都在 5% 显著性水平上接受"无二阶自相关"的原假设，表明原模型误差项无序列相关性。由此，四个模型的估计结果都有效且整体显著，且符合第三章第三节中推论 1 的假设。

表5-9　　　　　整体样本（80个样本国家）的估计结果

变量	(1)	(2)	(3)	(4)
L1. stsc	0.4756*** (0.0052)	0.4300*** (0.0024)	0.4241*** (0.0012)	0.3739*** (0.0006)
rrd	2.2600*** (0.1935)	3.1242*** (0.1529)	3.1857*** (0.0662)	-0.7126*** (0.0278)
L1.	-2.7253*** (0.1436)	-3.4220*** (0.1701)	-3.6286*** (0.0620)	

续表

变量	（1）	（2）	（3）	（4）
med	− 0. 3621 ***	− 0. 4712 ***	0. 0981 ***	0. 1223 ***
	（0. 0330）	（0. 0245）	（0. 0116）	（0. 0051）
L1.	0. 5237 ***	0. 7058 ***		
	（0. 0353）	（0. 0261）		
edu	− 0. 0216 ***	− 0. 0272 ***	− 0. 0402 ***	− 0. 0557 ***
	（0. 0055）	（0. 0028）	（0. 0026）	（0. 0030）
L1.	0. 0135 **			
	（0. 0057）			
ln energy	0. 5604 ***	0. 8255 ***	0. 9284 ***	1. 0580 ***
	（0. 0410）	（0. 0417）	（0. 0378）	（0. 0158）
ln flt	0. 1322 ***	0. 1394 ***	0. 4501 ***	0. 6999 ***
	（0. 0369）	（0. 0239）	（0. 0207）	（0. 0167）
web	0. 0173 ***	0. 0275 ***	0. 0363 ***	0. 0475 ***
	（0. 0011）	（0. 0017）	（0. 0012）	（0. 0013）
prot	− 0. 1086 ***	− 0. 1714 ***	− 0. 0695 ***	− 0. 2160 ***
	（0. 0148）	（0. 0120）	（0. 0077）	（0. 0093）
fdi	− 0. 0489 ***	− 0. 0451 ***	− 0. 0450 ***	− 0. 0450 ***
	（0. 0039）	（0. 0027）	（0. 0010）	（0. 0007）
import	0. 0218 ***	0. 0170 ***	0. 0129 ***	0. 0076 ***
	（0. 0013）	（0. 0014）	（0. 0011）	（0. 0006）
serv	− 0. 0413 ***	− 0. 0463 ***	− 0. 0761 ***	− 0. 0634 ***
	（0. 0066）	（0. 0035）	（0. 0038）	（0. 0027）
_ cons	− 4. 0371 ***	− 5. 6721 ***	− 8. 2141 ***	− 10. 3994 ***
	（0. 5888）	（0. 6141）	（0. 4693）	（0. 3883）
Wald	139765. 16	127087. 77	1. 06e + 06	3. 38e + 06
（P value）	（0. 0000）	（0. 0000）	（0. 0000）	（0. 0000）
Sargan	75. 24985	71. 74815	76. 31767	79. 3668
（P value）	（1. 0000）	（1. 0000）	（1. 0000）	（0. 9595）
AR （2） Test	1. 7585	1. 7491	1. 7513	1. 7675
（P value）	（0. 0787）	（0. 0803）	（0. 0799）	（0. 0771）

注：（1）双尾检验的显著水平 1%、5%、10% 分别由 ***、**、* 来表示；（2）解释变量对应括号内的数值为标准差；（3）估计结果在 Stata 10. 0 上得到。

1. 四个模型中，服务贸易结构滞后一期变量均显著正相关，且影响程度颇深，这在经济学意义上可解释为服务贸易结构优化的滞后效应明显，说明一国或地区在优化服务贸易结构过程中保持政策的连续性和一贯性格外重要。

2. 各个解释变量的系数符号均相对稳定。三项经济性基础设施变量（交通网络、能源网络和通信网络基础设施）呈显著正相关，与第三章第三节中的理论分析相吻合，说明经济性基础设施对服务贸易结构优化存在正向作用。其中能源网络基础设施影响系数较大，而交通网络和通信网络基础设施影响系数相对较小，这或许与三项基础设施各自的发展成熟度有关，80个样本国家中，低收入、下中等收入和部分上中等收入国家的航空物流和网络通信起步较晚，其现有网络平台难以支撑现代服务贸易所需。

四项社会性基础设施变量中，研发基础设施显著正相关，而医疗、教育和环保基础设施显著负相关，其中研发、医疗和教育基础设施变量存在显著滞后效应。环保基础设施变量选用的是一国陆地和海洋保护区面积占总领土面积的比例，理论上讲能直接促进旅游服务贸易的发展，而我们将旅游服务贸易归类为传统型服务贸易，故呈负向影响。研发、医疗和教育基础设施的滞后效应从数值上看均与当期系数相反，且超过了当期影响。医疗和教育基础设施的总体作用正向，与第三章第三节中理论分析一致，其严重的正向滞后效应可以解释为近些年多数国家在医疗和教育基础设施领域投入不足，以及基础设施本身的长周期性所致。研发基础设施的当期作用虽为正向，但受严重的负滞后效应影响总体作用为负向，究其原因，一方面，样本中占据多数的发展中国家研发投入严重不足，欠规模化和连续性科研资金支持的事实，导致很多前期科研项目后期无法持续完成；另一方面，研发项目与应用生产间的转换率低，研发项目未能有效地转化为生产力，前期科研投入浪费也就在所难免。

3. 控制变量系数符号较稳定。其中，进口贸易变量对服务贸易结构呈正相关但系数相对较小，我们可以解释为掌握高技术的发达国家（这里表现为高收入国家）多进口劳动密集型服务产品，且对现代服务业产品出口实施管制。外商直接投资和服务业发展水平的系数虽不大但均为负。众所周知，外商直接投资是一国吸收国外先进技术和管理经验促进本国创新的主要外部渠道，这似乎与理论分析相左，我们可以解释为外商直接投资多集中于传统服务业，投资现代服务业中的高端服务业①存在门槛效应；以服务业就业人数占就业总人数的比例来衡量国内服务业发展水平，样本中占据多数的发展中国家国内服务业就业人数比例虽高，但其高技能服务劳动力占比很低，国内巨大消费需求通过进口来满足，故服务业发展水平对服务贸易出口影响较弱（史自力、谢婧怡，2007），对其结构优化甚至起负向作用。

（二）不同收入组群计量估计分析

从表 5 - 10 四个组群样本的回归结果看，不同收入水平的国家组群可能由于样本数量关系解释变量系数显著性不如整体样本，但从影响程度看，其总体上还是支持第三章第三节中的推论 1 和推论 2 的。高收入、上中等收入和下中等收入国家的服务贸易结构滞后一期的系数均超过了0.5，但低收入国家的服务贸易结构滞后一期的系数略低，小于 0.3。需要强调的是，近年来低收入国家服务贸易结构的优化幅度大且呈不断上升态势（见第四章），这说明低收入国家组相较其他三个收入国家组群之服务贸易结构优化的驱动力较少依赖于前期积累，更多依赖于自身高等资本要素的积累。

表 5 - 10　　　　　　　　不同收入群组的估计结果

群组	高收入国家	上中等收入国家	下中等收入国家	低收入国家
L1. stsc	0.7321 *** (0.0374)	0.8542 *** (0.0399)	0.6408 *** (0.0540)	0.2760 *** (0.0097)
ln flt	0.2664 *** (0.0555)			
ln energy	-1.2601 *** (0.2964)	0.1326 ** (0.0676)		
web	0.0082 *** (0.0018)	-0.0020 *** (0.0007)	0.0028 *** (0.0007)	
rrd	-0.6985 ** (0.2054)	0.0039 *** (0.0013)	0.0354 ** (0.0140)	0.1502 * (0.0804)

① 高端服务业是在工业化较发达阶段产生的、主要依托信息技术和现代管理理念发展起来的，以提供技术性、知识性和公共性服务为主的，处于服务业高端部分的服务业。主要包括创新金融、现代物流、网络信息、创意设计等领域。

群组	高收入国家	上中等收入国家	下中等收入国家	低收入国家
edu		0.0491 ***		− 0.1366 **
		(0.0149)		(0.0886)
med				− 0.6137 ***
				(0.0957)
prot				3.6598 ***
				(0.9716)
fdi	0.0215 ***	0.0033 ***	0.0060 ***	− 0.2144 ***
	(0.0032)	(0.0006)	(0.0013)	(0.0220)
import	0.0261 ***			
	(0.0058)			
serv	0.0280 *		− 0.0030 **	− 0.0497 ***
	(0.0151)		(0.0014)	(0.0141)
_cons	8.5601 ***	− 1.5807 **	0.1044	7.6586
	(3.1140)	(0.6785)	(0.1254)	(0.8367)
Wald	26534.38	4047.70	420.92	2055.34
(P value)	(0.0000)	(0.0000)	(0.0000)	(0.0000)
Sargan	14.84325	12.62619	15.23119	14.1075
(P value)	(1.0000)	(1.0000)	(1.0000)	(1.0000)
AR (2) Test	0.49804	− 0.2056	− 0.04511	1.7072
(P value)	(0.6185)	(0.8371)	(0.9640)	(0.0878)

注：（1）双尾检验的显著水平1%、5%、10%分别由 ***、**、* 来表示；（2）解释变量对应括号内的数值为标准差；（3）估计结果在 Stata 10.0 上得到。

1. 从经济性基础设施对服务贸易结构优化的作用变量来看，高收入国家组群的作用较显著，其他三个组群随人均 GNI 依次下降，这支持了第三章第三节中推论 2 的假设。其中，高收入国家的能源网络基础设施系数显著为负，似乎有悖于前文理论分析，其实这与服务贸易技术结构有关，我们知道单位高技术含量服务贸易出口相对于低技术含量服务贸易出口使用能源量更少，在模型上表现为能源生产量与服务贸易出口技术含量负相关。上中等收入国家只有能源网络和通信网络基础设施变量显著，下中等收入国家只有通信网络基础设施变量显著，而低收入国家的三项经济性基础设施均不显著，这或许可以解释为不同收入水平国家的工业化程度及其基础设施良好状况大相径庭。现代服务贸易业的培育和发展依赖于高等经济性基础设施如现代航空物流平台或快捷便利的通信网络来驱动，所有这些是除完全工业化国家（高收入国家）外其他国家无法达到的。

2. 从社会性基础设施对服务贸易结构优化的作用变量来看，高收入国家的研发基础设施系数为负，且数值较大，其余三个收入水平国家的系数均为正。这个结果可以解释为高收入国家的科研项目多为大规模、长周期的基础学科或工程研究，不但当期科研投入大，挤占其他领域的资金需求，且研发周期长，存在严重滞后效应，其余三个收入水平国家从事的科研项目规模相对偏小、应用性较强或者是直接模仿（现实中的确存在"山寨效应"）高收入国家技术成果，研发周期相对较短，当期反映为正相关。另外，高收入国家和下中等收入国家的教育、医疗和环保基础设施作用均不显著，而上中等收入国家只有教育基础设施作用显著，但系数较小，这种不显著或微弱显著可能是因为教育投入、医疗支出和环保基础设施对人力资本要素的形成和积累是一个长久过程，其投资收益（回报）率周期长，可能是十年或数十年才会显效。不同的是低收入国家的教育（系数为负）、医疗（系数为负）和环保（系数为正）基础设施作用均显著，这其实与前面分析暗合。由于教育、医疗基础设施对人力资本形成和积累的作用周期长，低收入国家财政资金捉襟见肘，故其当期难以立竿见影之效；再有于低收入国家的服务贸易结构相对指数很高（见第四章），其传统服务业远比现代服务业更为薄弱，这可能使环保投入在增加旅游服务出口同时对当地经济的带动作用，以及旅游服务对现代服务贸易部门发展的拉动作用更明显。

3. 从控制变量看，四个群组的 FDI 对服务贸易结构优化的作用均显著。高收入、上中等收入和下中等收入国家呈显著正相关且数值较小，低收入国家则呈显著负相关且数值较大，前者可能是由于 FDI 多为类似于小岛清（Kiyoshi Kojima, 1978）的边际产业转移及外商直接投资流向服务业比例较小，技术外溢不明显；后者可能是由于不同收入水平国家在"全球价值链"（Global Value Chain, GVC）中所扮演的角色不同，低收入国家位于"GVC"最底端，没有机会通过"干中学"获得国外先进技术和经验，甚少技术外溢。除高收入国家的进口贸易对服务贸易结构优化的作用显著正相关外，其余三个群组的进口贸易系数均不显著。究其原因，一是货物和服务进口额占 GDP 比重一定程度上反映了一国或地区的市场开放度，也就是说除高收入国家外其余三个收入国家群组的市场开放度有限；二是此三个收入国家群组在进口高技术含量产品或服务时受到高收入国家的出口管制。此外，高收入国家的国内服务业发展水平系数为正，上中等收入国家的系数不显著，下中等收入和低收入国家的系数为负，四个群组系数值都很小。我们可以解释为除高收入国家外多数国家的国内服务业发展水平低下，难以形成国际竞争优势以助力服务贸易出口，当然也存在纯粹为解决就业问题，导致大量劳动力就业于国内低端服务业而产生服务贸易结构优化惰性。

第四节　出口产品技术含量提升影响产业升级的验证

一国或地区出口产品技术含量变动能够引起劳动力价格的变化，劳动力价格的差异将导致劳动力在产业间或区际的流动，进而形成产业集聚，最终助力产业转型升级。本节主要验证出口产品技术含量对产业转型升级的影响效应。当出口产品技术含量发生变化时，产业就业结构就会发生相应的变动（劳动力总是趋向生产出口高技术含量产品的部门或企业），著者采用第二产业产值结构的增加幅度低于第三产业产值结构的增加幅度来表征产业升级。

本节采用 2002—2008 年我国 31 个省区的数据，使用系统 GMM 计量分析方法，来验证出口产品技术含量对产业转型升级的影响效应。

一　变量选取与模型设定

（一）变量选取

1. 被解释变量

相对产值（RGDP），用某一省份的年 GDP 产值除以其余所有样本省份的平均年 GDP 计算而得，以下各指标计算方法与此相同，恕不赘述。相对就业率（remp）仅指城镇就业率。以出口产品技术含量与相对就业率的关系验证出口产品技术含量与劳动力流动之间的关系。相对第二产业产值（SGDP）和相对第三产业产值（TGDP）以及相对第二产业就业率（semp）和相对第三产业就业率（temp）。产业升级可以理解为产业结构升级，当低附加值的产业产值下降同时，高附加值的产业产值上升就可以理解为产业升级。此处研究第二产业就业率以及第三产业就率就是为了考察当出口品技术含量变化时，第二产业和第三产业的劳动力流动方向。2002—2008 年中国东部、中部、西部 29 个省市区（不包括新疆、西藏自治区）数据均来源于国家统计局数据库。

2. 核心解释变量

出口产品技术含量（RTET）为核心解释变量，计算方法与结果参见第二节 QPRODY。

3. 控制变量

贸易自由度对数值（lnTrade）、自然气候（lnTemperature）、相对工资（RW）、教育条件（lnEdu）为控制变量。其中，贸易自由度以各省市区的年度货运总量来表示，教育条件则用各省的学校数量来表征，自然气候以各省的年度平均气温表示。数据均来源于国家统计局数据库。

（二）实证模型设定

以各省市区的相对产值（RGDP）、相对就业率（remp）、相对第二产业产值（SGDP）、相对第三产业产值（TGDP）、相对第二产业就业率（semp）、相对第三产业就业率（temp）作为被解释变量，以相对出口品技术含量（RTET）为解释变量，以贸易自由度对数值（lnTrade）、自然气候（lnTemperature）、相对工资（RW）、教育条件（lnEdu）为控制变量的线性回归来进行计量估计。

$$Y_{it} = \alpha_0 + \beta_1 Y_{t-1} + \beta_2 RW_{it} + \beta_3 RTET_{it} + X_{it} + \varepsilon$$

其中，Y_{it} 表示被解释变量；Y_{t-1} 为被解释变量滞后一期；RW_{it} 表示 i 省与其他省的相对工资水平。

回归系数 β_1 代表被解释变量滞后一期作为解释变量对被解释变量的影响，滞后一期的被解释变量作为解释变量的目的是为了控制自身的内部冲击。一般来说上一期对下一期的影响都是正向，所以预计符号 β_1 为正。

β_2 代表相对工资对被解释变量的影响，不管被解释变量是产值还是就业率，一般来说相对工资对其的影响都是正向的，因为当工资上涨时产业产值也随之上升，即当相对工资上升一个单位时，被解释变量上升 β_2 单位，预计 β_2 符号也为正。

β_3 代表解释变量相对出口产品技术含量（RTET）对被解释变量的影响，此处符号不确定，当相对出口产品技术含量（RTPT）变化一个单位时，被解释变量变化单位。

所有变量的描述统计见表5-11。

表5-11　　　　　　　　　　　主要变量的统计特征描述

变量	观测值	均值	标准误	最小值	最大值
RGDP	217	1.024943	0.9002699	0.0359956	4.140664
SGDP	217	1.032485	0.911234	0.017859	4.000526
TGDP	217	1.026336	0.9293584	0.0488795	4.602097
Remp	217	1.001066	0.1820674	0.3239203	1.701422
SRemp	217	1.011788	0.4758041	0.2427253	4.069318
TRemp	217	1.002862	0.3008858	0.0183074	2.15731
RW	217	1.004497	0.3773959	0.3397066	2.080991
RTET	217	1.002492	0.2798181	0.6018248	1.727961
lnTemperature	217	2.529942	0.499324	1.163151	3.219676
lnEdu	217	9.503055	0.9980625	6.921658	10.84109
lnTrade	217	10.63251	0.879333	5.303305	12.40733

数据来源：著者根据历年《国家统计年鉴》、各地统计年鉴数据整理计算而得。

二　实证模型的计量经济学估计

为了避免伪回归（spurious regression），在计量经济学估计之前分别使用 LLC、IPS、ADF-Fisher、PP-Fisher 四种检验方法进行单位根检验。检验结果所有变量的数据序列都不存在单位根。下面我们采用动态面板系统 GMM 法进行相关检验。

（一）出口产品技术含量对劳动力流动与经济增长的影响

首先，笔者先验证地区出口产品技术含量变动是否能够引致劳动力流动，并借以促进地区经济增长。为此，被解释变量为 Remp（相对就业率）和 RGDP（相对产值）；解释变量为 RTET（相对出口产品技术含量）；控制变量为 RW（相对工资）、自然气候（lnTenmperature）、教育条件（lnedu）、贸易自由度（lnTrade）。回归结果如表见 5-12。

表5-12   出口产品技术含量变化影响劳动力流动的回归结果

	Remp		RGDP	
L1. Remp	0.5974456 **	0.6498568 ***		
	(3.66)	(3.79)		
L1. RGDP			0.0295254 ***	0.0393036 ***
			(7.48)	(10.48)
RTET	0.1256339 ***	−0.1316107 ***	0.2647938 ***	0.2569099 ***
	(−3.14)	(−3.26)	(4.80)	(4.48)
RW	0.0911941 **	0.0959827 ***	0.0639335 **	0.0661752 **
	(2.33)	(0.528)	(1.32)	(2.57)
lnTenmperature		0.1389282 ***		0.067327 **
		(4.53)		(3.14)
lnedu		−0.0271316		−0.0288407
		(−1.16)		(−1.01)
lnTrade		−0.0107282		0.0216582 *
		(−0.95)		(1.81)
常数项	0.6228187 ***	0.5744922 *	0.4215874 ***	0.3134836
	(4.75)	(1.81)	(6.29)	(0.86)
Sargan 统计量	11.41283	11.89081	13.07962	11.83162
AR (2) 统计量	0.1344	0.1231	0.3655	0.3588

注:(1) 括号内为回归系数的 t 统计量值;(2) 双尾检验的显著水平1%、5%、10%分别由 ***、**、* 来表示;(3) 估计结果在 Stata 10.0 上得到。

由表5-12可知,从检验结果来看,控制变量不存在过度识别和二阶序列相关等问题,计量估计结果具有实际经济意义。一方面,出口产品技术含量每提高1个单位,就业率就会增加约0.13个单位,也就是说出口产品技术含量变动能够引起劳动力流动。这也意味出口产品技术含量提升,引致劳动力流动提高了就业率。另一方面,出口产品技术含量每提高一个单位,产值就增加0.26个单位,这意味着提升出口产品技术含量有利于经济增长。计量估计结果与第三章第四节中理论核心命题相吻合。

(二) 出口产品技术含量对第二产业的影响

我们进一步验证出口产品技术含量变动是否引致劳动力在产业间流动,从而促进产业转型升级的。SRemp(第二产业相对就业率)和 SGDP

（第二产业相对产值）为被解释变量；RTET（相对出口品技术含量）为解释变量；控制变量不变。回归结果见表5－13。

表5－13　　出口产品技术含量变化影响第二产业的回归结果

	SRemp		SGDP	
L1. SRemp	0. 4297403 ***	0. 3769545 ***		
	(16. 84)	(15. 54)		
L1. SGDP			1. 013557 ***	0. 9798227 ***
			(318. 60)	(110. 76)
RTPT	− 0. 1287858 ***	− 0. 1233424 ***	0. 3014142 ***	0. 1432865 ***
	(− 12. 86)	(− 7. 81)	(− 19. 64)	(− 5. 42)
RW	0. 0226372	0. 0326796 **	0. 1366319 ***	0. 2262955 ***
	(1. 11)	(1. 03)	(11. 27)	(8. 04)
lnTenmperature		− 0. 1429261 **		− 0. 0329204 **
		(− 2. 28)		(− 0. 75)
lnedu		− 0. 0487539 **		0. 1193339 ***
		(− 2. 53)		(10. 94)
lnTrade		− 0. 0156011 *		0. 0429913 ***
		(− 2. 49)		(3. 16)
常数项	0. 2332579 ***	1. 366132 ***	0. 1425023 ***	− 1. 527604 ***
	(4. 89)	(3. 71)	(7. 74)	(− 7. 50)
Sargan 统计量	27. 99134	24. 51806	20. 69426	19. 08632
AR（2）统计量	0. 2647	0. 2560	0. 1149	0. 1190

注：（1）括号内为回归系数的 t 统计量值；（2）双尾检验的显著水平1%、5%、10%分别由 *** 、 ** 、 * 来表示；（3）估计结果在 Stata 10.0 上得到。

计量估计显示，出口产品技术含量变动对第二产业就业率的回归系数为 −0.1，其经济含义可解释为出口产品技术含量提升，会使第二产业就业率下降，即劳动力会从第二产业流出。

此外，出口产品技术含量每提高一个单位，第二产业的产值就增加约0.14个单位。也就是说出口产品技术含量提升会使得第二产业就业率降低情况下，第二产业产值增加。根据库兹涅兹（1941）产业结构论，第二产业产值比重上升，就业比重下降，那么，第二产业的比较劳动生产率提高（第二产业效益更好），说明第二产业内部结构合理性和高级化向好。

（三）出口产品技术含量变动对第三产业的影响

第二产业劳动力是否流向第三产业呢？让我们继续验证出口产品技术含量变动与第三产业就业率之间的关系。TRemp（第三产业相对就业率）和 TGDP（第三产业相对产值）为被解释变量，RTET（相对出口品技术含量）仍为解释变量，控制变量不变。回归结果见表 5 - 14。

表 5 - 14　　　　出口产品技术含量变化影响第三产业的回归结果

	TRemp		TGDP	
L1. TRemp	0. 2378345 ***	0. 0774221 ***		
	(33. 90)	(15. 54)		
L1. TGDP			0. 8806061 ***	0. 8703631 ***
			(148. 66)	(92. 34)
RTET	0. 3097273 ***	0. 2462264 ***	0. 3062093 ***	0. 3425508 ***
	(-4. 94)	(-2. 81)	(31. 62)	(11. 15)
RW	0. 683209 ***	0. 3226621 ***	- 0. 1615084 ***	- 0. 2000101 ***
	(21. 03)	(5. 49)	(-6. 80)	(-5. 71)
lnTenmperature		0. 3525528 **		0. 0019908 **
		(6. 75)		(0. 03)
lnedu		- 0. 1691409 ***		0. 0122957
		(-6. 68)		(0. 90)
lnTrade		- 0. 1064988 ***		- 0. 0414863 ***
		(-24. 25)		(-4. 10)
常数项	0. 2235655 ***	2. 42062 ***	- 0. 3387659 ***	0. 0654911
	(5. 19)	(10. 22)	(-15. 00)	(0. 19)
Sargan 统计量	23. 61408	21. 56772	17. 35335	15. 55909
AR (2) 统计量	0. 4062	0. 5081	0. 1055	0. 1482

注：（1）括号内为回归系数的 t 统计量值；（2）双尾检验的显著水平 1%、5%、10% 分别由 ***、**、* 来表示；（3）估计结果在 Stata 10.0 上得到。

计量估计显示，出口产品技术含量变动对第三产业就业率的回归系数是 0.25，出口产品技术含量与第三产业就业率呈正向关系，且出口产品技术含量每提高一个单位，第三产业的产值就增加约 0.34 个单位。这意味着伴随着出口产品技术含量提升，第三产业就业率提高的同时产值也随之增加。我们可以诠释为出口产品技术含量提升有利于劳动力由第二产业流向第三产业，且第三产业产值比重上升幅度大于第二产业（0.34 > 0.14），这与库兹涅兹（1941）产业结构论相符。至此我们可以得出，出口产品技术含量提升引致劳动力在产业间和省际转移，进而形成产业集聚，产业"集聚力"最终推动产业转型升级。

第五节 几点结论

结论一

异质性企业条件下，网络基础设施在出口产品技术含量升级中的作用是国际贸易研究的前沿领域。前文理论模型的拓展佐证了完善的网络基础设施能够提高一国或地区出口产品技术含量。实证检验结果对交通网络和信息网络基础设施在各国出口产品技术含量升级中的正向作用具有很好的解释力，且收入水平越高的国家其正向作用就越明显。而能源网络基础设施的估计系数为负，我们可以解释为出口产品技术含量升级（技术进步）与能源消费存在替代效应，通过技术进步可以改变能源消费前沿面，进而实现能源利用效率的提升（原毅军、郭丽丽、孙佳，2012），换言之，依靠高能耗的低技术产品出口，这种粗放型增长是无法实现出口产品技术含量升级的。此外，我们还发现，人力资本和进口贸易对出口产品技术含量有正向作用，而研发投入对出口产品技术含量存在负向作用，外商直接投资对出口产品技术含量作用却始终不显著，这似乎与经济意义不符。其实，一方面，因各国研发投入水平参差不齐，尤其发展中国家的研发投入不足，且当期并不能产生明显效果；另一方面，样本中的上中等收入国家和下中等收入国家在该变量的值远低于高收入水平国家，数据上的参差不齐和极差过大，致使研发支出的估计系数符号为负。由于跨国企业研发中心实施严格技术保密或多集中在技术相对落后的边际产业，外商直接投资对出口产品技术含量影响符号不明确。

结论二

为了验证网络基础设施影响出口产品技术水平和技术结构高度升级的

理论命题，采用东部、中部和西部 29 个省市区 2002—2008 年的数据构建动态面板模型，分析了网络基础设施对出口产品技术水平与技术结构高度的影响。验证结果显示，网络基础设施可以通过影响全要素生产率，降低固定成本与边际成本，从而影响企业出口决策与出口数量，通过改善投资环境、降低贸易成本和进口高技术水平中间投入品等方面直接或间接地作用于出口产品技术水平升级和技术结构高度提升。其中交通网络基础设施与通信网络基础设施显著提升了出口产品技术水平和技术结构高度；能源网络基础设施的估计系数为负，对出口产品技术水平和技术结构高度没有体现出促进作用。这说明我国的能源利用效率低下，通过粗放型增长是无法获得技术提升的。其他的控制变量中，研发支出、FDI、人力资本禀赋、人均资本存量都会对出口产品技术水平与技术结构高度产生正向影响。进口规模的扩大则不利于出口产品技术水平的提升。

结论三

基于 80 个不同收入水平国家 1996—2010 年的跨国面板数据，采用系统 GMM 两步法，从要素禀赋动态变动维度验证基础设施投入对服务贸易结构优化的作用效果，结果显示，服务贸易结构优化是个长期连续的系统工程，它要求一国或地区必须保持服务贸易政策的一致性和连贯性。同时，一国或地区现代服务贸易发展水平受羁束于经济性基础设施完善程度，而服务贸易结构优化又取决于现代服务贸易发展水平。是故，多数人均 GNI 较低的国家因工业化程度抑制经济性基础设施对服务贸易结构优化的作用。

总体来说，医疗、教育等社会性基础设施对服务贸易结构优化有正向促进作用，然其投资期限长，当期难显立竿见影之效。科研基础设施对服务贸易结构优化总体呈负向作用且滞后效应显著。环保基础设施的系数在整体样本估计结果中显著为负，而在低收入国家呈正相关，这说明低收入国家增加环保基础设施投入有利于旅游服务出口，有利于本地经济增长和带动旅游服务业发展，并借以助力现代服务贸易业发展。另外，FDI、进口贸易与国内服务业发展水平对服务贸易结构优化的作用并不明显。

结论四

囿于特殊的地缘关系、资源禀赋差异、国家产业政策导向及经济发展水平差异，中国各省市出口产品技术含量和产业结构合理性、高级化异质性突出。这种阶梯式结构为提升出口产品技术含量，以及优化产业结构提供了空间。著者基于 2002—2008 年中国东部、中部、西部 29 个省市区（不包括新疆、西藏自治区）数据构建动态面板模型，计量估计结果显示，出口产品技术含量提升，引致劳动力流向高工资产业或地区，提高了就业率，并由此在一定程度上促进了经济增长。进一步验证发现，提升出口产品技术含量，在第二产业就业率降低的情况下，第二产业产值增加，第二产业的比较劳动生产率提高，其内部结构合理性和高级化向好；与此同时，出口产品技术含量提升有利于劳动力由第二产业流向第三产业，且第三产业产值比重上升幅度大于第二产业。由此得出，出口产品技术含量提升引致劳动力在产业间和省际转移，进而形成产业集聚，产业"集聚力"最终推动产业转型升级。

提升出口产品技术含量，驱动劳动力在产业间和省际流动的"聚集效应"推动产业升级，这在我国东部沿海地区已得到印证。然而，当地区经济快速发展，国民收入水平不断增加，工业化和城镇化水平不断提高，出口产品技术含量不断提升时，劳动力"过度"集聚在某一产业或某个地区，反而不利于该地产业升级。改革开放 35 年来，东部沿海地区凭借其特殊的地缘优势和国家政策优势，地区经济率先发展，产业链由低级逐步向高级延伸，在我国价值链中位居高端，势必会吸引更多向往高工资收入的劳动力流入，当劳动力"过度"集聚，将不利于东部沿海地区产业升级，与此同时，将不断加大地区差距。令人遗憾的是这一问题并未引起学界的高度关注。是故，著者将在下章中重点论述。

第六章　总结性提示

理论与实证研究均支持在国别异质性、产业异质性和企业异质性约束下，一国或地区完善的基础设施建设和良好的服务，有利于提升其出口产品技术含量和促进服务贸易结构优化，继而高附加值的出口产品行业或企业之高工资报酬吸引更多的劳动力流入，继而劳动力在区域间和产业间流动形成"集聚效应"，最后推动产业结构升级。

第一节　主要结论

一　几点理论感悟

1. 在异质性企业条件下，网络基础设施在出口产品技术含量升级中的作用机制分析是国际贸易理论研究的前沿领域。笔者基于异质性企业分析框架，引入"冰山运输成本"和"固定成本"两个变量，以拓展新—新贸易理论模型，阐述了网络基础设施在出口产品技术含量升级中的作用机制。即完善的网络基础设施建设及良好的服务既有利于现有出口企业和出口产品在单一方向上量的扩张（集约边际），而且还能够通过降低进入国际市场门槛促进新的企业进入出口市场以及增加出口产品种类（扩展边际）。这对于出口高技术含量产品的企业而言影响更为明显。严密的理论推导过程纠正了一些以往同类证明的谬误，为"网络基础设施—企业异质性—产品差异化—国际贸易流"之关联研究提供了新颖的研究框架。

基于新—新贸易理论的企业异质性框架，采用数理经济学的最优化、期望效用、一阶条件、二阶偏导等技术，精巧推演、证明了新的理论假设命题。新理论模型融合、发展了 Melitz（2003）、Bolton 和 Dewatripont（2005）等人在新—新贸易理论领域的贡献，为新的研究视角提供了基于严密证明的理论分析新框架。

2. 服务贸易结构优化必须通过服务贸易部门的动态比较优势来实现。笔者基于国际贸易要素禀赋理论和动态比较优势理论，在国别异质性约束条件下，将固定资本、人力资本和知识资本三大要素归结为资本要素，纳入 H. Oniki 和 H. Uzawa（1965）的分析框架，给定理论模型假设，严密的理论推导出要素积累与服务贸易结构动态模型和要素积累和服务贸易结构优化模型。理论模型揭示一国优化服务贸易结构，规避"静态比较优势陷阱"，就需打破原有的要素禀赋状态，发挥资本要素的积累效应，实现服务部门比较优势的动态变化。

基于严密证明的理论分析新框架，将基础设施投入引致的要素禀赋动态变化对服务贸易结构优化的作用机理分为固定资本要素扩张效应、人力资本要素提升效应、知识技术要素进步效应。其中，网络基础设施投入能直接形成固定资本要素的扩张效应，推动服务贸易结构优化；社会性基础设施投入形成人力资本要素提升效应和知识技术要素进步效应，推动服务产业升级，增加现代服务业比重，进而优化服务贸易结构。为研究基础设施与服务贸易结构优化提供了理论分析新框架。

3. 从逻辑关系而言，企业出口产品技术含量提升是一国或地区产业核心优势的体现。以异质性产业和异质性企业为研究主体，在理论假设下严密证明了当两地出口产品技术含量发生变动时，出口产品的价格也会相应地发生变化；出口产品技术含量变动能够引起劳动力价格的变化；当两区域工业产品替代弹性较小时，两地劳动力价格的差异将引致劳动力发生产业间或区际的流动，进而形成产业集聚，最终助力产业转型升级。然而，当两区域经济发展到一定程度，产品替代弹性较大时，劳动力流动反而不利于该地的产业集聚和产业升级。

基于新贸易理论和新—新贸易理论框架，严密的数理推导证明了出口产品技术含量提升通过产业集聚推动产业升级。新理论模型融合、发展了Dixit 和 Stiglitz（1977）、Krugman（1980、1991）、Fujita（1988）、Melitz（2003）等人的理论贡献，丰富了基础设施、出口贸易与产业升级的理论研究。

概而言之，新经济地理学从空间领域开拓了基础设施投入研究新视野，新—新贸易理论从异质性角度扩展了基础设施投入研究新视野。良好的基础设施建设对出口产品技术含量和技术结构高度以及服务贸易结构优化的正向作用，促使劳动力在产业间和区域间转移形成产业集聚，最终助力产业结构升级。因此，良好的基础设施建设不仅有利于出口商品结构优化、服务贸易结构优化，更是产业转型升级，经济长期发展的重要决定因素。

二　实证结论与启示

1. 笔者应用大规模跨国动态面板数据实证分析了网络基础设施与出口产品技术含量升级的关联性。实证检验结果对交通网络和信息网络基础设施在各国出口产品技术含量升级中的正向作用具有很好的解释力，且收入水平越高的国家其正向作用就越明显。而能源网络基础设施的估计系数为负，我们可以解释为出口产品技术含量升级（技术进步）与能源消费存在替代效应，通过技术进步可以改变能源消费前沿面，进而实现能源利用效率的提升（原毅军、郭丽丽、孙佳，2012），换言之，依靠高能耗的低技术产品出口，这种粗放型增长是无法实现出口产品技术含量升级的。此外，我们还发现，人力资本和进口贸易对出口产品技术含量有正向作用，而研发投入对出口产品技术含量存在负向作用，外商直接投资对出口产品技术含量作用却始终不显著，这似乎与经济意义不符。其实，一方面因各国研发投入水平参差不齐，尤其发展中国家的研发投入不足，且当期并不能产生明显效果；另一方面，样本中的上中等收入国家和下中等收入国家在该变量的值远低于高收入水平国家，数据上的参差不齐和极差过大，致使研发支出的估计系数符号为负。由于跨国企业研发中心实施严格技术保密或多集中在技术相对落后的边际产业，外商直接投资对出口产品技术含量影响符号不明确。

同时，笔者采用中国东部、中部和西部 29 个省市区动态面板数据实证分析了网络基础设施与出口产品技术含量升级的关联性。验证结果显示，网络基础设施可以通过影响全要素生产率，降低固定成本与边际成本，从而影响企业出口决策与出口数量，通过改善投资环境、降低贸易成本和进口高技术水平中间投入品等方面直接或间接地作用于出口产品技术水平升级和技术结构高度提升。其中交通网络基础设施与通信网络基础设施显著提升了出口产品技术水平和技术结构高度；能源网络基础设施的估计系数为负，对出口产品技术水平和技术结构高度没有体现出促进作用。这说明我国的能源利用效率低下，通过粗放型增长是无法获得技术提升的。其他的控制变量中，研发支出、FDI、人力资本禀赋、人均资本存量都会对出口产品技术水平与技术结构高度产生正向影响。进口规模的扩大不利于出口产品技术水平的提升。

　　基于上述研究结论，笔者认为，中国交通、能源和信息等网络基础设施"跨越式"发展，在一定程度上降低了微观企业的运营成本，提高了微观企业的技术效率。网络基础设施已成为我国对外贸易发展和经济增长的"加速器"。然而，特殊的地缘关系与经济基础限制了中西部地区交通、能源和信息等网络基础设施建设，东中西部网络基础设施在建设力度和速度上尚存在显著差异。中西部地区与东部地区相比网络基础设施发展相对滞后，这不仅影响了地区劳动生产率差异，扩大了地区间收入差异，而且还限制了资源在全国范围内的优化配置，业已成为中西部地区乃至全国出口结构、产业结构优化和经济长期增长的掣肘。在我国产业结构调整的关键时期，因势利导地加强区域网络基础设施建设，搭建全国一体化网络基础设施平台，这对于提升我国出口产品技术含量，增强产品国际竞争优势，推动产业结构合理性与高度化，实现经济长期增长现实意义重大。

　　政府应加大中西部地区网络基础设施投入力度，培育货物贸易出口新的增长点。就中国而言，2008年，为了应对国际金融危机，国家出台了4万亿元投资计划，掀起了新一轮以基础设施建设为主的投资热潮，创造了交通、能源和信息等网络基础设施"跨越式"发展，这不仅降低了微观企业的运营成本、提高了微观企业的技术效率，而且还影响了地区劳动生产率差异，形成了东中西部劳动生产率的非均衡发展。尽管在西部大开发、中部崛起之后这种差异有所改善，但是，中西部地区较之东部地区基础设施发展滞后，特殊的地缘关系与经济基础限制了中西部地区交通、能源和信息等网络基础设施建设，业已成为阻碍中西部地区对外贸易乃至经济发展的重要屏障。

　　在国际金融危机深层次影响继续显现，特别是欧洲主权债务危机深化、蔓延，世界经济复苏明显减速，国际市场需求下滑背景下，我国区域外贸形成了清晰的"西高东低"新格局，东部地区出口增速放缓，中西部地区则加快了承接加工贸易产业转移步伐，出口贸易强劲增长。在这一新格局下，倘若政府能够利用基础设施较强的外部性特征，对这种特殊的公共物品进行有效干预，在政策层面向中西部地区倾斜，一则缩小中西部地区网络基础设施与东部地区的差距，二则可以有效利用全国一体化网络基础设施平台，扩大出口贸易规模和提升出口产品质量。如加大中西部地区的交通基础设施投入，构筑东中西部立体化的交通网络，便可降低中西部地区企业的运营成本，提高企业的技术效率，扩大出口规模；加强中西部地区的通信基础设施建设，勾画出中西部地区与东部地区一体化的信息网络，减少市场中的信息不对称问题，使得中西部地区企业能够有序地承接东部地区产业转移，更有效地利用当前先进技术进行生产来提升出口产品技术含量，增加出口产品附加值，货物贸易将成为中西部地区新的贸易增长点。

对于东部地区而言，受欧美债务危机、世界经济复苏减速及国外需求下滑影响，出口贸易增速大幅下滑，据商务部统计，2013 年我国出口4.16 万亿美元，增长 7.6%，东部地区外贸增长 6.6%。其中广东、江苏、上海、北京、浙江、山东和福建 7 个省市进出口总值达 3.29 万亿美元，占全国进出口总值的 79%，比上年回落了 0.9 个百分点。中西部地区外贸增长迅速。2013 年，中部地区外贸增长 13.6%，西部地区外贸增长 17.7%。其中重庆、河南、安徽、云南、陕西、甘肃、贵州 7 个省市外贸增速都在 15% 以上，占全国进口总值的 5.7%，比上年提升了 0.6 个百分点。因此，一方面，利用东部地区良好的网络基础设施平台，加强东部与中西部外贸发展互动互助机制，通过举办东部与中西部外贸发展对接会，促进产业、订单等向中西部转移，借以优化东部产业结构，率先实现东部地区对外贸易水平升级；另一方面，发挥东部地区良好的交通网络基础设施服务，形成以"技术、品牌、质量、服务"为核心的出口竞争新优势，提升东部地区出口产品技术含量与质量，打造自主品牌和加快服务贸易发展，使东部地区继续保持货物贸易出口贡献份额的同时，把服务贸易培育为东部地区新的贸易增长点，率先实现东部地区对外贸易水平升级。

2. 从要素禀赋动态变动层面来探究基础设施投入对服务贸易结构的影响机制，并通过 80 个不同收入水平国家 1996—2010 年的跨国面板数据，采用系统 GMM 两步法进行实证分析。结果发现，服务贸易结构的优化是个长期连续性的工程，对一国保持服务贸易政策的一致性和连贯性有很好的启示。一国现代服务贸易部门的发展跟经济性基础设施的发展水平和完善程度关系紧密，而服务贸易结构的优化取决于现代服务贸易部门的发展与壮大，故多数人均 GNI 较低的国家因工业化水平限制不能很好发挥经济性基础设施对服务贸易结构优化的作用。在社会性基础设施方面，医疗、教育基础设施对服务贸易结构优化总体呈正向促进作用，但投入回报周期长、见效慢的特点也很明显；科研基础设施对服务贸易结构优化总体呈负向作用，滞后效应显著；环保基础设施的系数在整体样本估计结果中显著为负，而在低收入国家呈正相关，说明低收入国家环保基础设施投入在增加旅游服务出口的同时，对当地经济的带动作用及旅游服务对现代服务贸易部门发展的拉动作用更明显。另外，FDI、进口贸易与国内服务业发展水平对服务贸易结构的影响程度较微弱。显然，优化服务贸易结构对于我国晋级为贸易强国具有战略性的意义。

比照 2013 年中国服务贸易进出口总额达 5396.4 亿美元，稳居世界服务进出口第三位，比上年增长 14.7%，占世界服务进出口总额的 6%。其中，咨询、计算机和信息服务、金融服务、专有权利使用费和特许费等高附加值服务进出口增幅分别为 19.9%、17%、66.2%、16.7%。高附加值服务贸易的快速增长培育了资本技术密集型企业，推进了科技进步与创新，优化了贸易结构。全年服务进出口总额占我国对外贸易总额的比重为 11.5%，同比提升 0.7 个百分点。其中，服务出口总额达 2105.9 亿美元，位居世界服务出口第五（前四位分别是美国、英国、德国和法国），同比增长 10.6%；进口 3291 亿美元，超越德国首次跃居世界服务进口第二位（美国、德国、法国和英国分别居第一位、第三位、第四和第五位），同比增长 17.5%。

然而，我国服务贸易逆差进一步扩大。2013 年服务贸易逆差由 2012 年的 897 亿美元扩大至 1184.6 亿美元，同比增长 32.1%；且中国服务贸易总额与美国相差 5926.7 亿美元，尚不足美方的一半。[①] 在处于深刻调整和变革中的世界经济和贸易在转型中延续了低速增长态势的环境下，因势利导、协调和加强各项基础设施建设，有助于我国服务贸易结构优化和产业结构升级，进而促进经济长期发展。

3. 采用中国东部、中部和西部 29 个省市区动态面板数据实证分析了出口产品技术含量搬动与产业升级的关联性，计量估计结果显示，出口产品技术含量提升，引致劳动力流向高工资产业或地区，提高了就业率，并由此在一定程度上促进了经济增长。进一步验证发现，提升出口产品技术含量，在第二产业就业率降低的情况下，第二产业产值增加，第二产业的比较劳动生产率提高，其内部结构合理性和高级化向好；与此同时，出口

---

① 根据世界贸易组织（WTO）发布的统计数据而得。

产品技术含量提升有利于劳动力由第二产业流向第三产业，且第三产业产值比重上升幅度大于第二产业。由此得出，出口产品技术含量提升引致劳动力在产业间和省际转移，进而形成产业集聚，产业"集聚力"最终推动产业转型升级。

改革开放35年来，东部沿海地区凭借其特殊的地缘优势和国家政策优势，率先发展地区经济，产业链由低级逐步向高级延伸，在我国价值链中位居高端，势必会吸引更多向往高工资收入的劳动力流入，劳动力"过度"集聚，将不利于东部沿海地区产业升级。所以，一方面，东部地区应优先发展生产性服务业，推动服务业综合改革试点和示范建设，如浙江省温州市、广东省珠江三角洲、福建省泉州市和山东省青岛市金融综合改革试验区，以及上海浦东新区、天津滨海新区、深圳市的、厦门市的、义乌市的国家综合配套改革试验区，利用综合改革试点和示范建设经验率先推动产业结构和理性和高级化，引领未来产业发展；另一方面，以"上海自贸区"为"始点"① 借助"两带一路"（长江经济带、丝绸之路经济带和21世纪海上丝绸之路）的推动，与中西部乃至中亚和东南亚国家产业链深度融合，实现产业链升级。

第二节　尚待研究的几个问题

一　地区基础设施互联互通与提高商贸流通效率研究

本书研究了异质性约束下区域内基础设施、出口贸易与产业结构升级问题。党的十八届三中全会提出构筑开放型经济新体制和推进国内贸易流通体制改革，《中共中央关于全面深化改革若干重大问题的决定》指出，"抓住全球产业重新布局机遇，推动内陆贸易、投资、技术创新协调发展。支持内陆城市增开国际客货运航线，发展多式联运，形成横贯东中西、链接南北对外经济走廊。……加快区域基础设施互联互通建设"。②

① 上海自贸区的试验将对国家战略层面的"两带一路"（长江经济带、丝绸之路经济带和21世纪海上丝绸之路）的推动产生深远影响，因为无论之于长江经济带，还是之于丝绸之路经济带或21世纪海上丝绸之路，上海均处于核心要冲位置，上海自贸区的样板示范效应，可在多个城市进行自贸区扩容复制和推广。

② 《中共中央关于全面深化改革若干重大问题的决定》，人民出版社2013年版，第27页。

在十八届三中全会的精神引导下，商贸流通领域正在迎来全面深入的改革。因此，地区基础设施互联互通与提高商贸流通效率将是该领域研究的新课题。是故，笔者不揣浅陋就基础设施建设与内贸流通效率问题提几点看法，以飨读者。

国内贸易（Domestic Trade）是指某国国内生产出来的产品通过各类销售渠道最终到达国内消费者手中的全过程。传统意义上的销售渠道主要有经销商、分销商、百货公司或零售店或专卖店、农贸集市、便民商店等。国内贸易流通体制（Domestic Trade System）是国内贸易渠道运营方式的政策和制度规定的集合，因而国内贸易流通体制内涵相对复杂，它不仅包括市场体系建设、流通业态的空间布局、流通过程的法制建设、流通产业的配套制度，还包括流通过程的基础设施建设等。国内贸易流通体制内涵如表6-1所示。

表6-1　　　　　　　　国内贸易流通体制内涵及其体现

国内贸易流通体制内涵	内涵体现 A	内涵体现 B
市场化程度	政府对流通市场干预程度（流通产业国有资产比重，财政收入比重，政策性分割）	对民间资本、外资的开放程度
空间布局	区域商贸流通中心	城市、农村
商贸流通主体	传统主体（生产企业，经销商，分销商，零售商，商业社区，消费者，政府当局）	新兴主体（电子商务）
基础设施建设	硬基础设施（交通、生活基础设施，运输工具、技术，信息化基础设施）	软基础设施（产权安排，制度建设，教育水平、人力资本，市场化程度，开放程度）
配套制度	塑造大型、中型、小型流通企业，可通过参股、控股等形式允许形成大型流通企业	针对国内贸易发展的投融资制度
产业结构	农产品、生产资料、工业消费品	国内贸易服务行业（餐饮，住宿，满足国内贸易发展的服务行业）

国内贸易流通体制内涵	内涵体现 A	内涵体现 B
法制建设	产权制度、公司法、流通法、竞争法	减少对国内贸易发展的政府性干预、分割
市场化程度	政府对流通市场干预程度（流通产业国有资产比重，财政收入比重，政策性分割）	对民间资本、外资的开放程度

流通过程中的基础设施建设由硬基础设施和软基础设施两部分构成。硬基础设施主要表现为物质形态的交通设施、通信网络等，软基础设施主要表现为虚拟形态的法律制度、政策、市场化程度等。表 6-1 中，除空间布局、商贸流通主体与硬基础设施外，其他各项均可以归纳到软基础设施中。

前文已证明，基础设施建设有益于降低企业库存（Li，2009）、减少企业运营成本（Demetriades & Mamuneas，2000；Moreno et al.，2003）、提高企业生产效率和交易者的交易效率（Agénor & Neanidis，2006）。在新形势下，应根据国内区域经济新布局、产业结构调整状况、商贸流通主体行为机制的变化，以及现代商贸流通业态，打破地区封锁，实现地区基础设施互联共通。

国务院办公厅《关于印发国内贸易发展"十二五"规划的通知》提出要加快形成 11 个主要商业功能区，包括环渤海商业功能区、长三角商业功能区、珠三角商业功能区、中原商业功能区、长江中游商业功能区、成渝商业功能区、关中—天水商业功能区、滇黔桂商业功能区、甘宁青商业功能区、新疆商业功能区和哈长商业功能区。这些商业功能区覆盖了东中西部地区，一则位置比较分散，二则跨越多个省市（区），商品如何在各功能区内部、在各功能区之间快捷便利流通，地区基础设一体化至关重要。

（一）推进各经济地带内部、经济地带之间的基础设施共建共享

改革开放以来，在我国经济相对发达的东部经济地带，铁路、公路、航运等硬基础设施日趋完善，当前的工作重点应转向地区基础设施共建共享，实现商贸流通快捷便利。中西部经济地带应着力发展铁路、水运等硬基础设施，特别是长江、黄河经济地带应发挥长江、黄河"黄金水道"

的主干道作用，发展与之配套的铁路、公路、港口码头综合立体交通走廊建设，以推动经济地带的内贸发展。"支持内陆城市增开国际客货运航线，发展多式联运，形成横贯东中西、连接南北方对外经济走廊。"①

此外，物联网、云计算、大数据等现代通信技术对缩减贸易成本，促进国内贸易发展至关重要，虽然近年来我国现代物流、通信发展等基础设施建设快速发展，但仍存在地区分割，地方政府应加强合作，推进省市（区）市场信息基础设施的共建共享。

（二）助推地区软基础设施无缝连接

国内贸易一体化对拉动国内消费，进行促进国内经济增长至关重要。目前投资、出口对经济增长拉动作用日益下降，因而政府应着力于消除国内贸易壁垒，实现国内软基础设施无缝连接。

1. 大力整顿规范市场秩序。多元化的市场主体，优胜劣汰的市场机制，市场主体行为制度规范是构成良好市场秩序的必备因素。中央政府应始终坚持鼓励发展多种所有制的商贸流通企业，从立法、行政等方面推动商贸流通企业跨区域、跨行业发展，同时应着力推动地方政府通力合作，消除跨区域生产要素自由流动壁垒，逐步取消审批制、许可证等管理方式，促使各级政府向现代服务型政府转变，为现代大型商贸流通企业的形成、发展塑造兼并重组、破产的法律环境与金融支持，同时制定相应的法律法规，约束规范商贸流通企业的市场行为。

2. 推进管理体制改革。目前的管理体制相对偏向于国有垄断行业，各级政府应加强民间资本、外资在管理体制建设过程中的贡献，放宽垄断专营领域市场准入，增强民间资本，在原油、药品等垄断领域的话语权，以构建服务于多种市场主体的管理体制。

中央政府在管理体制改革中应发挥组织领导作用，为管理体制改革奠定服务于市场的基调，推动各级地方政府通力合作，形成跨区域、跨行业合作的管理体制，尤其要形成省市（区）边境地区，跨省市区生产要素、商品流通的管理体制，同时应促进行业协会、商会的发展，为该行业发展提供信息发布、居中协调、定期论坛等服务，利用立法等措施加强行业自律和信用评价。

3. 积极培育大型商贸流通企业。加大金融支持力度，推动有实力的

---

① 《中共中央关于全面深化改革若干重大问题的决定》，人民出版社 2013 年版，第 27 页。

商贸流通企业通过参股、控股、联合、兼并、合资、合作等方式，实现跨行业、跨地区资源的优化重组，形成具备大资本实力的若干大型零售商、批发商、代理商。鼓励有条件的企业在依法合规、公平竞争的前提下，组成战略联盟，开展采购、营销等方面合作。

4. 大力扶持中小商贸流通企业。各级政府应支持中小商贸流通企业特别是小微型商贸流通企业向专业化、特色化发展。建立健全中小商贸流通企业服务体系，为中小商贸流通企业搭建公共服务平台和服务机构，引导中小商贸流通企业借助公共服务平台和服务机构所提供的服务提高运营效率。

（三）加强城乡基础设施互联互通

农村消费潜力的挖掘，是实现内需型经济增长目标的重要推动力，但由于城乡商贸流通设施、制度不一致导致的二元消费市场结构，对提高中国经济增长质量形成了巨大压力。

农村通常为农产品供应地，城市通常为农产品价格形成场所，农村地区在城市购买各类农业原料及生活设施、设备，因而城乡基础设施互联互通程度直接影响城乡商贸的交易效率，进而对农产品生产、运输、价格形成及农民收入形成重大影响。

对城乡基础设施的建设，地方政府应根据当地经济禀赋统一规划，引导大型流通企业进入农村，深入实施万村千乡市场等工程，加大新农村现代商贸流通服务网络工程建设，扩大农村连锁超市覆盖面，促进现代先进工业制成品以低廉的价格进入农村，保证城乡居民共享改革开放成果。

同时，地方政府应加强与周边地方政府合作，整合商贸流通企业、城乡信用社和电信运营商等资源，建立统一的信息服务平台和农村商业信息库，使得农业生产及时把握市场变化；以县、乡镇为农村物流节点，建立多元化的配送体系，加快农村物流资源整合，提高商品配送比率，提高农产品到达消费者手中的效率，提高农业生产原料到达农民手中的效率，保证农产品生产与消费。

最后，地方政府应支持农村商业网点拓展经营领域，取得相关经营资质，开展日用消费品、农资、图书、药品、烟草、通信等产品的经营，增强农技推广、水电费代收代缴、维修等服务功能，以提高农村村民素质，为城乡经济发展提供智力支持；根据当地城乡经济发展条件，构建城乡统一的社保体系、医疗教育体系，进一步提高城乡软基础设施一体化程度。

（四）发展电子商务等新型贸易方式

电子商务改变了生产者、消费者行为，降低了贸易成本，革新了贸易发展体制。电子商务行业的发展，离不开健全的现代物流体系与标准化的电子商务技术，以及相应的法律法规。中央政府应牵头各级地方政府，加强跨区域、跨行业的电子商务网络与物流配送体系建设，完善电子商务技术标准、统计监测和信用体系，探索建立电子商务信用等级认证制度，健全电子商务、第三方支付平台、第三方物流的法律法规建设。

二　"环中国圈"基础设施共建共享与区域产业链融合延伸研究

在第一章引言部分的研究背景讨论中提到"基础设施互联互通，区域产业链融合延伸"是中国对外开放格局的重要内容。然而跨国跨地区基础设施共建共享与区域价值链融合延伸问题，无论是在理论上还是在实证上均未得以解决。因此，"环中国圈"[①]基础设施共建共享与区域产业链融合延伸将是该领域研究的又一新课题。在笔者看来，如果能够廓清产业链的研究内涵，勾勒出"环中国圈"基础设施共建共享与区域产业链融合延伸的逻辑链，这也许会对学界有兴趣研究该课题的学者有所裨益。

关于基础设施概念界定和相关文献可参见本书第一章和第二章。这里将产业链、价值链、全球价值链理论、全球价值链治理下的产业升级以及产业链经济效应等观点梳理出来，或许对学人的研究有所帮助。

产业链包含微观企业运营与宏观产业发展及政策监管三个层次，但在西方经济学界，没有将产业链视为独立研究对象的文献，基本都将产业链分解到企业和产业两个层次分别展开研究。从产业层面的研究文献来看，国外学者主要解决产业链中企业的纵向整合或者企业之间跨组织的资源组合问题；从企业层面的研究文献来看，主要从供应链、产品链和功能链等角度研究商品链，其核心思想是价值链。西方经济学界首先从企业角度研究了价值链，并指出价值链即企业价值创造过程中各类企业活动与参与企业的总和，然后将企业置于全球化经济特征下研究企业经济活动与价值链。但从20世纪90年代起，西方学者认为企业活动都是根据企业所在国

---

① "环中国圈国家"这一新范畴是在2006年12月召开的中国东南亚研究会年会上首次提出的，被专家们称为"世界经济学研究的一个新的战略范畴"。"环中国圈国家"就是指中国及与中国陆地接壤的14国和近海相望的6国。该区域2007年GDP总量达11.58万亿美元，人口总量34.2亿，分别占世界经济总量的25%和世界人口总量的52.5%，在全球经济中有着重要的战略地位（邱询旻，2009）。

的经济环境开展运营，于是，以价值链为核心的商品链研究逐步转入企业所在产业环境下的商品研究，不过其中仍有价值链的思想内涵。

价值链的研究始于 20 世纪八九十年代，西方学者认为商品从生产到最终消费阶段的企业活动节点构成该商品的价值形成过程，将这个过程中不同的企业活动串联起来便为商品的价值链。Porter（1985）最早对价值链进行了研究，他从单个企业的视角出发，认为企业的内部后勤、生产运作、外部后勤、市场和销售、服务五项基本活动相互联系构成企业的价值创造过程，这一价值创造过程就是企业的价值链。随着 20 世纪八九十年代全球化分工体系形成之后，Kogut（1985）将企业置于国家比较优势之中，认为企业应根据其竞争能力，综合利用内部资源以便进入全球价值链中的某个环节。Kaplinsky（2000）将公司之间的联系考虑进 Porter 的价值链模型中，形成产业间价值链和产业内价值链的概念。囿于上述研究将企业竞争优势和比较优势视为静态，因而不能很好地将价值链与经济全球化分析联系起来，所以，Krugman（1995）分析了企业内部各个价值环节在不同地理空间进行配置的能力问题，这开启了价值理论中价值链治理模式与产业空间转移之间关系的重要研究领域。

全球价值链（Global Value Chain，GVC）的概念界定最具有代表性的当属联合国工业发展组织的定义，全球价值链是指为实现商品或服务价值而连接生产、销售、回收处理等过程的全球性跨企业网络组织，涉及从原料采购和运输，半成品和成品的生产和分销，直至最终消费和回收处理的整个过程。包括所有参与者和生产销售等活动的组织及其价值、利润分配，当前散布于全球的处于价值链上的企业进行着从设计、产品开发、生产制造、营销、交货、消费、售后服务、最后循环利用等各种增值活动。经济全球化浪潮之后，企业经营活动不再局限于一国范围之内，而是在全球范围组织生产并进行销售，企业行为方式发生重大改变。因而，价值链中的企业活动节点发生变化，关于价值链的研究不再局限于企业生产与销售、一国范围内的产业空间转移，研究中心拓展到企业如何在全球价值链占据有利地位及全球企业治理。Freestra（1998）将全球经济中"贸易一体化"和"生产的垂直分离"联系起来，分析"产品内分工"和"垂直专业化"的产品生产环节全球配置的问题。Arndt 和 Kierzkowski（2001）根据企业产权能否分离来分析生产过程的分割现象。Gereffi（1994）认为全球商品链是由生产者和购买者共同驱动形成的，但 90 年代中期的实际经济活动否定了购买者在全球价值链中的地位。基于此，施振荣（20 世纪 90 年代初）提出著名的"微笑曲线"，来表明产业价值链各个环节的附加值，Gereffi 等（2005）也认为价值链统治者常常居于"微笑曲线"两段的高附加值部分。对于全球价值链的治理结构，Gereffi、Humphrey 和 Sturgeon（2003）在 Humphrey 和 Schmitz（2002b）三种治理模式（网络、准层级和层级）的基础上，根据交易复杂程度、识别交易能力和供应能力，提出五种治理模式——市场型、科层型、关系型、模块型和领导型。

全球价值链治理下的产业升级是指产业由低技术水平、低附加值状态向高技术、高附加值状态演变的过程。自 20 世纪 90 年代末起，国外学者从部门生产过程属性及治理模式视角，将产业升级置于 GVC 进行研究。Humphrey 和 Schmitz（2002）在 Gereffi（1999a）产业升级分类的基础上，以企业为中心，将产业升级划分为流程升级、产品升级、功能升级和部门间升级。Knorringa（2000）、Gereffi 和 Memedovic（2003）分析了准层级 GVC 下的产业升级，Humphrey 和 Schmitz（2004）分析了网络型 GVC 下的产业升级，Bazan 和 Navas - Alem（2003）、Humphrey 和 Schmitz（2004）分析了市场型 GVC 下的产业升级。此外，针对全球价值链的空间分离现象，部分学者还从地方产业集群的角度分析了地方产业升级。如 Kaplinsky 和 Morris（2001）将全球价值链下地方产业集群升级分为过程升级、产品升级、功能升级和链的升级四种类型。Gereffi（2002）认为，在地方产业集群升级过程中，领先企业对价值链的治理能力能帮助地方产业网络顺利地实现阶梯式的"过程升级"、"产品升级"、"功能升级"和"链的升级"。

国内学者首先从产业链构成主体角度对价值链内涵进行了界定。如吴金明、邵昶（2007）采用"4 + 4 + 4"模型，以产业链中的企业节点为出发点，依据企业在商品生产过程中的参与状态将产业链分为供需链、企业链、价值链和空间链。他们认为，在产业链中，可将企业视为一个"点"，多个企业相互衔接构成"线"，"点与点"的链接即为供需链；"点与线"的链接构成"企业链"；"线与线"的链接形成空间链；"链与链"的链接形成价值链。该文从宏观角度很好地阐述了产业链的内涵，但没有说明单个在产业链中的活动规律，吴金明、钟键能、黄进良（2007）证明企业应根据其竞争力和当地比较优势向附加值较高的"微笑曲线"两段延伸。邵昶、李健（2007）还将物理学概念"波粒二象性"引入产业链研究中，认为企业、政府、消费者节点相互链接构成的线条，这些线条再相互衔接形成产业链，并强调政府在产业链中的作用，指出政府对产业链中部分企业的过分干预，扰乱了正常的市场秩序，会导致产业链的紊乱。

在本书第三章中笔者概要阐述了基础设施、贸易投资与产业链升级与延伸的微观机制。基于微观机制，将产业链融合数量化为企业在"微笑曲线"中所处位置，以及测算不同经济体的产业契合度，并将交通网络、信息网络、能源网络、水资源网络、人力资本积累、制度环境等基础设施变量纳入研究范畴，在对 Melitz（2003、2008）异质性企业模型进行扩展的基础上，采用数理经济学的最优化、期望效用、一阶条件、二阶偏导等技术，推演证明基础设施与产业链升级和延伸的关系。在实证上采用中国与"环中国圈" 14 个国家或地区的基础设施、产业发展数据，采用结构方程模型（Structural Equation Modeling，SEM）和高斯混合模型（Gaussian Mixture Model，GMM）计量估计中国与"环中国圈" 14 个国家或地区基础设施对产业链升级延伸的效应，再借助可计算的一般均衡（Computable General Equilibrium，CGE）模型，从软硬基础设施共建共享与产业链深度融合角度进行政策模拟。

根据发展经济学与欧盟发展路径可知，跨域基础设施共建共享与区域产业链的深度融合必将导致不同经济体的深度合作，进而为不同经济体实现 FTA、贸易投资一体化、经济政策合作提供良好契机，为构建中国主导的 FTAAP、RCEP 提供理论依据与政策建议，以更好地应对美国主导的 TTP 和 TTIP，参与世界经济合作。可以预见的是，未来十年将是中国加大基础设施"走出去"的十年，跨域基础设施共建共享与区域产业链的深度融合必将是经济学领域研究的又一新课题。

主要参考文献

[1] A. H. Munnell, "Why Has Productivity Growth Declined? Productivity and Public Investment", *New England Economic Review*, 1. 2, 1990.

[2] Aschauer, D. A. , "Is Public Expenditure Productive", *Journal of Monetary Economies*, 23, 1989.

[3] Andre Varella Mollick, Rene Ramos – Duran, Esteban Silva – Ochoa, "Infrastructure and FDI Inflows into Mexico: A Panel Data Approach", *Global Economy Journal*, 6 (1), 2006.

[4] Anton Meyer, Richard Chase, Aleda Roth, Chris Voss, Klaus – Ulrich Sperl, Kate Blackmon, "Service Competitiveness—An International Benchmarking Conparison of Service Practice and Performance in Germany, UK and USA", *International Journal of Service Industry Management*, 10 (4), 1999.

[5] Barro, R. J. , "Government Spending in A Simple Model of Endogenous Growth", *Journal of Political Economy*, 98, 1990.

[6] Bernard, S. L. A. , "Empirical Assessment of the Proximity – Concentration Trade – off between Multinational Sales and Trade", *American Economic Review*, 87, 1997.

[7] Biehl, "The Role of Infrastructure in Regional Development, in Infrastructure and Regional Development", *R. W. Vickerman . London, Pion*, 1991.

[8] Bougheas, Demetriades, P. O. , Morgenroth, E. L. W. , "Infrastructure, Transport Costs and Trade", *Journal of International Economics*, 47, 1999.

[9] Christopher N. Annala, Raymond G. Batina, James P. Feehan, "Empirical Impact of Public Infrastructure on the Japanese Economy", *The Japanese Economic Review*, 59 (4), 2008.

[10] Coffey, W. J. , Polese, "Producer Services and Regional Development:

A Policy – Oriented Perspective", *Paper of the Regional Science Association*, *67* (*12*), *1989*.

[11] D. Rodrik, "What's So Special about China's Exports?", *NBER working paper*, No. 11947, 2006.

[12] David Canning, Peter Pedroni, "Infrastructure, Long – run Economic Growth and Causality Tests for Co – integrated Panels", *The Manchester School*, 76 (5), 2008.

[13] Demurger, "Infrastructure and Economic Growth: An Explanation for Regional Disparities in China?", *Journal of Comparative Economics*, 29, 2001.

[14] Grossman, G. M., E. Helpman, "Integration versus Outsourcing in Industry Equilibrium", *Quarterly Journal of Economics*, 117, 2002.

[15] Girma, S. R., Kneller, M. Pisu, "Export Versus FDI: An Empirical Test", *Review of World Economics*, 141 (2), 2005.

[16] Hansen, "Do Prodecer Servicers Induce Regional Economic Development?", *International Regional Science Review*, 30 (4), 1990.

[17] Holtz – Eakin, Douglas, "Public – Sector Capital and the Productivity Puzzle", *Review of Economics and Statistics*, 76, 1994.

[18] H. Oniki, H. Uzawa, "Patterns of Trade and Investment in A Dynamic Model of International Trade", *The Review of Economic Studies*, 32 (1), 1965.

[19] Hausmann, R. Hwang, Rodrik, "What You Export Matters", *Journal of Economic Growth*, 12, 2007.

[20] Holtz – Eakin, Douglas, "Public – Sector Capital and the Productivity Puzzle", *Review of Economics and Statistics*, 76, 1994.

[21] Huang, Rocco R., "Distance and Trade: Disentangling Unfamiliarity Effects and Transport Cost Effects", *European Economic Review*, 51 (1), 2007.

[22] Kanwal Zahra, Parvez Azim, Afzal Mahmoo, "Telecommunication Infrastructure Development and Economic Growth: A Panel Data Approach ", *The Pakistan Development Review*, 47 (4), 2008.

[23] Leamer, E. E., "Paths of Development in the Three – Factor, N – Good

General Equilibrium Model", *The Journal of Political Economy*, 95 (5), 1987.

[24] Lee, K. S., Anas, "Costs of Deficient Infrastructure: The Case of Nigerian Manufacturing", *Urban Studies*, 29 (7), 1992.

[25] Limäo, Venables, "Infrastructure, Geographical Disadvantage, Transports Costs and Trade", *World Bank Economic Review*, 15 (3), 2001.

[26] Melitz, M. J., "The Impact of Trade on Intra – industry Reallocations and Aggregate Industry Productivity", *Econometrica*, 71 (6), 2003.

[27] Melitz M., Ottaviano G., "Market Size, Trade, and Productivity", *Review of Economic Studies*, 75, 2008.

[28] Mundell, R. A., "International Trade and Factor Mobility", *The American Economic Review*, 47 (3), 1957.

[29] Manova K., "Credit Constraints, Equity Market liberalizations and International Trade", *Journal of International Economics*, 76, 2008.

[30] Manova K., Yu Z. H., "Firms and Credit Constraints along the Value – Added Chain: Processing Trade in China", *NBER Working Paper Series*, 2012.

[31] Manova K., Zhang Z. W., "Multi – Product Firms and Product Quality", *NBER Working Paper Series*, 2012.

[32] Manova K., "Credit Constraints, Heterogeneous Firms, and International Trade", *Review of Economic Studies*, 80, 2013.

[33] Munnell A., "How Does Public Infrastructure Affect Regional Performance?", *New England Economic Review*, 7, 1990b.

[34] Munnell A., "Why Has Productivity Growth Declined? Productivity and Public Investment", *New England Economic Review*, 6, 1990a.

[35] Minetti R., Zhu S. C., "Credit Constraints and Firm Export: Microeconomic Evidence from Italy", *Journal of International Economics*, 83, 2011.

[36] Natalia T. Tamirisa, "Trade in Financial Services and Capital Movements", *Journal of Financial Services Research*, 24 (1), 2004.

[37] Nicholas Crafts, "Transport Infrastructure Investment: Implications for Growth and Productivity", *Oxford Review of Economic Policy*, 25

(3)，2009.

［38］ Nord? s, H. K. , Piermartini R. , "Infrastructure and Trade, WTO Staff", *Working Paper*, 2004.

［39］ Pravakar Sahoo, Ranjan Kumar Dash, "Infrastructure Development and Economic Growth in India", *Journal of the Asia Pacific Economy*, 14 (4)，2009.

［40］ Roller, L. H. , Waverman, "Telecommunications Infrastructure and Economic Development: A Simultaneous Approach", *American Economic Review*, 91 (4)，2001.

［41］ Romer, P. M. , "Increasing Returns and Long – run Growth", *The Journal of Political Economy*, 94 (5)，1986.

［42］ Rosenstein Rodan, Paul, "The International Development of Economically Backward Areas", *International Affairs*, 2, 1944.

［43］ Schott P. , "The Relative Sophistication of Chinese Exports", *Economic Policy*, 1, 2008.

［44］ Sturm, Jan – egbert, Jacobs, Jan, Groote, Peter, "Output Effect of Infrastructure Investment in The Netherlands, 1853 – 1913", *Journal of Macroeconomics*, 21, 1999.

［45］ Wubdrun, Paul, Tomlinson, Mark, "Knowledge – intensive Services and International Competitiveness: A Four – Country Comparison", *Technology Analysis Strategic Management*, 11 (3)，1999.

［46］ Yeaple, S. R. , Golub, "International Productivity Differences, Infrastructure, and Comparative Advantage", *Review of International Economics*, 15 (2)，2007.

［47］ 蔡昉、王德文、曲玥：《中国产业升级的大国雁阵模型分析》，《经济研究》2009 年第 9 期。

［48］ 陈亮、李杰伟、徐长生：《信息基础设施与经济增长——基于中国省际数据分析》，《管理科学》2011 年第 1 期。

［49］ 程大中：《论服务业在国民经济中的"黏合剂"作用》，《财贸经济》2004 年第 2 期。

［50］ 程南、杨红强、聂影：《中国服务贸易出口结构变动的实证分析》，《国际贸易问题》2006 年第 8 期。

[51] 程南洋、余金花：《中国货物贸易与服务贸易结构变动的相关性检验：1997—2005》，《亚太经济》2007 年第 3 期。

[52] 崔日明、张楠、李丹：《服务贸易竞争力研究评述》，《经济学动态》2009 年第 8 期。

[53] 杜修立、王维国：《中国出口贸易的技术结构及其变迁：1980—2003》，《经济研究》2007 年第 7 期。

[54] 樊纲、关志雄、姚枝仲：《国际贸易结构分析：贸易品的技术分布》，《经济研究》2006 年第 8 期。

[55] 樊纲：《论"基础瓶颈"》，《财经科学》1990 年第 5 期。

[56] 范九利、白暴力、潘泉：《基础设施资本与经济增长关系的研究文献综述》，《上海经济研究》2004 年第 1 期。

[57] 范前进、孙培源、唐元虎：《公共基础设施投资对区域经济影响的一般均衡分析》，《世界经济》2004 年第 5 期。

[58] 关志雄：《从美国市场看"中国制造"的实力——以信息技术产品为中心》，《国际经济评论》2002 年第 8 期。

[59] 郭庆旺、贾俊雪：《基础设施投资的经济增长效应》，《经济理论与经济管理》2006 年第 3 期。

[60] 韩军：《人力资本要素与国际服务贸易比较优势的发挥》，《国际贸易问题》2001 年第 5 期。

[61] 贺卫、伍星、高崇：《我国服务贸易竞争力影响因素的实证分析》，《国际贸易问题》2005 年第 2 期。

[62] 洪银兴：《从比较优势到竞争优势——兼论国际贸易的比较利益理论的缺陷》，《经济研究》1997 年第 6 期。

[63] 黄先海：《中国各省劳动生产率变化的测度与比较——基于数据包络分析法（DEA）的研究》，《浙江社会科学》2005 年第 5 期。

[64] 靳涛：《基础设施投资与吸引外国直接投资关系的实证研究——基于我国经济转型期二者因果关系的检验》，《国际贸易问题》2006 年第 12 期。

[65] 刘生龙、胡鞍钢：《基础设施的外部性在中国的检验：1988—2007》，《经济研究》2010 年第 3 期。

[66] 刘生龙、胡鞍钢：《交通基础设施与经济增长：中国区域差距的视角》，《中国工业经济》2010 年第 4 期。

[67] 马淑琴、谢杰：《网络基础设施与制造业出口产品技术含量——跨国数据的动态面板系统 GMM 检验》，《中国工业经济》2013 年第 2 期。

[68] 马淑琴：《中国出口品技术含量测度及其差异分析——基于产品内贸易分类的跨国数据》，《国际贸易问题》2012 年第 7 期。

[69] 钱学锋、熊平：《中国出口增长的二元边际及其因素决定》，《经济研究》2010 年第 1 期。

[70] 钱学锋：《企业异质性、贸易成本与中国出口增长的二元边际》，《管理世界》2008 年第 9 期。

[71] 邱小欢、黄建忠：《生产者服务发展与贸易结构提升：基于中国的经验分析》，《国际贸易问题》2011 年第 4 期。

[72] 盛丹、包群、王永进：《基础设施对中国企业出口行为的影响："集约边际"还是"扩展边际"》，《世界经济》2011 年第 1 期。

[73] 舒燕：《基于人力资本视角的中国服务贸易比较优势分析》，《技术经济与管理研究》2011 年第 3 期。

[74] 王永进、盛丹、施炳展：《基础设施如何提升了出口技术复杂度？》，《经济研究》2010 年第 7 期。

[75] 魏后凯：《中国区域基础设施与制造业发展差异》，《管理世界》2001 年第 6 期。

[76] 姚洋、张晔：《中国出口品国内技术含量升级的动态研究——来自全国及江苏省、广东省的证据》，《中国社会科学》2008 年第 2 期。

[77] 姚洋、章林峰：《中国本土企业出口竞争优势和技术变迁分析》，《世界经济》2008 年第 3 期。

[78] 殷德生：《中国入世以来出口产品质量升级的决定因素与变动趋势》，《财贸经济》2011 年第 11 期。

[79] 殷凤：《中国服务贸易比较优势测度及其稳定性分析》，《财贸经济》2010 年第 6 期。

[80] 王永培、袁平红：《工资差异，劳动力流动与工业集聚——基于新经济地理学和解释和实证检验》，《财贸科学》2010 年第 3 期。

[81] 赵书华、张弓：《对服务贸易研究角度的探索——基于生产要素密集度对服务贸易行业的分类》，《国际贸易问题》2009 年第 3 期。

[82] 赵伟、李淑贞：《出口与企业生产率：由实证而理论的最新拓展》，

《国际贸易问题》2007 年第 7 期。

[83] 赵伟、赵金亮、韩媛媛：《异质性、沉没成本与中国企业出口决定：来自中国微观企业的经验证据》，《世界经济》2011 年第 4 期。

[84] 郑昭阳、孟猛：《中国对外贸易的相对技术水平变化分析》，《世界经济研究》2009 年第 10 期。

[85] 祝树金、戢璇、傅晓岚：《出口品技术水平的决定性因素：来自跨国面板数据的证据》，《世界经济》2010 年第 4 期。

[86] 祝树金等：《出口品技术水平的决定性因素》，《世界经济》2010 年第 4 期。

[87] 郑荷芬、马淑琴、徐英侠：《基础设施投入对服务贸易结构影响的实证研究——来自跨国面板数据的证据》，《国际贸易问题》2013 年第 5 期。

附　录

附表1　　　　　　　　2009 年 24 国服务贸易分部门 TC 指数比较

服务贸易部门 国家	运输	旅游	通信	建筑	保险	金融	计算机和信息服务	专利及授权费用	其他商业服务	个人、文化和休闲服务	政府服务	后9项总体
美国	−0.044	−0.209	0.12	0.582	−0.581	−0.542	−0.124	−0.561	0.181	0.754	−0.229	0.172
德国	−0.003	−0.401	−0.153	0.132	0.188	0.307	0.086	−0.018	0.08	−0.396	0.533	0.087
英国	0.072	−0.249	0.04	0.063	0.785	0.669	0.287	0.134	0.206	0.49	−0.283	0.329
法国	−0.016	0.124	0.104	0.358	−0.419	0.214	−0.123	0.282	−0.002	−0.299	0.01	0.052
日本	−0.124	−0.419	−0.255	0.042	−0.711	0.224	−0.627	0.126	0.044	−0.732	0.157	0.02
韩国	0.101	−0.21	−0.257	0.677	−0.367	0.526	−0.296	−0.384	−0.383	−0.236	0.231	−0.087
新加坡	0.073	−0.231	−0.133	0.355	−0.051	0.642	0.185	−0.791	0.319	−0.358	−0.01	0.167
巴西	−0.327	−0.345	0.359	0.583	−0.659	−0.013	−0.861	−0.705	−0.051	−0.845	0.323	−0.209
俄罗斯	0.134	−0.381	−0.174	−0.152	−0.363	−0.18	−0.051	−0.785	−0.103	−0.397	−0.665	−0.22
南非	−0.622	0.295	−0.259	0.741	−0.303	0.706	0.144	−0.944	−0.179	0.758	−0.068	−0.222
罗马尼亚	0.019	−0.086	−0.126	−0.029	−0.645	−0.434	0.138	−0.312	0.122	−0.462	−0.494	−0.024
匈牙利	0.096	0.219	−0.008	0.096	−0.87	−0.162	0.21	−0.232	−0.04	0.065	−0.236	−0.039
波兰	0.249	0.101	−0.111	0.207	−0.897	−0.346	0.019	−0.873	0.162	−0.407	−0.511	−0.015
阿根廷	−0.262	−0.063	−0.094	0.017	−0.953	−0.88	0.43	−0.861	0.387	0.076	−0.459	0.047
中国	−0.328	−0.048	−0.005	0.235	−0.753	−0.248	0.337	−0.925	0.144	−0.482	0.061	−0.018
印尼	0.722	0.65	0.425	0.869	0.591	0.765	0.709	0.833	0.75	0.785	0.742	0.764
泰国	−0.502	0.566	0.249	−0.247	−0.723	—	—	−0.879	−0.217	—	0.103	−0.31
格鲁吉亚	0.118	0.448	0.346	−0.534	−0.751	−0.129	−0.113	−0.068	−0.165	0.143	0.16	−0.166
白俄罗斯	0.47	−0.266	0.339	−0.098	−0.182	−0.778	0.575	−0.778	0.189	−0.111	0.529	0.13
印度	−0.527	0.089	0.074	−0.126	−0.449	−0.013	0.907	−0.812	−0.146	0.272	−0.281	0.323

续表

服务贸易部门 国家	运输	旅游	通信	建筑	保险	金融	计算机和信息服务	专利及授权费用	其他商业服务	个人、文化和休闲服务	政府服务	后9项总体
孟加拉国	-0.898	-0.563	0.798	0.875	-0.383	0.144	0.704	-0.924	0.393	0.614	0.659	0.558
巴基斯坦	-0.473	-0.431	0.243	-0.558	-0.526	-0.06	0.138	-0.895	-0.443	-0.778	0.377	-0.016
苏丹	-0.991	-0.488	-0.854	0.849	-0.97	0.479		0.08	0.433	-0.725	0.308	0.101
乌干达	-0.92	0.578	0.243		-0.773	0.534	0.218	-0.033	-0.541		0.778	-0.181
中国位次	17	10	13	11	19	16	8	23	10	18	13	15

资料来源：根据联合国贸发会议数据库（UnctadStat）整理计算得到。

附表2　　　　2010年24国服务贸易分部门TC指数比较

服务贸易部门 国家	运输	旅游	通信	建筑	保险	金融	计算机和信息服务	专利及授权费用	其他商业服务	个人、文化和休闲服务	政府服务	后9项总体
美国	-0.04	0.235	0.137	0.657	-0.59	0.572	-0.158	0.532	0.198	0.784	-0.216	0.181
德国	-0.044	-0.383	-0.156	0.197	0.207	0.263	0.074	0.048	0.062	-0.441	0.578	0.085
英国	0.01	-0.23	0.037	0.029	0.72	0.688	0.304	0.196	0.225	0.616	-0.25	0.328
法国	0.003	0.081	0.073	0.346	-0.215	0.084	-0.127	0.296	0.005	-0.296	0.109	0.058
日本	-0.089	-0.358	-0.167	0.151	-0.686	0.068	-0.545	0.174	0.041	-0.722	0.186	0.036
韩国	0.138	-0.288	-0.279	0.683	-0.375	0.536	-0.341	-0.48	-0.377	-0.231	0.084	-0.152
新加坡	0.071	-0.084	-0.132	0.355	-0.102	0.674	0.185	-0.789	0.266	-0.358	0.086	0.121
巴西	-0.394	-0.47	0.232	0.63	-0.572	0.105	-0.887	-0.755	-0.139	-0.843	-0.308	-0.249
俄罗斯	0.106	-0.494	-0.217	-0.321	-0.383	-0.24	-0.162	-0.78	-0.111	-0.357	-0.599	-0.262
南非	-0.629	0.238	-0.272	-0.283	0.78	-0.318	0.722	0.217	-0.941	-0.313	0.66	-0.056
罗马尼亚	-0.044	-0.181	0.163	0.144	-0.663	-0.457	0.092	0.041	0.02	-0.484	-0.587	-0.011
匈牙利	0.084	0.287	-0.032	0.055	-0.716	-0.123	0.259	-0.126	-0.005	0.13	-0.193	0.011
波兰	0.18	0.073	-0.073	0.38	-0.249	-0.23	-0.038	-0.802	0.129	-0.5	-0.878	-0.017
阿根廷	-0.294	0.007	-0.063	0.883	-0.964	-0.87	0.459	-0.839	0.383	-0.001	-0.314	0.065
中国	-0.298	-0.09	0.035	0.482	-0.802	-0.021	0.515	-0.88	0.282	-0.502	-0.092	0.096
印尼	0.686	0.628	0.766	0.304	0.86	0.712	0.75	0.719	0.841	0.756	0.751	0.567

续表

服务贸易部门 \ 国家	运输	旅游	通信	建筑	保险	金融	计算机和信息服务	专利及授权费用	其他商业服务	个人、文化和休闲服务	政府服务	后9项总体
泰国	-0.585	0.592	0.194	-0.204	-0.766	—	—	-0.905	-0.251	—	-0.03	-0.368
格鲁吉亚	0.113	0.536	0.391	-0.004	-0.515	0.101	0.051	-0.221	-0.186	0.072	-0.026	-0.151
白俄罗斯	0.367	-0.166	0.25	-0.145	-0.216	-0.73	0.614	-0.844	0.153	-0.248	0.659	0.092
印度	-0.556	0.142	0.083	-0.308	-0.475	-0.061	0.915	-0.9	-0.156	-0.165	-0.183	0.234
孟加拉国	-0.903	-0.525	0.864	-0.146	-0.587	-0.05	0.75	-0.957	0.314	0.787	0.652	0.516
巴基斯坦	-0.476	-0.505	0.21	-0.184	-0.529	-0.342	0.069	-0.953	-0.273	-0.529	0.707	0.329
苏丹	-0.994	-0.844	0.61	0.801	-0.364	-0.248	-0.737	-0.596	-0.268	0.064	-0.617	-0.129
乌干达	-0.91	0.49	0.275		-0.895	0.529	0.072	-0.06	-0.467		0.853	-0.044
中国位次	16	12	15	6	22	12	6	20	4	19	14	7

资料来源：根据联合国贸发会议数据库（UnctadStat）整理计算得到。

附表3　　　　2009 年 24 国服务贸易分部门 MI 指数比较

服务贸易部门 \ 国家	运输	旅游	通信	建筑	保险	金融	计算机和信息服务	专利及授权费用	其他商业服务	个人、文化和休闲服务	政府服务	后9项总体
美国	-0.075	0.025	-0.002	0.009	-0.106	0.07	-0.018	0.103	0.021	0.02	0.047	0.03
德国	0.019	-0.168	-0.005	0.017	0.008	0.026	0.015	0.004	0.074	-0.006	0.014	0.149
英国	-0.03	-0.165	-0.009	-0.006	0.045	0.156	0.015	-0.003	0.011	0.005	-0.021	0.208
法国	-0.036	0.042	0.003	0.023	-0.009	0.004	-0.005	0.024	-0.03	-0.014	-0.001	-0.006
日本	-0.026	-0.089	-0.002	0.02	-0.028	0.017	-0.019	0.056	0.07	-0.006	0.007	0.115
韩国	0.186	-0.015	-0.003	-0.001	-0.002	0.03	-0.001	-0.039	-0.164	-0.002	0.011	-0.044
新加坡	-0.006	-0.089	-0.006	0.004	-0.008	0.074	-0.131	0.161	0	-0.001	-0.001	0.094
巴西	-0.024	-0.041	0.009	0.0004	-0.025	0.022	-0.052	-0.038	0.173	-0.017	-0.008	0.065
俄罗斯	0.143	-0.113	0.001	0.005	-0.005	0.001	0.008	-0.055	0.044	-0.005	-0.024	0.065
南非	-0.286	0.354	-0.005	0.003	-0.01	0.051	0.008	-0.108	-0.015	0.005	0.002	-0.069
罗马尼亚	0.022	-0.018	-0.021	-0.001	-0.019	-0.026	0.028	-0.016	0.071	0.013	-0.007	-0.005
匈牙利	0.015	0.088	-0.003	0.002	-0.016	-0.005	0.017	-0.037	-0.056	0.001	-0.006	-0.1

续表

服务贸易部门\国家	运输	旅游	通信	建筑	保险	金融	计算机和信息服务	专利及授权费用	其他商业服务	个人、文化和休闲服务	政府服务	后9项总体
波兰	0.084	0.007	-0.011	0.011	-0.018	-0.021	-0.005	-0.06	0.035	-0.009	-0.012	-0.091
阿根廷	-0.078	-0.01	-0.003	0	-0.035	-0.007	0.061	-0.109	0.192	0.007	-0.018	0.088
中国	-0.111	0.031	0.002	0.036	-0.059	-0.001	0.03	-0.066	0.07	-0.001	0.002	0.08
印尼	-0.255	0.273	0.059	0.014	-0.039	-0.001	-0.014	-0.052	-0.016	0.001	0.03	-0.094
泰国	-0.262	0.417	0.006	-0.005	-0.04	—	—	-0.054	-0.066	—	0.003	-0.145
格鲁吉亚	-0.031	0.176	0.007	-0.017	-0.099	-0.008	-0.003	-0.003	-0.024	0	0.002	-0.145
白俄罗斯	0.263	-0.196	0.008	-0.02	-0.001	-0.032	0.026	-0.033	-0.015	-0.005	0.004	-0.067
印度	-0.319	0.005	0	-0.004	-0.033	-0.007	0.474	-0.021	-0.091	0.002	-0.005	0.315
孟加拉国	-0.707	-0.038	0.089	0.002	-0.002	0.012	0.016	-0.002	0.171	0.001	0.458	0.745
巴基斯坦	-0.203	-0.036	0.045	-0.005	-0.011	0.008	0.025	-0.012	-0.07	-0.002	0.261	0.239
苏丹	-0.618	0.427	-0.001	0.015	-0.005	0.032		0.003	0.055	0	0.096	0.192
乌干达	-0.57	0.564	0.013		-0.079	0.014	0.021	0.001	-0.072	—	0.107	0.006
中国位次	16	9	10	1	21	16	3	22	7	12	14	10

资料来源：根据联合国贸发会议数据库（UnctadStat）整理计算得到。

附表4　　2010 年 24 国服务贸易分部门 MI 指数比较

服务贸易部门\国家	运输	旅游	通信	建筑	保险	金融	计算机和信息服务	专利及授权费用	其他商业服务	个人、文化和休闲服务	政府服务	后9项总体
美国	-0.061	0.039	-0.001	0.009	-0.114	0.067	-0.022	0.103	0.017	0.022	-0.046	0.037
德国	0.003	-0.149	-0.005	0.019	0.01	0.023	0.015	0.01	0.064	-0.006	0.014	0.146
英国	-0.051	-0.161	-0.01	-0.004	0.036	0.148	0.012	0.003	0.033	0.011	-0.019	0.212
法国	-0.025	0.019	0.001	0.02	-0.006	0.001	-0.004	0.028	-0.022	-0.014	0.001	0.006
日本	-0.02	-0.084	-0.001	0.025	-0.034	0.006	-0.015	0.069	0.052	-0.005	0.007	0.104
韩国	0.153	-0.07	-0.005	0.119	-0.004	0.025	-0.002	-0.057	-0.159	-0.003	-0.003	-0.083
新加坡	-0.003	-0.048	-0.006	0.004	-0.011	0.084	0.003	-0.148	0.127	-0.003	0	0.051
巴西	-0.026	-0.076	0.009	0.001	-0.011	0.038	-0.049	-0.033	0.162	-0.017	0.002	0.102

续表

服务贸易部门\国家	运输	旅游	通信	建筑	保险	金融	计算机和信息服务	专利及授权费用	其他商业服务	个人、文化和休闲服务	政府服务	后9项总体
俄罗斯	0.172	-0.158	0.002	-0.01	-0.004	0	0.005	-0.055	0.067	-0.003	-0.016	-0.014
南非	-0.269	0.346	-0.006	0.004	-0.009	0.052	0.011	-0.1	-0.036	0.004	0.004	-0.077
罗马尼亚	0.002	-0.042	0.023	0.025	-0.018	-0.025	0.025	0.009	0.029	-0.018	-0.01	0.04
匈牙利	-0.003	0.094	-0.006	-0.002	-0.005	-0.005	0.019	-0.03	-0.06	0.005	-0.005	-0.092
波兰	0.06	0.01	-0.005	0.02	-0.005	-0.013	-0.01	-0.07	0.04	-0.021	-0.005	-0.07
阿根廷	-0.11	0.027	-0.002	0.005	-0.038	-0.007	0.062	-0.099	0.172	0.002	-0.011	0.083
中国	-0.127	-0.016	0.001	0.058	-0.071	0.001	0.039	-0.063	0.18	-0.001	0	0.144
印尼	-0.173	0.17	0.046	0.008	-0.043	0.003	-0.016	-0.058	0.048	0.001	0.014	0.004
泰国	-0.319	0.469	0.005	-0.002	-0.043	—	—	-0.063	-0.049	—	0.002	-0.15
格鲁吉亚	-0.076	0.229	0.006	-0.003	-0.087	-0.002	-0.002	-0.004	-0.03	-0.002	-0.029	-0.153
白俄罗斯	0.185	-0.115	0.002	-0.03	-0.001	-0.023	0.031	-0.033	-0.015	-0.006	0.005	-0.07
印度	-0.29	0.023	0.001	-0.004	-0.028	-0.01	0.436	-0.02	-0.105	-0.001	-0.002	0.267
孟加拉国	-0.71	-0.026	0.11	0.001	-0.003	0.007	0.014	-0.005	0.173	0.001	0.439	0.736
巴基斯坦	-0.322	-0.08	0.015	-0.001	-0.013	-0.007	0.006	-0.017	-0.055	-0.001	0.477	0.405
苏丹	-0.53	-0.011	0.252	0.123	0.01	0.037	0	0.007	0.03	0.006	0.074	0.541
乌干达	-0.51	0.421	0.013			-0.111	0.013	0.011	0.001	-0.073		0.235	0.089
中国位次	14	12	10	3	21	14	4	21	1	11	14	7

资料来源：根据联合国贸发会议数据库（UnctadStat）整理计算得到。

附表5　1997—2010 年中国服务贸易分部门的 TC 指数变化情况

服务贸易部门\年份	运输	旅游	通信	建筑	保险	金融	计算机和信息服务	专利及授权费用	其他商业服务	个人、文化和休闲服务	政府服务	后9项总体
1997	-0.542	0.195	-0.032	-0.344	-0.715	-0.847	-0.467	-0.816	0.162	-0.63	-0.578	-0.018
1998	-0.492	0.156	0.596	-0.307	-0.641	-0.716	-0.426	-0.739	0.036	-0.444	-0.855	-0.087
1999	-0.531	0.13	0.507	-0.22	-0.808	-0.201	0.084	-0.827	0.005	-0.659	-0.765	-0.137
2000	-0.478	0.106	0.695	-0.246	-0.916	-0.112	0.146	-0.882	0.048	-0.536	0.244	-0.086

续表

服务贸易部门 年份	运输	旅游	通信	建筑	保险	金融	计算机和信息服务	专利及授权费用	其他商业服务	个人、文化和休闲服务	政府服务	后9项总体
2001	-0.419	0.122	-0.092	-0.01	-0.845	0.125	0.144	-0.893	0.059	-0.282	0.296	-0.125
2002	-0.408	0.139	0.078	0.128	-0.879	-0.276	-0.279	-0.918	0.134	-0.528	-0.105	-0.124
2003	-0.395	0.068	0.198	0.043	-0.872	-0.21	0.031	-0.941	0.254	-0.35	-0.117	-0.011
2004	-0.341	0.147	-0.035	0.046	-0.883	-0.19	0.133	-0.9	0.178	-0.622	-0.168	-0.072
2005	-0.297	0.148	-0.109	0.231	-0.858	-0.047	0.063	-0.943	0.177	-0.07	-0.115	-0.062
2006	-0.241	0.165	-0.017	0.146	-0.883	-0.719	0.26	-0.94	0.169	0.062	0.067	-0.065
2007	-0.16	0.111	0.041	0.298	-0.844	-0.415	0.326	-0.92	0.141	0.346	-0.216	-0.031
2008	-0.134	0.061	0.019	0.406	-0.804	-0.285	0.328	-0.895	0.091	0.243	-0.16	-0.033
2009	-0.328	-0.048	-0.005	0.235	-0.753	-0.248	0.337	-0.925	0.144	-0.482	0.061	-0.018
2010	-0.298	-0.09	0.035	0.482	-0.802	-0.021	0.515	-0.88	0.282	-0.502	-0.092	0.096

资料来源：根据联合国贸发会议数据库（UnctadStat）整理计算得到。

附表6　　　1997—2010年中国服务贸易分部门的MI指数变化情况

服务贸易部门 年份	运输	旅游	通信	建筑	保险	金融	计算机和信息服务	专利及授权费用	其他商业服务	个人、文化和休闲服务	政府服务	后9项总体
1997	-0.235	0.201	0.001	-0.019	-0.03	-0.01	-0.005	-0.017	0.123	-0.001	-0.006	0.035
1998	-0.157	0.182	0.027	-0.017	-0.05	-0.005	-0.007	-0.013	0.048	-0.001	-0.007	-0.025
1999	-0.158	0.193	0.016	-0.011	-0.053	-0.001	0.003	-0.022	0.05	-0.001	-0.017	-0.035
2000	-0.168	0.169	0.037	-0.008	-0.065	0	0.004	-0.033	0.059	-0.001	0.005	-0.002
2001	-0.149	0.18	0	0.003	-0.062	0.001	0.005	-0.046	0.062	-0.0004	0.007	-0.03
2002	-0.149	0.182	0.004	0.011	-0.065	-0.001	-0.008	-0.064	0.091	-0.001	0	-0.033
2003	-0.16	0.098	0.006	0.006	-0.076	-0.001	0.005	-0.062	0.185	-0.0005	0	0.063
2004	-0.147	0.147	0.0005	0.005	-0.079	0	0.009	-0.059	0.127	-0.001	-0.001	0.0002
2005	-0.132	0.134	-0.001	0.016	-0.079	0	0.005	-0.061	0.119	0	-0.001	-0.002
2006	-0.112	0.128	0.0004	0.01	-0.082	-0.007	0.015	-0.064	0.111	0.0003	0.001	-0.011
2007	-0.076	0.076	0.001	0.022	-0.075	-0.002	0.019	-0.06	0.097	0.001	-0.002	0.0005

续表

服务贸易部门\年份	运输	旅游	通信	建筑	保险	金融	计算机和信息服务	专利及授权费用	其他商业服务	个人、文化和休闲服务	政府服务	后9项总体
2008	-0.056	0.05	0.001	0.043	-0.071	-0.001	0.023	-0.061	0.072	0.001	-0.001	0.005
2009	-0.111	0.032	0.002	0.036	-0.059	-0.067	0.03	-0.067	0.07	0.063	0.002	0.08
2010	-0.128	-0.016	0.001	0.058	-0.072	0.0004	0.039	-0.063	0.119	0.06	0	0.144

资料来源：根据联合国贸发会议数据库（UnctadStat）整理计算得到。

附表7　　　　　　　按收入水平分类的80个样本国家

高收入国家 (20个)	上中等收入国家 (20个)	下中等收入国家 (20个)	低收入国家 (20个)
奥地利、捷克	马来西亚、保加利亚	中国、瓦努阿图	缅甸、巴布亚新几内亚
德国、英国	克罗地亚、匈牙利	泰国、亚美尼亚	所罗门群岛、印度
丹麦、爱沙尼亚	哈萨克斯坦、波兰	白俄罗斯、阿塞拜疆	孟加拉国、尼泊尔
芬兰、法国	立陶宛、拉脱维亚	格鲁吉亚、乌克兰	巴基斯坦、布隆迪
爱尔兰、意大利	罗马尼亚、俄罗斯	玻利维亚、哥伦比亚	布基纳法索、加纳
日本、韩国	土耳其、阿根廷	厄瓜多尔、秘鲁	埃塞俄比亚、尼日尔
荷兰、挪威	巴西、智利	萨尔瓦多、牙买加	马达加斯加、苏丹
新西兰、葡萄牙	哥斯达黎加、墨西哥	马其顿、埃及	莫桑比克、纳米比亚
斯洛文尼亚、瑞典	巴拿马、乌拉圭	摩洛哥、约旦	塞内加尔、多哥
加拿大、美国	委内瑞拉、毛里求斯	突尼斯、伊朗	坦桑尼亚、赞比亚

注：根据世界银行2006年人均GNI标准进行分类。

后　记

　　"爱拼才会赢"这首闽南语歌曲早已唱响大江南北，借用其中"三分天注定，七分靠打拼"这句歌词自寓，在经济学领域，恐怕我的天资三分不足，所幸个性中的那份执着与拼搏使我始终存在着对学术追求的韧劲，以勤补拙，终于艰难地完成了这本拙著。

　　开始想写这本书的冲动始于 2008 年中央政府二次启动积极的财政政策于基础设施。之后重习西方经济学经典理论，做了些许前期研究，于 2010 年的暑期勾勒出"异质性约束下基础设施、出口贸易与产业升级——个理论关联于现实的研究"之逻辑框架。但当我提笔撰写时，或因自己的理论功底不足先前的那份冲动与自信消失殆尽而搁浅，或因几度颈椎病犯迫不得已而搁笔。今天，这本书终于"杀青"，掩卷长思，慨然喟叹，学术追求的韧劲与我的执着与拼搏个性固然正相关，但它的假定条件之一是有一个浓厚的学术氛围环境，所以，我由衷地感谢浙江工商大学经济学院的同人们。感谢教育部人文社会科学省属重点研究基地（浙江工商大学现代商贸研究中心）、浙江省自然科学基金以及浙江省高校人文社科重点研究基地（浙江工商大学应用经济学）的资助。感谢浙江工商大学经济学院谢杰博士、对外经贸大学吴文昌（硕士生）以及中国社会科学院盛如旭（硕士生）在数理推导中提供的帮助。感谢我的学生徐英侠与我合作撰写了第三章第三节，张晋与我合作撰写了第五章第二节。感谢杭州市第三人民医院吴金星医生和我的博士生邵宇佳，他们二人一个为我解除病痛，一个陪我恢复锻炼。

　　谢毕，还是回到本书的研究内容上来。严密的理论模型为"异质性约束下基础设施、出口贸易与产业升级"提供了新颖的研究框架，即在异质性约束下，完善的基础设施建设和良好的服务有利于提升出口产品技术含量和提高服务贸易出口附加值；出口贸易附加值增加吸引劳动力流向高工资收入的行业或企业，继而引起劳动力在区际间和产业间流动，形成产业或企业"集聚",继而"产业集聚"效应推动产业结构升级。这一理论框架得到了跨国数据和中国数据的验证,不仅丰富和拓展了新—新国际贸易理论,而且对于中国及其他发展中国规避"中等收入陷阱",优化贸易和产业结构,实现经济长期稳态增长有一定的重要意义,这或许是本书存在的一点学术价值。

本书的落脚点是"产业升级",学界研究产业升级有"产业结构升级"和"产业链升级"两种思路。太多的约束条件下笔者仅完成了前者,后者只在第三章"补充性研究"中探究了"基础设施、贸易投资与产业链升级与延伸的微观机制"。其实,将交通网络、信息网络、能源网络、水资源网络、人力资本积累、制度环境等基础设施量化,进一步扩展Melitz(2003、2008)的异质性企业模型,从理论上推演出基础设施、贸易投资与产业链升级的关系,并予以实证检验的研究,恰好与当下政府倡导的"跨国基础设施共建共享与产业互接互补融合发展"的理念相契合。当然,作为一个学者,不应因自己的研究和政府的理念相左而畏葸不前默语,也不应因自己的观点和政府的耦合而沾沾窃喜妄言,在我看来,在双边异质性框架下,研究基础设施、贸易投资与产业链升级问题,本书的逻辑链才算完整,若将这种理论理性以实践理性的形式来表现,那么,是否有利于中国经济发展的奇迹进入提质增效的"第二季",是否会对"后面的故事会更精彩"增色呢?我抛砖若能引来玉,权作是因自己学术功力不足浪费读者宝贵时间而聊以自慰吧。

最后,我还是想重申开章时说过的话,发展是一个永恒的命题,世界经济发展需要中国,中国经济发展也离不开世界,生活在一个"地球村"里的经济体,没有哪一个国家可以成为离群索居的"鲁滨逊",中国概莫能外。科斯的"为中国奋斗就是为世界奋斗"值得我们每个人参透其中之学理。

马淑琴

2014 年 8 月 28 日于杭州下沙办公室